W0057425

Christoph Bartmann

Die Rückkehr der Diener

Das neue Bürgertum und sein Personal

Carl Hanser Verlag

Meiner Familie

1 2 3 4 5 20 19 18 17 16

ISBN 978-3-446-25287-5

Satz: Satz für Satz, Wangen im Allgäu
Druck und Bindung: CPI books GmbH, Leck
Printed in Germany

MIX
Papier aus verantwortungs-
vollen Quellen
FSC® C083411

Inhalt

2

Delegationen.
Selbstbefragung vor eigenem Haushalt

3

Vom Diener zum Dienstleister.
Gestaltwandel des Hauspersonals

4
Abschied von den Dienern. Transhumane Perspektiven

Vorwort

Wer bitte »hält sich« heute noch Personal, genauer Hauspersonal, abgesehen von den Superreichen und ihrem postmodernen Gesinde, den privaten Köchen und Gärtnern, persönlichen Trainern und Assistenten? Wir, die Mittelschicht, jedenfalls nicht und wenn doch, dann nicht aus Standesdünkel und Bequemlichkeit, sondern aus viel dringlicheren Gründen. Das häusliche Dienertum, so wollen wir gern glauben, gehört einer vergangenen Weltepoche an, von der uns vielleicht noch unsere Großeltern erzählen konnten, aber unsere Eltern schon nicht mehr. Während wir die Frage nach unseren eigenen Serviceverhältnissen gern ausblenden, freuen wir uns an populären Fernsehserien, die uns die alte Diener- und Herrenwelt als formvollendetes Idyll vor Augen führen. Solche Serien bedienen unsere Sehnsucht nach stilvoller Häuslichkeit, noch mehr aber spiegeln sie einen aktuellen gesellschaftlichen Befund. Die Diener sind wieder da, nicht mehr als Butler und Kammerzofe, sondern in ganz neuer Gestalt. Das ist, in aller Kürze, die These dieses Buches.

Tatsächlich waren Diener und Dienerinnen lange Zeit auf dem Rückzug, fast ein halbes Jahrhundert von den 1920er bis in die 70er Jahre des letzten Jahrhunderts. Es schien wenig wahrscheinlich, dass die Nachfrage nach häuslichen Assistenten noch einmal zunehmen würde, und noch weniger, dass sich genug Arbeitskraft finden würde für schlecht bezahlte, wenig respektierte Jobs in anderer Leute Häusern. Bezahlte

Hausarbeit, das war die Welt, aus der, wer immer konnte, vor bald hundert Jahren die Flucht ergriff, um in Fabriken und Büros sein Glück zu versuchen oder um als Hausfrau das Kommando über den eigenen, dienerlosen Haushalt zu führen. Ein halbes Jahrhundert nach dem Exodus des Personals aus den bürgerlichen Haushalten setzt ein gegenläufiger Trend ein, der sich immer mehr verstärkt: die Wiederkehr der Diener, jetzt als einfache, häusliche oder haushaltsnahe Dienstleister. Das Häusliche ist weiterhin eine Domäne der Frauen, das Haushaltsnahe hingegen eine Domäne der Männer. Die Rede ist von Putzfrauen, Kindermädchen und Altenpflegerinnen ebenso wie von Lieferanten aller Art. Globalisierung und Digitalisierung haben diesem neuen Dienstleistungsmarkt in den letzten Jahrzehnten enormen Auftrieb gegeben. Kaum ein häusliches Bedürfnis (oder was man dafür hält), das nicht von bezahlten Dienstleistern befriedigt werden kann, und zwar umgehend und umstandslos. Diese Dienstleister sind jetzt unser Personal.

Es gibt wohl wenige Orte, an denen sich diese neue Servicewelt besser studieren lässt als in New York. Ein mehrjähriger beruflicher Aufenthalt in dieser Stadt bot mir eigentlich ungewollt reiche Einsichten in die Welt der Diener und Bedienten; nicht so sehr in neofeudale Celebrity-Welten als vielmehr in den Alltag der gestressten und hilfsbedürftigen Mittelklasse. Zunehmend fiel es mir dabei schwer, bei der Recherche von mir selbst abzusehen. Wie sieht meine eigene häusliche Dienstleistungsbilanz aus, wo und warum delegiere ich Hausarbeit, welche Alibis lege ich mir zurecht, wenn ich andere für mich arbeiten lasse, und was tue ich in der so eingesparten Zeit? Wir haben über die Jahre gelernt, kritische Konsumenten zu sein und jedes Lebensmittel ohne Gütesiegel in Frage zu stellen, aber wir halten weiterhin fast alles für gerechtfertigt, was uns entlastet. Woher kommt überhaupt dieser kollektive Mittelklassen-Wunsch nach Entlastung, oder anders, was ist es, das uns derart belastet, dass wir im Alltag ständig auf Zuarbeit von Dienstleistern angewiesen sind? Der Stress, der uns quält und mit dem wir auch gerne angeben, hat seine Ursache oft in den bekannten Vereinbarkeitsproblemen zwischen Beruf und Familie. Wir verschaffen uns Entlastung, indem wir den Stress an Helferinnen und Helfer weitergeben, die ihrerseits ein noch viel größeres Problem haben, Beruf und Familie zu vereinbaren. Nachdem wir unsere Dienstleister honoriert haben, ist das aber ist nicht mehr unser Problem.

Das Buch beginnt mit einer Erkundung in der New Yorker Servicewelt, an die sich eine kritische Selbstbefragung im Blick auf häusliche Delegationen und Entlastungen anschließt. Dann rücken Politik, Kultur und Ökonomie der neuen Dienstleistungsordnung in den Blick. Von zentraler Bedeutung für die neue Servicewelt ist, in New York und bald überall, die Plattform. Häusliche Dienste werden jetzt auf eine Weise digital gemakelt, die dem Kunden suggeriert, es gebe hinter dem Smartphone-Wisch und -Klick gar keine realen Arbeiter mehr, sondern allenfalls noch Ergebnisse. In dieser neuen Heinzelmännchen- und Concierge-Ökonomie fühlt sich der Kunde am wohlsten, wenn er seinem Dienstleister nie begegnet. So stehen die Diener mit ihrer Rückkehr auch schon wieder vor dem Verschwinden, zumindest als soziale Figuren, die man normalerweise mit Namen kannte.

Im letzten Kapitel geht es dann um die Zukunft des Hauses, nachdem es von allen guten Geistern verlassen wurde. Analog zum führerlosen Auto verheißt uns das Internet der Dinge ein führerloses Haus, in dem Sensoren zwar nicht die Arbeit tun, aber uns vielleicht helfen, Arbeit zu vermeiden, während sie uns gleichzeitig überwachen. In der »Infosphäre« wird Hausarbeit, sowohl die einfache Wartungsarbeit wie die sensible Sorge- und Pflegearbeit, von Sensoren und Robotern unterstützt und später vielleicht einmal weithin autonom erledigt werden. Das sind keine guten Aussichten für Diener und vielleicht nicht für Menschen insgesamt. Bei aller Begeisterung für »Dienstleistungen 4.0« darf man freilich nicht vergessen: Irgendeiner muss auch in Zukunft den Dreck wegmachen, und zwar gründlich, und es wird aller Voraussicht nach weder ein Sensor noch ein Roboter sein. Häusliche Dienstleistungsarbeit wird sich womöglich als langlebiger erweisen als viele besser bezahlten und angesehenen Jobs in Verwaltung und Management, die sich viel müheloser an Roboter delegieren lassen.

Ich danke allen Gesprächspartnern, die sich von meinem Interesse an diesem notorisch übersehenen Ausschnitt unserer Wirklichkeit anstecken ließen, und widme dieses Buch meiner Familie, die mir die Forschung im eigenen Haushalt ermöglicht hat.

1

Domestic New York. Einblicke in die Servicewelt

In der Lobby

Eine ganze Weile wohnen wir nun schon auf Manhattans Upper West Side, in einem Apartmenthaus am Broadway, das Komfort oder sogar Luxus verspricht, wie tausende andere Häuser in dieser Stadt auch. Unser Haus ist eines jener typischen Wohnhotels, das manche Leute als Lebensoption rundherum ablehnen. Ihnen widerstrebt diese Variante des betreuten Wohnens, das gewährleistet wird von einer vielköpfigen Besatzung aus Portiers, Rezeptionisten, Hausmeistern und sonstigen helfenden Händen. Rund um die Uhr werden hier die Mieter freundlich überwacht. Vielerlei Wünsche werden einem erfüllt, es wird einem ungefragt die Tür aufgehalten, Koffer und Pakete werden bei Bedarf in die Wohnung getragen. Zum Standard gehören meist auch ein Kinderspielraum, ein *Gym,* ein Swimmingpool, eine Dachterrasse – in besseren Häusern dann auch vielleicht noch ein Zen-Meditationsraum, eine Squashhalle oder eine Bibliothek, Dinge, nach denen man nicht unbedingt verlangt hat, die aber das Leben unter Umständen angenehmer machen und die natürlich in der Miete inbegriffen sind. Fast fühlt man sich gelegentlich an Bord eines Kreuzfahrtschiffes versetzt, nur verbringen wir hier nicht die schönsten Wochen des Jahres, sondern das halbe Leben. Dieses weit verbreitete New Yorker Komfortwohnen verträgt sich nur schlecht mit deutschen Vorstellungen von Autonomie und Selbermachen. Man wird hier dauernd an die Hand genommen und freundlich bevormundet, und man lässt es sich gefallen, weil ja das Leben draußen angeblich schon hart genug ist.

Am frühen Morgen versammeln sich im Eingangsbereich schon die häuslichen Helferinnen, die Kinder- und Zugehfrauen, Reinigungs- und Pflegekräfte, um dann bald mit der Arbeit anzufangen. Es sind keine Dienstmädchen in einem traditionellen Sinn, sondern häusliche Servicekräfte eines neuen Typs. Es ist ein ständiges Kommen und Gehen am Eingang, dauernd bringen Kuriere und Boten Lieferungen ins Haus, Amazon-Pakete, Wäsche aus der Reinigung, Plastiktaschen mit bestelltem Essen und Kartons mit Lebensmitteln. Die weiblichen Servicekräfte arbeiten meistens *im* Haus, die Männer bringen die Sachen *ins* Haus. In der großen Mehrzahl handelt es sich bei diesen Arbeitskräften um *Latinos*, ein Sammelname für alle, die meistens aus Mexiko und Zentralamerika kommen, die hier leben, oft ohne Dokumente, oder die auf schwer nachvollziehbare Weise zwischen New York und ihren Herkunftsländern zirkulieren.

Die in Haushalten arbeitenden Personen nennt man hier *domestic workers*, auf Deutsch »Hausarbeiter«. Das früher übliche Wort »Hausangestellte« scheint hier fehl am Platz. Die Unterscheidung zwischen Arbeitern und Angestellten ist ohnehin unbekannt, und außerdem sind hier die wenigsten tatsächlich angestellt, jedenfalls nicht bei ihren Kunden. Bezahlte Hausarbeit leisten aber auch die Männer, wenn sie Kurierdienste verrichten. Ihre Arbeit findet nicht im Haushalt statt, aber sie ist haushalts*nah*. Auch wenn sie unsere Wohnungen selten betreten und wir sie persönlich kaum kennen, gehören sie zum weiteren Kreis unseres Personals.

Anfangs fanden wir die Vielfalt des hiesigen Serviceangebots irritierend, ja beinahe obszön. Es fühlt sich nicht gut an, wenn einem permanent von Serviceleuten, zudem mit Migrationshintergrund, geholfen und assistiert wird, und das bei Verrichtungen, die man gut auch selbst erledigen könnte. Wir würden uns lieber mehr selbst helfen. Wir sind auch kulturell ungeübt darin, laufend käufliche Dienste in Anspruch zu nehmen. Als Kindern hat man uns beigebracht, möglichst alles abzuwehren, was auch nur von ferne als »verwöhnt« gelten könnte. In dieser Kindheitswelt gab es nicht viel, was nach Service aussah. Auf ersten Reisen in den Süden beeindruckten auf den Straßen und Plätzen die gewerbsmäßigen Schuhputzer, die lautstark um Kunden warben. Hätte man sich dort jemals die Schuhe putzen oder am Bahnhof von einem Dienstmann den Koffer tragen lassen, hätte man es den Eltern nach der Rückkehr besser verschwiegen. Es dauerte eine Weile, bis wir solche Dienstleistungskulturen verstehen lernten. Kunde sein war etwas, das man erst lernen musste. Wir begriffen, dass der Schuhputzer sich und seiner Familie von unserer Serviceangst nichts kaufen kann. Trotzdem blieb ein Unbehagen zurück, nicht an menschlicher Dienstleistung insgesamt, aber an uns in der Rolle des Bedienten, in der wir uns bestimmt kulturell unglücklicher fühlten als der Mann, der uns bediente.

Wir kennen die meisten Dienstleister in unserem Komplex beim Namen. Sie heißen Ronnie, Luis, Francisco, Gary, Isai, Eddie und Ramon, die meisten von ihnen machen Schichtdienst an der Tür, an der Rezeption und im Haus. Der *Doorman* trägt die typische New Yorker Uniform mit Mütze, die Herren am *Desk* tragen Anzüge, die übrigen einen Blaumann. *Porter*, *Concierge*, *Handyman* und alle anderen werden vor

Weihnachten von allen Parteien des Hauses mit Trinkgeld und einem kleinen Dankesbrief bedacht. Wir schreiben ihnen dann, wie unentbehrlich ihr Job für unser Wohlergehen ist und wie sehr wir ihre Dienste schätzen, und wir meinen es ernst. Wir haben uns im Lauf der Jahre besser kennengelernt und gehen vertrauensvoll, ja fast schon herzlich miteinander um. Die Hausverwaltung weist uns darauf hin, dass wir keine Trinkgelder geben müssen, weil die Angestellten, was in New York nicht immer der Fall ist, anständig bezahlt würden. Aber man habe wie jedes Jahr am Empfang eine Box für unsere Geldgeschenke aufgestellt. Völlig undenkbar, das Trinkgeld zu verweigern. Erst mit dem Trinkgeld besiegeln wir das persönliche Verhältnis, das wir zu unseren Dienstleistern unterhalten. Das Hauspersonal ist nach Dienstgraden gestaffelt und erinnert von ferne ein wenig an das Diener-Korps in einem feinen Herrenhaus, etwa in Downton Abbey, obwohl hier natürlich weder gekocht noch Silber geputzt, noch den Insassen beim Ankleiden geholfen wird. Das Servicespektrum ähnelt eher einer gut funktionierenden Hotelrezeption. Wer fragt und mit Trinkgeld nicht geizt, dem werden sicher auch Extradienste erwiesen, Theater- und Baseballkarten, Restaurantreservierungen und wer weiß was noch. Wir haben selten solche Extrawünsche; sie würden nur den Eindruck weiter vertiefen, im Hotel zu leben, wenn auch mit eigenem Mobiliar. Aber natürlich geben wir ausgehende Briefe und Pakete einfach an der Rezeption ab, statt je ein Postamt aufzusuchen. Wenn etwas in der Wohnung zu reparieren ist, genügt eine kurze Benachrichtigung an der Rezeption. Wenn wir schweres Gepäck haben, schiebt es uns der Portier mit einem goldenen Gepäckwagen, wie man ihn aus der Hotelbranche kennt, in die Wohnung, es sei denn, wir hindern ihn daran. Einmal haben wir nach einem Katzen-Sitter gefragt, ein Service, der nicht zum

Standardangebot des Hauses gehört. Wir fanden dann über den *Doorman* eine nette Nachbarin, die gegen ein kleines Honorar den Job übernahm. Solche Hilfeleistungen erhöhen fraglos die Bequemlichkeit. Überhaupt spielen tierbezogene Dienstleistungen eine große Rolle, nicht nur in diesem Haus. Wir begegnen immerfort meist jungen Leuten, die als Dienstleister fremder Leute Hunde ausführen, die gerade mit einem gemischten Hunderudel in Richtung Park aufbrechen oder von dort heimkehren. Auch die Aufsicht über die eigenen Haustiere kann man, wie vieles andere, an bezahlte Hände auslagern. Man kann sich von nahezu allen häuslichen Aufgaben freikaufen und dabei stets auf ein Überangebot an kostengünstiger Arbeitskraft zugreifen.

Ist der Mittelstand in dieser Stadt bequemer, vielleicht auch nur hilfsbedürftiger als andernorts? Oder warum sonst lässt man sich so gern bedienen, im Haus und gern auch außer Haus, eine Haltung übrigens, die keineswegs auf die Besserverdienenden beschränkt ist, die aber vielleicht ihr Vorbild im Lebensstil der gehobenen Klassen hat? Dieser Stil färbt ungewollt auf uns Neuankömmlinge ab, nicht derart, dass wir nun gar nicht mehr selbst kochen, wohl aber so, dass wir viel mehr als im eigenen Land auf Bequemlichkeits- und Entlastungsofferten eingehen, die hier nun einmal Teil der Kultur sind und für die unablässig und aufdringlich geworben wird. Anders als die Bekannte um die Ecke, die uns einmal bei einem wie selbstgemacht wirkenden Büfett freimütig verriet, alles sei bestellt und nichts selbst gekocht, denn ihr einziges Küchengerät sei ihr Telefon, kochen wir noch selbst. Allerdings haben wir uns schon sehr daran gewöhnt, einmal in der Woche telefonisch – was als altmodisch gilt, man macht das jetzt online bei Seamless und anderen Plattformen – Essen zu ordern.

Nach einer guten halben Stunde klingelt dann der Fahrradkurier etwa vom Thai Market bei uns. Bei allen Wetterlagen sind diese Lieferanten auf ihren Fahrrädern unterwegs, in einer Stadt, in der sonst fast niemand mit dem Rad fährt. Je schlechter das Wetter, desto mehr bekommen sie zu tun, weil dann alle den Gang ins Restaurant meiden. Ein Schlechtwetteraufschlag wird nicht berechnet. Über die Bezahlung der Kuriere muss man spekulieren. Der gesetzliche Mindestlohn lag bis April 2016 bei 7,25 Dollar in der Stunde und wurde jetzt auf 15 Dollar angehoben, aber das heißt noch lange nicht, dass die Dienstleister auch nur in die Nähe dieses Limits kommen. Allenfalls mit Trinkgeldern kommen sie über die Runden. Mit Trinkgeld verschafft sich man sich als Kunde ein entspannteres Gewissen, fördert aber andererseits das Lohndumping.

Auch den Lebensmitteleinkauf kann man natürlich zeitsparend delegieren. Man muss in der knappen Freizeit nicht auch noch zum Supermarkt rennen und Einkäufe nach Hause schleppen, wenn man sich stattdessen den Einkaufswagen bei Fresh Direct online konfigurieren kann. Die Lieferung an die Haustüre ist eher der Normalfall als die Ausnahme. Der drahtige, ältere Lieferant, der bei uns Tür für Tür seine Fracht von einem übermannshohen Rollwagen lädt, hat einen Job, der fest ins Stadtbild gehört. New York bietet denjenigen, die es sich leisten können, und das sind viele, Leben und Wohnen »mit Bedienung« an. Von Rationalisierung, wie sie überall sonst den Dienstleistungssektor verändert, spürt man im Moment nicht viel. In Deutschland klagt man gerne über die angebliche Servicewüste. In New York lebt man, jedenfalls als Kunde, in einer Art Serviceparadies. In diesem Paradies gibt es für die arbeitende Klasse Jobs unter dem Mindestlohn, Arbeitszeiten rund um die Uhr und kaum rechtliche Absicherung. Richtig wohl fühlt man sich nicht, wenn man mit Maus oder Telefon wieder eine häusliche Zustellaktion gestartet hat. Die Ethikbilanz unseres Thai-Menüs ist fragwürdig. Man möchte sich das eigentlich in Zukunft verbieten, andererseits: So machen's doch alle.

Ebenfalls mit gemischten Gefühlen haben wir zur häuslichen Entlastung einmal pro Woche eine Haushälterin engagiert. Auf diversen Online-Plattformen kann man solche Dienste buchen, ohne dafür je mit einer konkreten Person in Kontakt kommen zu müssen. Unsere Haushälterin, die wir nicht online gebucht haben, kennen wir trotzdem nur flüchtig. Sie kommt irgendwann am Vormittag, und deshalb sehen wir sie selten. Man müsste die Arbeitsbedingungen unserer Haushälterin genau durchleuchten, um zu beurteilen, wie fragwürdig sie sind, aber das haben wir nicht getan und wüssten auch nicht, wie wir das genau anstellen sollten. Manchmal telefoniere ich mit ihrer Chefin, die ihre Mitarbeiterinnen stets als »Girls« bezeichnet, während ich korrekt von »Cleaning Lady« spreche. Wenn ich unsere Zugehfrau doch einmal in der Wohnung treffe, versuche ich, mit ihr ins Gespräch zu kommen. Die Zugehfrau heißt Fabiola, aber es ist schwer, mit ihr zu sprechen, weil sie kein Englisch kann, und auch meine Versuche in schlechtem Spanisch führen nirgendwohin. Fabiola kommt aus Mexiko, verstehe ich, aber Spanisch ist nicht ihre Muttersprache. Sie kommt wahrscheinlich aus Yucatan und spricht Yucatec. Viele Zugehfrauen in New York kommen aus dem ländlichen Süden Mexikos oder aus den noch ärmeren Ländern Zentralamerikas. Wenn ich die Haushälterinnen morgens mit ihren großen Taschen, in denen sie ihre Staubsauger und Putzutensilien transportieren, in der Lobby sitzen sehe, denke ich, wie viel Widerstandsfähigkeit und Fatalismus man für ein solches Leben braucht. Die Frauen reden wenig miteinander, sie lachen selten, sie wirken müde, scheu und ihrem Schicksal ergeben. Aber das ist womöglich nur meine Wahrnehmung. Sie reden zwar ungern mit uns, aber sie telefonieren, während sie dann putzen, unausgesetzt in fremden Sprachen mit Freunden und Angehörigen. Ich weiß nicht, wie viel von dem Geld, das ich jeden Dienstag für Fabiola auf dem Tisch liegen lasse, wirklich bei ihr ankommt. Weil mich der Gedanke verfolgt, dass ihr Lohn von ihrer Chefin gekürzt wird, lege ich Trinkgeld obendrauf, von dem ich hoffe, dass sie es behalten darf.

Alles in der Servicewelt soll jetzt glatt und reibungslos sein, noch viel reibungsloser, als es eine oder zwei Technologiegenerationen früher war. Für fast jeden Wunsch gibt es Dienste und Dienstleister, keinesfalls nur für die Superreichen, das eine Prozent der Spitzenverdiener, sondern ebenso für die Mittelständler und Mittelverdiener. Sie sind es, die diese Leichtlohnserviceindustrie in Gang halten, und zwar mit Wünschen und Erwartungen, die niemand für übertrieben hält. Es geht dem Selbstverständnis nach nicht um Luxus, sondern um häusliche Entlastung und Lebenserleichterung. Es müssen Dienste zugekauft werden, um das bürgerliche Leben irgendwie beherrschbar zu halten. Wem diese Art der Bedürftigkeit auf Dauer ebenfalls zu anstrengend wird, der tut gut daran, die Stadt zu verlassen, und sich irgendwo niederzulassen, wo man sich sein Leben tatsächlich leisten kann. Manche Leute kehren sich von der städtischen Wohlstands- und Leistungshektik ab und ziehen aufs Land, wo sie dann eine romantische Form des »Do It Yourself« praktizieren, sei es als Teilzeitlandwirt oder Kunsthandwerker. Viele, die gleich wieder über Seamless ihr Abendessen bestellen werden, träumen insgeheim vom Landleben. Wenn sie könnten, wie sie wollten, würden sie gärtnern, pflanzen, backen und schneidern. Dagegen stehen Zwänge, echte oder vermeintliche, die den Ausstieg aus dem Alltagsleben nicht zulassen. Deshalb unterwerfen sich die allermeisten dann doch dem Zeit- und Leistungstakt der Stadt.

Zweierlei Stress

In Manhattan, kann man immer wieder hören, sind für eine vierköpfige Familie 250 000 Dollar ein Jahreseinkommen, mit dem man ganz bequem, aber nicht üppig leben kann. Zum Vergleich: 51 Prozent der amerikanischen Arbeiter verdienten 2015 weniger als 30 000 Dollar pro Jahr.[1] Für 250 000 Dollar braucht eine Familie in der Regel zwei Verdiener mit gut bezahlten Berufen. Gemeint sind nicht die wirklich Reichen, nicht die Millionäre aus der Finanzindustrie und der Welt des Entertainments, sondern Ärzte, Hochschullehrer, Juristen, Journalisten, Makler und sonstige Professionelle, die üblicherweise den gehobenen Mittelstand darstellen. Familien mit zwei oder mehr Kindern im schulpflichtigen Alter sind mit ökonomischen Lasten konfrontiert, die man als deutscher Mittelschichtsmensch nicht kennt. Man versteht, dass unter solchen Bedingungen ein Bedürfnis nach häuslicher Hilfe entsteht, nach einem permanenten häuslichen Ablasshandel geradezu, bei dem als niedrigwertig angesehene Aufgaben abgegeben werden, um Zeit zu gewinnen für höherwertige Aufgaben in Beruf und Familie. Der Hang zur häuslichen Bequemlichkeit entpuppt sich bei näherem Hinsehen als Symptom einer überaus rationalen, kalkulierten Lebensführung. Wirtschaftlich über die Runden kommt nicht, wer möglichst viel selbst tut, wer wäscht, wischt und kocht und dabei das Geld für die Assistenz einspart, so wie es uns früher einmal unsere Eltern vorgelebt haben. Es gewinnt vielmehr, wer durch häusliche Entlastung den familiären Doppelverdienst sichert. Babysitter, Kindermädchen und Haushälterinnen, oftmals in Personalunion, halten berufstätigen Männern und vor allem Frauen »den Rücken frei«. Wer sich derart den Rücken freihält, verlagert eigene Arbeit auf den Rücken von Dienstleisterinnen. Die Dienstleister sind Werkzeuge der bürgerlichen Existenz-, vielleicht auch nur Wohlstands- und Zukunftssicherung. Das löst bei den derart Entlasteten ein Unbehagen aus, das leicht beklemmende Gefühl, privilegiert zu sein. »Ich weiß, ich bin privilegiert«, wer so redet (und so reden viele), sagt selten etwas Falsches, will damit aber selten auf eine Änderung der Verhältnisse hinaus.

Diese Art Privileg ist ja kein unverdienter Vorzug von Geburt an, sondern ein verdientes und erworbenes Leistungsprädikat. Wer mit vereinten Kräften Familie und Beruf vereinbar gemacht hat, darf darauf stolz sein, auch wenn die Vereinbarkeit nur durch den Einsatz helfender Hände zustande kommt. Die Beschäftigung von häuslichen Assistenten muss kein moralischer Makel sein. Trotzdem ist diese Art des leistungsgetriebenen Privilegiertseins gekoppelt an die Erzeugung von Unterprivilegierten, deren eigene Vereinbarkeitsprobleme von ihnen selbst zu lösen sind. Es geht uns in der Regel in den meisten Hinsichten besser als denen, die für uns arbeiten. Wir schulden ihnen faire Behandlung und eine angemessene Bezahlung, aber sicher nicht die Einebnung unseres Privilegs. Die moralische Beschwichtigung fällt leichter, wenn wir uns sagen, dass unsere Hilfsbedürftigkeit ja ein Produkt von eigener harter Arbeit ist. Wir wollen ja im Grunde gar nichts für uns, wir wollen nur, wie es gerne heißt, »weitergeben«, an unsere Kinder. Nicht dass wir ihnen irgendeinen bürgerlichen Dünkel einpflanzen wollen, im Gegenteil, wir wollen nur unser eigenes Leistungsprivileg an die nächste Generation weiterreichen. Wir wünschen uns auch für sie wieder ein Privileg, das im Kern nichts anderes meint als das Recht auf Leistungsstress.

Es scheint somit, als sei die hiesige Servicewelt nicht nur für die Dienstleister stressbesetzt, sondern in anderer Weise auch für die Bedienten selbst. Keinesfalls werden die empfangenen Dienste primär als Genuss erfahren. So mag es noch zu Zeiten der *leisure class* gewesen sein, der Thorstein Veblen 1899 seinen soziologischen Klassiker widmete.[2] Die »müßige Klasse«, damit sind Leute gemeint, die es sich leisten können, nicht zu arbeiten, die privatisieren, genießen und sich dabei ständig bedienen lassen. Diese Klasse existiert noch immer, aber sie ist nicht repräsentativ für das heutige Dienstleistungsproblem. Die Annehmlichkeiten, die uns bezahlte Dienstleister erweisen, haben ihren Grund in beidseitigen ökonomischen Zwängen. Wir begegneten uns nicht in solchen Servicekonstellationen, wenn wir nicht aufeinander angewiesen wären. Die Dienstleister haben wenig Alternativen zu ihren Billigjobs, und wir haben unser finanzielles Wohlergehen abzusichern durch Konzentration aufs berufliche Kerngeschäft, also mit der Delegation unwesentlicher Aufgaben nach unten.

Häusliche Aufgaben gibt es freilich auch bei Assistenz noch immer zu Genüge, vor allem diejenigen, die etwas mit Kindern zu tun haben. Die Sorge um die Kinder kann und soll ja nicht vollständig an gemietetes Personal oder externe Institutionen outgesourct werden. Sie fordert volle Aufmerksamkeit auch dann, wenn Kinderfrauen Teile des Tagesgeschäfts übernehmen. Es gehört bekanntlich zum Selbstverständnis guter Eltern, viele schul- oder kindergartenbezogene Termine selbst wahrzunehmen – auch wenn, Berichten zufolge, manch vielbeschäftigte Mutter zu den unvermeidlichen »school bake sales«, also dem Verkauf von Selbstgebackenem zum Wohl des Schulbudgets, schon mal ihr Kindermädchen schickt. Zum Anforderungsprofil auch eines vielbeschäftigten Elternteils gehört es zwingend, dass er oder sie, spät von der Dienstreise heimkommend, noch eben an die Kinderbetten eilt, um die Lieben in den Schlaf zu lesen oder zu singen, auch dann, wenn die Kinder sich genauso gern etwas von bezahlten Dienstleisterinnen vorlesen oder -singen lassen. Man will im eigenen Haus zwar unterstützt, aber nicht komplett ersetzt oder gar entmachtet werden. Man fühlte sich wie enteignet, entfremdet, wenn die eigene Häuslichkeit geprägt wäre vom Wirken von Dienstkräften. Die erste Bezugsperson, der erste Sorgeberechtigte wollen wir noch immer selbst sein, weshalb die Grenzen der Delegation fein zu justieren sind.

Craigslist. An der Servicebörse

Für die vielen Jobs, die bürgerliche Hilfsbedürftigkeit erfordert, gibt es Märkte, alte und neue. Zu den schon lange etablierten Foren gehört die Website Craigslist, ein digitales Anzeigenportal für alles unter der Sonne. Für die eher handfesten Dinge des Haushalts, die Vermittlung von Handwerkern und anderen Profis, existiert daneben die ebenso unentbehrliche Angie's List. Craigslist ist nicht gerade für seine Seriosität bekannt, trotzdem aber aus dem Leben der meisten nicht wegzudenken.[3] Immerfort werden hier Jobs gesucht und angeboten, die nicht ausnahmslos im Mindestlohnbereich liegen:

»Dollar 6000 Overnight Legally«, was kann das sein? Oder »Full Time – Private Chef«, was mag es für den Privatkoch als Lohn geben? Der Job als »Metaphysical Practitioner« könnte lukrativ sein. Auf der Upper East Side wird ein »Full time dog walker« gesucht, in Brooklyn ein »ehrlicher Fahrer, der Mädchen zu Wohnungen fährt« (Frauen bevorzugt), also wahrscheinlich ein Fahrer für Reinigungskräfte. Gesucht werden Nannys, Housekeeper, Cleaning Ladys, Maids, Babysitter oder auch mal ein »Live-In Butler« für 1300–1400 Dollar pro Woche. Natürlich finden sich auch Angebote der Sorte »Sexy House Keeping«, »Massage Girl« oder »Attractive Woman housekeeper«. Die Dominanz des Spanischen macht sich in Anzeigen wie »Buscamos Chicas Sexy« bemerkbar. Was ist von einer »Part Time Superstar Nanny« zu halten oder von der Anfrage »Looking for someone tomorrow to car sit on 60th at 230–330 (Madison and 60th)«? Ein »Gig that offers up to Dollar 3000 legally« ist wahrscheinlich zu bevorzugen. Oder »Are you in need of a personal trainer that will get you results?« Jobs, soweit das Auge reicht, die meisten scheinbar ohne dazwischengeschaltete Agenturen und Vermittler. Das wird man allerdings erst dann genau wissen, wenn man den Kontakt hergestellt hat.

Der Craigslist-Stellenmarkt lebt davon, dass das Angebot an ungelernter Arbeitskraft mit geringen Erwartungen an Verdienst und Sicherheit eher wächst als sinkt. Kürzlich wurden in New York City allein 380 000 Immigranten aus der Dominikanischen Republik gezählt, weitere 350 000 aus China, 186 000 aus Mexiko, 169 000 aus Jamaica und 140 000 aus Guyana, ebenso viele von den Philippinen, gefolgt von Menschen aus Ecuador, Haiti, Trinidad, Indien und Russland, über die man nichts Konkretes sagt, wenn man sie Migranten nennt:

Migranten sind hier jetzt die Mehrheit.[4] Ein erheblicher Teil dieser Bevölkerungsgruppen bewegt sich auf dem Markt für ungelernte Servicekräfte. Craigslist ist der Marktplatz, wo sich Angebot von und Nachfrage nach zügigen, bezahlbaren und flexiblen Dienstleistungen begegnen.

Für die Superreichen und ihr ganz spezielles Verlangen nach Diensten hat diese Börse allerdings wenig zu bieten. Als Jobagentur für die höheren Bedürfnisse dient etwa Pavillionagency.com. »Pavillion Agency is the leader in the world of personal service«, behauptet die Website.[5] Hier werden zum Beispiel gesucht und gefunden: »Career Nannies and Governesses, World Class Chefs, Skilled Housekeepers, Formal Butlers, Experienced Babynurses, Domestic Couples, Professional Laundresses, Expert Chauffeurs, Gourmet Cooks, Estate Managers, Property Caretakers, Traditional Housemen, Corporate Hospitality Staff, Resourceful Personal Assistants.« Die Stellenangebote sind hier schon etwas ausgefeilter formuliert als in der oft ein wenig rauhen Welt von Craigslist. Wir lesen beispielsweise: »Nanny NYC Live-out. Zwei berufstätige Väter suchen nach einer geduldigen, liebevollen, freundlichen, energischen und körperlich fitten Nanny mit guten Englischkenntnissen und exzellentem Kommunikationstalent, um ihrem schulpflichtigen Kind beim Lernen, Hausaufgaben etc. zu helfen. Sie muss über ein exzellentes Urteilsvermögen verfügen und Freude daran haben, für Kinder zu kochen und außerdem für die Väter, wenn sie von der Arbeit kommen. Schwimmen ein großes Plus, Langzeitreferenzen werden erwartet, nicht mehr als zwei bis drei Familien, um Stabilität zu dokumentieren. Muss Hunde mögen (keine Pflege erforderlich). Arbeitszeiten Montag bis Freitag von 13.00 bis 21.00 Uhr. Die Familie wird sie umgehend einstellen und bietet ein exzellentes Kompensationspaket mit Krankenversicherung.« Oder hier: »Single NYC Gentleman sucht nach einer neuen Teilzeit-Haushälterin-Wäscherin als Mitglied der Crew. Diese wunderbare Position ist live-out mit Arbeitszeiten von Dienstag bis Freitag und erfordert keine Reisen. Hauptaufgaben sind Wäsche, ausführliches Bügeln, Housekeeping und Betreuung der Haustiere. Qualifizierte Bewerber besitzen starke Bügelfertigkeit, eine positive Einstellung und die Fähigkeit, sowohl unabhängig wie im Team zu arbeiten. Exzellentes Englisch, ein sauberer Hintergrund und die Fähigkeit, dem Arbeitgeber eine vernünftige Flexibilität entgegenzubringen, sind ein Muss. Dies ist eine Traumposition für jemanden, der nach einer stabilen Arbeitsumgebung mit freundlichen Menschen sucht.«

Und so lesen sich dann die Stellengesuche: »Vollzeit Manhattan. Verantwortungsbewusste, loyale und liebevolle Haushälterin/Nanny steht umgehend zur Verfügung. Die Familie, für die sie in den letzten mehr als zehn Jahren arbeitete, war begeistert von ihrer Arbeitsmoral, Effizienz und Präzision. Sie hat dort einen bleibenden Eindruck hinterlassen. Man spricht von ihr als einem wirklichen ›Juwel‹ und erzählt uns, dass sie nicht nur eine Angestellte war, sondern schließlich ein Teil der Familie wurde. Sie liebt es, mehr zu tun als nur ihre Pflicht, und schafft es, die Erwartungen ihrer Arbeitgeber überzuerfüllen. Ein früherer Arbeitgeber beschreibt ihre Fähigkeiten im Haushalt als ›herausragend‹, bügeln könne sie exzellent, sie habe ein ›Spitzen-Organisationstalent‹ und sei außerdem eine ›großartige Köchin‹, die leichte und gesunde Familienmahlzeiten zubereiten könne. Außerdem kann sie mit dem Computer umgehen, kann schwimmen und ist in der Lage, im Lande und international zu reisen. Kontaktieren Sie uns heute, um eine Kopie ihrer Arbeitszeugnisse zu erhalten oder ein Interview mit dieser außergewöhnlichen Dame zu vereinbaren.«

Auch diese herrschaftlich anmutende Welt scheint also noch intakt, die Welt der klassischen, teilweise im Haus lebenden Angestellten, die mit besten Referenzen von einem feinen Herrn zum anderen weitergereicht werden. Die Pavillion Agency bewegt sich am oberen Ende der sozialen und Einkommensskala, vielleicht nicht durchgehend im Bereich des »One Percent« (Durchschnittsverdienst 2014: 521 411 Dollar), aber sicher durchgehend in dem der oberen zehn Prozent (Durchschnittsverdienst 2014: 148 687 Dollar).[6] Solche Leute haben womöglich eine angestellte Köchin im Haus. Manche Leute leisten sich jetzt auf Stundenbasis einen *personal trainer*, warum kann man dann nicht auch einen *persönlichen Koch* oder einen *personal shopper* anheuern, vielleicht nicht ganztags und fest angestellt, aber doch stundenweise? Externe Dienstleistung heißt immer auch erhöhte Expertise und Optimierung der Dinge, die rund ums eigene Haus möglicherweise im Argen liegen. Beim Angebot der Pavillion Agency geht es nicht um flexible Dienste, sondern um die loyale Zugehörigkeit zu einem häuslichen »Stab«. Wir kennen niemanden, der einen Stab hat. Wer heute noch über stehendes Hauspersonal gebietet, wie es vor zwei oder drei Generationen noch weit verbreitet war, ehe das häusliche Dienstleistungswesen dann einen rapiden Bedeutungsverlust erfuhr, gehört bestimmt nicht zur Mittelklasse. Einen Stab, ein Korps gar haben allenfalls Leute, die ein Haus nicht nur haben, sondern es *führen*. Mit dem »One Percent«-Durchschnitt von gut 500 000 Dollar im Jahr wird sich ein eigener Stab noch nicht vereinbaren lassen, wenn man bedenkt, dass eine Spitzenhaushälterin in New York schon einmal 180 000 Dollar im Jahr verdienen kann.[7] Die stehende Crew bleibt anderen Einkommensdimensionen vorbehalten, den Alt- und Neureichen aus der Welt der Großindustrie und der Geldwirtschaft, und den Berühmtheiten aus Sport und Entertainment.

Teil der Familie

»Teil der Familie«, diese aus feudalen Zeiten in die Gegenwart übergeleitete Problematik, lohnt einen genaueren Blick.[8] Dienerinnen und Diener waren einst Teil der erweiterten Herrschaftsfamilie, mit der Konsequenz, dass ihnen die Gründung einer eigenen Familie verwehrt war oder sie diese zumindest konstant vernachlässigten. »Part of the family«, die Formulierung wird jetzt gern am Online-Stellenmarkt benutzt und soll eine besondere, fast angehörigenhafte Intimität zwischen Familie und rekrutiertem Personal andeuten. Die Folgen und Nebenwirkungen dieser Familiarität sind für die in fremden Häusern lebenden Dienstleisterinnen vielfach ganz ähnlich wie in feudalen Zeiten. »Live-in«-Haushälterin ist ein Beruf, von dem nur Zyniker sagen würden, er ließe sich doch bestens mit einem Familienleben vereinbaren. Trotzdem rücken Arbeitgeber wie Arbeitnehmer gerne das Familiäre und Emotionale in die Mitte des Erwartungs- und Kompetenzprofils. Etwa in der Art: »Unsere Nanny wird natürlich gut bezahlt, aber eigentlich mag sie unsere Kinder so gerne, dass der Job für sie zur Leidenschaft geworden ist.« Wo erst nur ein Job ist, sollen Leidenschaft und wahre Gefühle wachsen, Käuflichkeit und Passion einander ergänzen. Die Helferinnen und Helfer sollen ihre Dienste nicht rein funktional, sondern als Vertrauensarbeit mit affektiver Beteiligung auffassen. Wir sind zunehmend auf Menschen angewiesen, die nicht zur (schrumpfenden) Kernfamilie gehören, zu denen wir aber ein besonderes häusliches Vertrauensverhältnis aufbauen. Das Verhältnis wird nicht mehr bestimmt von den Loyalitäten und Zwängen vergangener Tage, es haben sich aber auch nicht dieselben Regelungen und Verbindlichkeiten durchgesetzt, wie sie anderenorts in der Arbeitswelt längst Geltung haben. Lange gibt es schon kein Gesinde mehr, sondern nur noch »Hauspersonal«. Dem Gesetzgeber fällt es dennoch schwer, häusliche Dienstverhältnisse konsequent dem gleichen Recht zu unterwerfen, wie es außerhalb der eigenen vier Wände selbstverständlich gilt. Wir engagieren Kräfte, die uns Dinge abnehmen, die wir, aus Zeitgründen oder weil uns die Fähigkeit fehlt, nicht selbst tun können oder wollen. Wir bezahlen sie marktgerecht, wir drücken Dank, Respekt und Wertschätzung aus, wir freunden uns vielleicht mit ihnen an oder entwickeln jedenfalls eine persönliche Beziehung. Das gilt freilich nur für die »sensiblen« Dienstleisterinnen im Umkreis häuslicher Sorge und Pflege, schon etwas weniger für Reinigungskräfte und deutlich weniger für die eher austauschbaren männlichen Kuriere und Lieferanten, die meist nur bis zur Schwelle unseres Hauses vordringen. In der haushaltsnahen Dienstleistungswelt scheinen Geschlecht und Affekt noch weithin auf traditionelle Weise verteilt: Die Frauen sind üblicherweise für die »warmen« Aufgaben zuständig, die Männer für die »kalten«.

Im Repertoire der Haushaltsfunktionen ist Nanny oder Kinderfrau fast der einzige Job, der mit ein bisschen popkulturellem Glanz assoziiert ist.[9] Zumindest gilt das für den Typ der jungen, studentischen Nebenerwerbs-Nanny, die zeitlich befristet fremde Kinder hütet und sich keineswegs dauerhaft an eine fremde Familie bindet. Solche Kindermädchen sind dem Klischee zufolge attraktiv und stellen deshalb eine Gefahr für Familienväter dar. Weil sie sich dem Kostbarsten widmen, das Eltern besitzen, werden sie aufwendig ausgewählt und geschult. Bei diesen Kindermädchen ist der Anteil der Migrantinnen deutlich niedriger als bei den Zugehfrauen. Von der Einförmigkeit der übrigen häuslichen Beschäftigungsverhältnisse heben sich solche Nannys als trügerische Ausnahme ab. Dies scheint ein Traumjob für junge Frauen zu sein, die von einem Jahr im Ausland träumen. Au-Pair, so heißt schon seit dem 19. Jahrhundert das befristete Arbeitsverhältnis zum gegenseitigen Nutzen, aber ohne und nur gegen geringe Bezahlung. Die Dienstmädchen, die sich damals in fremden Häusern verdingten, verdienten nichts, aber immerhin lagen sie ihren Eltern nicht mehr auf der Tasche. Heute stellt sich der Pakt zwischen Au-Pair und Gastfamilien wie folgt dar: Der Aufenthalt der Au-Pair-Mädchen bleibt in der Regel auf ein Jahr befristet. Sie leben im Haushalt, essen und wohnen frei, bekommen ein Taschengeld und widmen sich dafür innerhalb einer festgelegten Stundenzahl den Kindern, die auf diese Weise auch noch in den Genuss eines Fremdsprachentrainings kommen. Die Au-Pairs verbuchen das Gastjahr in der fremden Familie als Lebens- und Fremderfahrung und als Zwischenstation auf dem Weg in Studium und Beruf.

Au-Pairs wurden wichtig nach dem Zweiten Weltkrieg, als in vielen westlichen Ländern kaum noch Dienstmädchen zu finden waren und die Lücke sich noch nicht durch Dienstleisterinnen aus dem globalen Süden schließen ließ. In Amerika spielte häusliches Dienstpersonal ohnehin traditionell eine geringere Rolle als in Europa, wo Relikte des herrschaftlichen Hauses länger Bestand hatten. Dass es überhaupt Au-Pairs in den USA gibt, ist ein Ergebnis weitsichtiger Politik in der Kennedy-Ära. Der Fulbright-Hays Act von 1961 hatte zur Absicht, »das gegenseitige Verständnis zwischen der Bevölkerung der Vereinigten Staaten und anderen Völkern mit den Mitteln des Bildungs- und Kulturaustauschs zu steigern (…)«.[10] Agenturen vermittelten Au-Pair-Mädchen an Familien und organisierten ihnen die Reise. Eine davon heißt »Cultural Care«, nach eigener Darstellung auf ihrer Homepage eine »einzigartige Alternative zu *day care* oder Nannys. [...] Au-Pairs sind *live-in childcare providers* zwischen 18 und 26 aus verschiedenen Ländern rund um die Welt. Sie liefern 45 Stunden flexibler Kinderbetreuung, Haushaltshilfe und kultureller Erfahrung für 360 Dollar pro Woche, basierend auf einem 51-Wochen-Programm.«[11] Natürlich ist Cultural Care eine profitorientierte Firma, was aber nicht der Mission im Wege steht, »Grenzen von Sprache, Kultur und Geographie niederzureißen«. Cultural Care macht Eltern ein attraktives Angebot. 360 Dollar pro Woche, das entspricht in etwa dem gesetzlichen Mindestlohn. Dagegen sehen die von Cultural Care gelieferten Vergleichszahlen anderer Agenturen und erst recht für Kindergärten oder *Live-in-Nannys* schlecht aus.

Ökonomisch betrachtet sind Au-Pairs die bessere Alternative zu anderen Formen der Kinderbetreuung. Ihr Stundenlohn liegt bei etwa 7,25 Dollar die Stunde, während man für eine einheimische Kinderfrau auf Stundenbasis mit 30 Dollar rechnen muss. Freilich kann der Kulturaustausch für beide Parteien auch schnell zum Desaster werden. Speziell in New York stellt sich für Au-Pairs stets die schwierige Raumfrage. Der Platz für Familien ist ohnehin knapp, aber die Au-Pairs sollen nach den Richtlinien ein eigenes Zimmer haben. Damit bleibt im Zweifel nur noch die Option, im Kinderzimmer an Platz zu sparen. So berichtet es das Nachbarschaftsportal DNAinfo von Familie Molinari auf der Upper West Side.[12] Um Platz für ihr schwedisches Au-Pair zu schaffen, zogen die Molinaris mit ihren zehn Monate alten Zwillingen ins Elternschlafzimmer, gaben dem zweieinhalb Jahre alten ersten Zwillingspaar das zweite Schlafzimmer und überließen dem

Au-Pair das dritte, kleinere Schlafzimmer. Für die Eltern sind die Au-Pairs, auch wenn die Familie manchmal etwas zusammenrücken muss, ein gutes Geschäft. »Für eine Nanny für drei Kinder und 45 Stunden pro Woche«, ist bei DNAinfo ein anderer Vater zu vernehmen, »würden wir sonst wahrscheinlich drei Mal so viel bezahlen«. Obendrein kann man noch das gute Gefühl haben, dem Au-Pair einen Bildungsurlaub ermöglicht zu haben. Eine Bildungskomponente im Umfang von sechs Wochenstunden beziehungsweise sechs Kreditpunkten ist verpflichtend. Wenn man bereits 45 Stunden pro Woche oder maximal zehn Stunden pro Tag mit dem Kinderdienst beschäftigt ist, bleibt für anderes nicht viel Zeit. Inzwischen gibt es 14 Agenturen, denen die Gasteltern für ihre Vermittlungsdienste Gebühren zu entrichten haben. Schließlich muss das Au-Pair ja auch erst einmal ins Land kommen, braucht ein Flugticket und hat Visagebühren zu bezahlen. Für die Eltern summiert sich das auf einen Betrag bis zu etwa 10 000 Dollar pro Saison. Für Familie Molinari ist das freilich immer noch die günstigste Lösung. Ohne externe Hilfe würde man als Doppelverdiener mit zwei Zwillingspaaren unter drei Jahren kaum fertig. Der Preis für solche Assistenz im innersten Familienbezirk ist der Verlust von Intimität, oder anders, die Teilung der Intimität mit Nichtangehörigen, so wie es schon einmal die Regel war im alteuropäischen Haus.

Häusliche Sklavenhaltung?

Domestic Work-Aktivistinnen machen vermehrt auf die skandalösen Lebens- und Arbeitsbedingungen von im Haus lebenden Dienstleisterinnen aufmerksam. Für großes Echo sorgte kürzlich die Geschichte einer indischen Diplomatin in New

York, die an der UN-Mission ihres Landes unter anderem für Frauenpolitik zuständig war. Von ihr wurde bekannt, dass sie ihrem aus Indien mitgebrachten Kindermädchen statt der in den USA vorgeschriebenen 9,75 Dollar lediglich einen Stundenlohn zwischen einem und drei Dollar (je nach Schätzung der Wochenarbeitszeit) zahlte.[13] Die nachfolgende Verhaftung der Diplomatin trotz ihrer Immunität löste in Indien antiamerikanische Proteste aus, umso mehr, als sie wegen ihres außergewöhnlichen Aufstiegs aus einer niedrigen Kaste dort als Hoffnungsträgerin für neue soziale Chancen gilt. Die Diplomatin wehrte sich mit dem Hinweis, sie habe einen Teil des Gehalts direkt an die Familie des Kindermädchens in Indien ausgezahlt. Sie habe sich nichts zuschulden kommen lassen, vielmehr sei das Dienstmädchen ohne Angabe von Gründen nicht mehr zum Dienst erschienen. Der Anwalt der Nanny gab dagegen an, seine Mandantin sei wegen schlechter Arbeitsbedingungen nach Indien »geflohen«. In diplomatischen, von Immunität begünstigten Haushalten lassen sich solche Dienstverhältnisse noch schwerer von außen überwachen als sonst. Der gesetzliche Mindestlohn gilt ohnehin nicht zwingend für Verträge, die Diplomaten im eigenen Haus abschließen. Ein Verstoß gegen die guten Sitten des Gastlandes lag auf jeden Fall vor, aber das allein regt die Justiz kaum auf, denn die guten Sitten werden im Sektor häuslicher Beschäftigung auch sonst regelmäßig verletzt. Rechtlich genießen im Haus lebende Hausarbeiterinnen noch lange nicht denselben Schutz wie andere Berufsgruppen. Die Gewerkschaften tun sich schwer damit, den Arbeitsplatz Haus vor der Willkür der häuslichen Chefs zu schützen, und ebenso schwer ist es, die häuslichen Dienstleisterinnen von den Vorzügen bindender rechtlicher Regelungen zu überzeugen.[14]

Dass die Einführung und Beachtung gesetzlicher Standards

bei bezahlter Hausarbeit so mühsam sind, hat seinen Grund im Haus selbst und im Ursprung der häuslichen Dienstarbeit aus Zwangsarbeit und Sklaverei. In ihrem historischen Abriss der häuslichen Zwangsarbeit wirft Sheila Bapat einen Blick auf die wahre Welt hinter Quentin Tarantinos populärem Film *Django Unchained*, in dem, als Rächer der Unterdrückten, der schwarze Sklave Django seine Frau Broomhilda aus der Gewalt eines sadistischen Plantagenbesitzers befreit.[15]

Es ist nicht verbürgt, dass es im amerikanischen Süden exakt so zugegangen ist, aber man versteht die Genese der bezahlten Hausarbeit aus Geist und Methoden der Sklaverei. Es gebe, so Bapat, eine direkte »Verbindung zwischen [...] Sklaverei und heutigem *human trafficking*«[16]. Tarantinos Film schildert drastisch die Ausbeutung weiblicher Hausangestellter, die der unbeschränkten körperlichen und sexuellen Willkür ihrer Herren ausgesetzt sind und denen kein externes Gesetz zu Hilfe kommt. Man kann Glück haben und einen gutmütigen Herrn erwischen, man kann aber auch Pech haben und an einen prügelnden Psychopathen geraten. In jedem Fall unterliegt man der Willkür eines Herrenregimes, aus dem die Justiz sich damals gerne heraushielt. Missbrauch, Körperstrafen und unbegrenzte Verfügbarkeit gehörten zum Alltag einer Dienstwelt, die sich dem Auge des Gesetzes weithin entzog, weil das Gesetz in der herrschaftlichen Gewaltpraxis seinen eigenen Arm am Werk sah. Das Recht hat lange vor der Haustür Halt gemacht. Noch immer weist die rechtliche Durchgestaltung bezahlter Hausdienstleistungen erhebliche Lücken auf. Nachdem flexible, prekäre und vor allem weibliche Arbeitskraft auf absehbare Zeit grenzenlos und kostengünstig verfügbar ist, stehen die Chancen schlecht, dass sich daran etwas ändert.

Immerhin gibt es im Staat New York seit 2010 ein *nanny law*, ein Kindermädchengesetz, die US-weit erste *bill of rights* für häusliche Angestellte.[17] Unter dem neuen Gesetz erhalten »Nannies«, »Housekeeper« und »Caretaker« verbindlich einen freien Tag pro Woche, Überstundenzuschlag bei mehr als 40 Arbeitsstunden pro Woche, drei bezahlte freie Tage pro Jahr und Rechtsschutz bei juristischen Auseinandersetzungen. Nannys, die im Haushalt leben, erhalten nach 44 Arbeitsstunden pro Woche einen Überstundenzuschlag. Bei der realen Bezahlung tun sich indes weite Grauzonen auf. Etwas Licht ins Dunkel der häuslichen Servicewirtschaft sollte kürzlich eine Umfrage unter 1000 Eltern in Brooklyns bürgerlichem Wohnviertel Park Slope bringen. Überstundenzuschläge zahlten danach nur 15 Prozent der Eltern, 40 Prozent gaben an, es gebe bei ihnen keine Extrastunden und entsprechend auch nichts zu bezahlen. Der Tarif pro Stunde schwankte zwischen zehn und 20 Dollar (Durchschnitt 16,41 Dollar bei offiziellem Beschäftigungsverhältnis, 14,56 Dollar bei Schwarzarbeit). Zu diesem Zeitpunkt war das neue Gesetz schon in Kraft, aber die Hälfte der Befragten hatte noch nichts von ihm gehört.[18]

Domestic Workers United (DWU) heißt eine Organisation in New York, in der sich »Caribbean, Latina and African nannies, housekeepers, and elderly caregivers« zusammengetan haben, »um für Macht, Respekt, faire Arbeitsstandards zu kämpfen und eine Bewegung aufbauen zu helfen, die Ausbeutung und Unterdrückung ein Ende macht«[19]. Erster und wichtigster Programmpunkt dabei ist die Professionalisierung. Wenn schon häusliche Dienstleisterin, so das Programm, dann auch richtig, also mit Respekt vor dem eigenen Tun. So gibt es ein »Nanny Training Program« und einen Kurs in Haushaltsmanagement, bei dem auch Verhandlungs- und Interviewtechniken vermittelt werden, die bei Gehaltsverhandlungen hilfreich sein können. Angeboten werden außerdem

Rechtsberatung, Hilfestellung bei Einwanderungs- und Einbürgerungsfragen, ein »Leadership Training Program«, in dem politische Bewusstseinsbildung gefördert wird, aber auch praktische Fertigkeiten wie die Organisation von Zusammenkünften, Kampagnen, öffentliches Auftreten und anderes. Wahrscheinlich sind die Hausarbeiterinnen, mehrfach benachteiligt als Frauen, Ungelernte, Einwanderinnen ohne legalen Status aus Teilen der Welt, in denen sie oft noch viel schlechter behandelt werden, die letzte große Berufsgruppe, die noch immer für eine Vertretung im legalen und politischen Sinn kämpfen muss. Bedenklich ist dabei nur, dass die haushaltsnah arbeitenden Männer bei dieser Emanzipation auf der Strecke zu bleiben drohen. Was ist mit den Fahrradkurieren, die das Chop Suey zustellen, und was etwa mit den Kartoffelschälern im Steakhaus, die auch hart am Rand des Mindestlohns arbeiten? Was ist mit den Angestellten bei McDonald's und anderswo und den vielen Bediensteten hinter den Kulissen all der Chinarestaurants dieser Stadt?[20] Ihre Emanzipation steht wohl in noch weiterer Ferne.

Der Mordfall Krim

Was wissen wir, die Kunden und Chefs, von Leben und Welt der häuslichen Dienstleisterinnen? Wie viele Referenzen und Hintergrund-Checks wären erforderlich, um das Vorabvertrauen in die Person zu rechtfertigen, der wir die Tür zu unserer Wohnung öffnen, die Schlüssel und den Zugang zu unseren Kindern überantworten? Wer sind eigentlich die Menschen, die wir zum Teil der Familie erkoren haben? Wenige Tage, bevor im Herbst 2012 Hurrikan Sandy über New York hereinbrach, sorgte ein Mordfall auf der Upper West Side für große Erregung.[21] Am 25. Oktober 2012 gegen 17:30 Uhr war Martina Krim von einer Schwimmstunde mit ihrer Tochter in ihre Wohnung in 57 West 75th Street, dem La Rochelle Building, zurückgekommen. Dort fand sie ihren zweijährigen Sohn Leo und ihre Tochter, die sechs Jahre alte Lucia (»Lulu«), erstochen in der Badewanne vor. Getötet hatte sie allem Anschein nach die Nanny der Kinder, Yoselyn Ortega aus Santiago de Caballeros in der Dominikanischen Republik. Als die heimkehrende Mutter sie in der Wohnung antraf und zur Rede stellte, fügte sich die Kinderfrau mehrere Messerstiche am Hals zu, die sie nur knapp überlebte.

Der Fall machte auch deshalb Schlagzeilen, weil er an eine elterliche Urangst rührt, und auch, weil hier offenbar politische Fragen berührt waren. Sollte es so sein, dass im Innern solcher Beschäftigungsverhältnisse ein Gewalt- oder gar Rachewunsch schlummert, der plötzlich aus einem unbedeutenden Grund erwacht? Die grausame Tat der Nanny sah aus wie eine Kurzschlussreaktion, aber worauf? Der Polizei erklärte Ortega, sie sei verärgert über ihre Arbeitgeberin gewesen, nachdem diese ihren Wunsch nach mehr bezahlten Arbeitsstunden (wegen finanzieller Probleme) abgelehnt hatte. Ging es im Kern um Geld? Mehrere Befragte sagten aus, die Familie und die Nanny hätten sich ausgezeichnet verstanden, Yoselyn Ortega sei wahrhaft Teil der Familie gewesen. Nicht nur, dass man Ortegas Familienheimflüge in die Dominikanische Republik bezahlt habe; die Familie habe sie sogar einmal dorthin begleitet.

Die Krims waren 2010 von San Francisco nach New York gezogen, Kevin Krim arbeitet für einen großen Fernsehsender und Marina Krim war und ist eine, wie zu lesen war, »stay-at-home mom, Kunstlehrerin und Bloggerin, die das Leben ihrer Kinder in New York dokumentierte«[22]. Marina Krim war nicht der Prototyp der Berufs- und Karrierefrau, die sich mit Hauspersonal den Rücken freihält, vielmehr eine hauptamtliche Mutter, die sich ganz und gar der Kinderaufzucht verschrieben hatte und die Mitwelt an ihrer Häuslichkeit Anteil nehmen ließ. Man schließt aus diesem Szenario, dass der Ehemann als Alleinverdiener genug Geld nach Hause brachte. Schwer kann man sich Marina Krim als häusliche Sklavenhalterin vorstellen – sonst hätte sie auch kaum das Dienstmädchen auf eine Reise in die Dominikanische Republik begleitet.

Noch ist der Prozess gegen Yoselyn Ortega nicht zu Ende, aber die Berichterstattung über die Krims, vor allem aber deren eigene Berichterstattung, geht weiter. Inzwischen haben die Krims wieder einen Sohn bekommen, außerdem haben sie eine wohltätige Stiftung, den Leo & Lulu Fund, ins Leben gerufen. Die Krim-Familie, heißt es weiter, »postet Fotos und Erinnerungen an ihre Kinder auf der öffentlichen Facebookseite des Leo & Lulu Fund, außerdem Fundraising-Veranstaltungen und Fotos von Kunstwerken der Kinder. Die sechsjährige Lulu Krim war eine übernatürlich begabte Malerin und Künstlerin.«[23] Es mindert nicht die Tragik des Geschehenen, wenn man bei der Formulierung »übernatürlich begabt« ins Nachdenken gerät. Wir werden Zeugen einer medienwirksamen und hochprofessionellen Eigenkind-Vergottung, wie sie auch außerhalb New Yorks vorkommen soll, aber hier besonders oft. Marina Krim, die wir für ihre Moral bewundern, brauchte offenbar auch deshalb eine Nanny, weil die mediale Vermarktung des Familienglücks und die Vermarktung der diversen Höchstbegabungen viel Zeit beanspruchte. Nichts davon kann die Bluttat im La Rochelle Building erklären, aber man fragt sich für einen Moment, welche affektiven Kräfte im Verhältnis zwischen Mutter und Nanny am Werk waren. Die

Idee, die Nanny in ihr Heimatland zu begleiten, fühlt sich ein wenig wie der Teil eines hochgestimmten, menschenfreundlichen Projekts an. Das Projekt könnte den Titel »Teil der Familie« tragen. Es gehört zum guten liberalen Ton, die Hausangestellten von ihrem subalternen Status befreien und ihnen »auf Augenhöhe« begegnen zu wollen. Vielleicht hatte die gemeinsame Reise in die Heimat bei der Nanny die Vorstellung genährt, ihre Chefin könne ihr nun auch aus der Geldnot helfen, und sei es auch nur durch Ausdehnung des Stundenkontingents. Vielleicht war ihre Verzweiflung größer, als sie es je gewesen wäre, wäre sie der Kundschaft nicht so nahe gewesen.

Wie die andere Hälfte lebt

Der Weg aus der Serviceklasse hinaus und hinauf in attraktivere Formen der Beschäftigung scheint schwerer gangbar als früher. Was fehlt, ist neben anderem die Perspektive vergleichsweise solider und krisenfester Industriearbeit. Das mag der Hauptunterschied sein zu den New Yorker Verhältnissen, die der dänische Einwanderer, Journalist und nachmalige Sozialreformer Jacob Riis vorfand, als er in den 1870er und 80er Jahren seine Recherchen über die »Other Half«, die andere und damals meist übersehene Hälfte der städtischen Population anstellte.[24] In den von europäischen Einwanderern bewohnten *Tenements*, den elenden Mietskasernen zumal der Lower East Side, fand Riis reiches Anschauungsmaterial. Ein alter Spruch, schreibt Riis, besage, dass die eine Hälfte der Welt nicht weiß, wie die andere lebt. Jetzt aber sei die Zeit gekommen, da die obere Hälfte – die zahlenmäßig nie die Hälfte ausmachte, sondern nach Riis' Schätzung allenfalls ein Viertel – schon aus Gründen der schieren Größenverhältnisse über die

Lebensverhältnisse unten nicht mehr hinwegsehen konnte. Gründlicher als sonst ein Zeitgenosse hat sich Riis in den Zinskasernen von Manhattan umgesehen und stieß dabei zwangsläufig auf die jungen Arbeiterinnen von New York. Bei einer großen Versammlung der »Working Women Society« wird er Zeuge erhitzter politischer Diskussionen: Es sei, hört er, »eine bekannte Tatsache, dass die Löhne von Männern nicht unter eine bestimmte Grenze fallen können, die ihnen den Lebensunterhalt erlaubt, Löhne von Frauen dagegen haben keine Untergrenze, denn der Pfad der Schande steht ihnen jederzeit offen. Es ist einfach unmöglich für irgendeine Frau, ohne Unterstützung von dem niedrigen Gehalt einer Verkäuferin zu leben, ohne dass sie wirklich Notwendiges entbehrt ... Es ist unvermeidlich, dass sie in vielen Fällen nur in der Sünde Zuflucht finden.«[25] Soeben hatte der Fall einer Frau die Öffentlichkeit erschüttert, die sich, ohne Aussicht, ihren Lebensunterhalt mit anständiger Arbeit zu fristen, aus dem Dachbodenfenster gestürzt hatte, weil sie »den Tod dem Ehrverlust« vorzog. Die Schätzung, so Riis, belaufe sich auf etwa 150 000 junge arbeitende Frauen in New York (bei einer Gesamtbevölkerung von ca. 1,2 Millionen um 1880), aber die wahre Zahl müsse noch deutlich höher sein.[26] Nach Auskunft der Working Women's Society belaufe sich der Durchschnittslohn für Verkäuferinnen auf zwei bis 4,50 Dollar pro Woche, die von den Arbeitgebern jedoch willkürlich beschnitten würden, etwa wenn sich die Frauen während der Dienstzeit einmal ungefragt hinsetzten. So bezog ein junges Mädchen bei einem Tagesumsatz von 167 Dollar lediglich zwei Dollar Wochenlohn, während ihr männliches Pendant für 125 Dollar Umsatz immerhin 15 Dollar pro Woche erhielt – er hatte, wie man damals und auch heute noch manchmal sagt, ja »eine Familie zu ernähren«.

Die Arbeitszeiten beliefen sich auf bis zu 16 Stunden am Tag, die Dienstkleidung hatten die Frauen selbst anzuschaffen, Kinderarbeit war weit verbreitet. Die Behörden schritten dagegen halbherzig ein, es gab indes nur einen einzigen städtischen Inspekteur, der von Amts wegen hinter die Kulissen der Geschäfte und Werkstätten schaute. Damals ist der Begriff *Sweat Shop* geprägt worden. Nähen und schneidern, zu Wochenlöhnen von drei Dollar, wovon das geteilte Zimmer im *Tenement* 1,50 Dollar verschlang, war das Los der Frauen, die zum Verkaufen nicht mehr jung genug waren. Und erst recht nicht für den »Pfad der Sünde«. Ist er nicht eine faire Alternative zu all dem Elend, fragt Riis an einer Stelle und antwortet lapidar, das sollten die Moralisten beantworten. Für ihn sind die Working Girls of New York Heldinnen des Anstands und des Optimismus. »Zur ewigen Ehre der Arbeiterinnen von New York sei gesagt, dass sie, so steinig und hoffnungslos ihr Weg und ihr Lebenskampf auch sei, sie nur in den seltensten Fällen auf Abwege kommen. Als Klasse sind sie brav, rechtschaffen und anständig. New Yorks Armee von liederlichen Frauen, rekrutiert sich, anders als in anderen Städten, nicht aus diesen Schichten. Sie ist so tapfer, wie sie stolz ist. (…) Die Herkunft aus den *Tenements* und die Traditionen ihrer Kindheit haben sie weder zum Luxus verführt noch eine Neigung zur Hausarbeit anstelle der Arbeit in einem Geschäft befördert. Der Welt präsentiert sie ein gut gelauntes, klagloses Auftreten, das manchmal täuscht.«[27] Zum Ende seiner Betrachtung schlägt der Sozialpolitiker in Riis durch. Die arbeitenden Mädchen von New York werden sich, so seine Prognose, trotz aller Hindernisse in Clubs, Gewerkschaften und Vereinen organisieren und so von einer »unfairen Welt die Gerechtigkeit erzwingen, die ihr so lange verwehrt wurde«[28]. Man sieht fast wie in einem Film die jungen Mädchen vor sich, wie sie sich aus ihrem armseligen Dasein hocharbeiten, in die Fabriken und Büros, einer helleren Zukunft entgegen, mit Mindestlöhnen, geregelten Arbeitszeiten, Urlaubstagen und anderem mehr. Proletarität erschien hier geradezu als Verheißung organisierter und solidarischer Verhältnisse, eines natürlich siegreichen Kampfes um Rechte und Würde. Von einer solchen weltgeschichtlichen Tendenz zur Emanzipation wird der Kampf der heutigen Dienstleisterinnen für Rechte und Chancen sicher nicht unterstützt. Die »Domestic Workers« der Gegenwart sind nur in der Minderzahl Genossinnen und Genossen. Sie fürchten sich vor dem Gesetz und in gewisser Weise auch vor Rechten. Gesetz und Rechte betreffen sie nicht wirklich, wenn sie, anders als die Working Girls of New York, nicht einmal über den Rechtsstatus eines Inländers und Staatsbürgers verfügen. Die jungen, schlecht behandelten Arbeiterinnen um 1880 waren, oft auf der Flucht vor Armut und Unterdrückung in ihrer Heimat, immerhin legal ins Land gekommen. Auch wenn sie straffällig wurden, konnte man sie nicht ausweisen. Dauerhaft zirkulierende Servicearbeiterinnen und -arbeiter dagegen müssen sich nicht erst bei Fehlverhalten vor der Ausweisung fürchten. Dabei verbessert sich, zögernd zwar, ihre ökonomische Lage. Der »Fair Labor Standards Act« von 2013 regelt die Entlohnung und die Überstundenregelung für »live-in care workers«[29]. Zur Gewährung von Regeln und Rechten im Beschäftigungsverhältnis müsste nun die Gewährung vollständiger Bürgerrechte und -pflichten kommen, ebenso freilich auch die aktive Annahme dieses Status durch die Betroffenen selbst. Das wird durch den Umstand erschwert, dass viele der Servicearbeiter gar keine klassischen *Im*migrantinnen, sondern eben Dauer-Migranten, transnationale Arbeitspendler sind. Unterhalb des polizeilichen und staatsbürgerlichen Radars passieren sie die Grenzen und üben ihre vollen Bürgerrechte weder hier noch dort aus. Die progressive Hoffnung, mit der Riis seine Untersuchungen von 1880 enden lässt, findet keine Nahrung in der Klasse der heute mit häuslichen Dienstleistungen beschäftigten Frauen in New York. Sie werden sich sehr wahrscheinlich *nicht* zu Sonne und Freiheit hocharbeiten, selbst wenn die Regulierung und Legalisierung ihrer Arbeitsverhältnisse voranschreitet. In diesem präzisen Sinne verbleiben heute viele »Domestic Workers«, genau wie ihre Kollegen in der weiteren Dienstleistungsindustrie, dauerhaft in der »Servicehölle« – wenn wir Hölle den Ort nennen, von dem aus es üblicherweise keine vertikale Mobilität gibt.

Eine Geschichte von zwei Städten

Seit einigen Jahren hat sich die seinerzeit von Jacob Riis entfachte Debatte um die zwei Hälften der Stadt wieder deutlich verschärft. Bürgermeister DeBlasio verdankte seinen Wahlsieg 2013 auch dem beharrlich vorgetragenen Gleichnis von den »Two Cities«, der einen Stadt, der die Superreichen und die Oligarchen ihren Stempel aufdrücken, und der anderen Stadt im Schatten des großen Geldes, in der die eigentliche Bevölkerung lebt. Mit seinem Wahlspruch rückte er die Warnung vor wachsender sozialer Ungleichheit in der Stadt in eine sozialkritische und -reformerische Kontinuität, an deren Anfang Leute wie Jacob Riis standen. Das kam bei den Wählern glänzend an, jedenfalls bei den Bewohnern der zweiten Stadt, die nach drei Amtszeiten des Vorgängers Michael Bloomberg von dessen »Oligarchie-tut-allen-gut«-Ideologie genug hatten. DeBlasios kämpferische Metapher von den »Two Cities« hat die Statistik auf ihrer Seite. »Manhattan wird eine Insel der

Extreme«, meldet die *New York Times*.[30] Das Durchschnittseinkommen der Top-fünf-Prozent-Haushalte in Manhattan sei von 2012 auf 2013 um neun Prozent gestiegen, nämlich auf 864394 Dollar, was 88 Mal so viel sei wie das Durchschnittseinkommen der ärmsten 20 Prozent. Damit weise Manhattan von allen *Counties* der USA die größte Einkommenskluft auf. Das durchschnittliche Haushaltseinkommen, bezogen auf Gesamt-New-York, lag 2013 bei 53223 Dollar, wobei die »Non-Hispanic Whites« mit 75145 Dollar das höchste und die Hispanics mit 36196 Dollar das niedrigste Einkommen hatten. Die Schere zwischen den Top 20 und den untersten 20 Prozent geht beständig weiter auseinander, während die offizielle Armutsrate mit etwa 21 Prozent in der Stadt selbst stabil geblieben, im Großraum New York jedoch gestiegen ist. Die Armutsgrenze liegt bei 11170 Dollar für Individuen und 23050 Dollar für eine vierköpfige Familie.

Es kann einem hier also, gerade wenn man sich einen bürgerlichen Lebensstil angewöhnt hat, bisweilen angst und bange werden vor der Zukunft. Dennoch scheint die Option »Von der Millionärin zur Tellerwäscherin«, wie sie etwa Woody Allens Film *Blue Jasmine* am Beispiel seiner aus dem New Yorker Geldadel ins Bodenlose abstürzenden Heldin vorführt, empirisch wenig haltbar. Der gefallene Hedgefonds-Manager von gestern wird uns (auch wenn man es sich vielleicht wünscht) sicher nicht schon morgen als Lieferant die Pizza zustellen oder in einer chinesischen Garküche die Frühlingsrollen frittieren. Vielleicht sind die sozialen Abstiegsängste ebenso ein Gegenstand der Einbildungskraft, wie es die sozialen Aufstiegswünsche schon immer waren. Die wahre Demarkationslinie in den »Two Cities« namens New York – der Präsident assistierte ihm mit dem Hinweis, die steigende Ungleichheit könne den amerikanischen Traum aushöhlen[31] –

stellt wohl weniger das Einkommen als der Aufenthaltstitel dar. Zum amerikanischen Traum gehört das Recht, ja fast die Pflicht der Amerikaner, sich frei im Land zu bewegen, sich mal hier, mal dort anzusiedeln, sich vielleicht auch gar nicht anzusiedeln, sondern zu tun, was immer die Aussicht auf Glück geraten sein lässt, bei alledem angetrieben vom Geist des freien Unternehmertums, das bei jeder Pleite schon den kommenden Profit wittert. Diese mythische Chance, sich jederzeit neu zu erfinden, Verlust in Gewinn und Risiko in Rendite zu verwandeln, steht den Amerikanern idealerweise offen, aber eben nur den Amerikanern und nicht dem wachsenden Pool von Nomaden und Zirkulanten, aus dem sich die Niedriglohnwelt speist.

Wenn man auf diese wachsende Gruppe schaut, sollte man Guy Standings Vorschlägen zur Differenzierung folgen.[32] Es gibt Berufsnomaden, die ständig den Ort wechseln und genau wissen, warum sie gestern hier waren und morgen dort sein werden. Dazu muss man nicht prekär leben, es genügt, Kuratorin, Dirigent oder Architekt zu sein. Es gibt daneben und vor allem auch diejenigen, die ihre Heimat um besserer Verdienstchancen willen verlassen, die aber langfristig eine Rückkehr anstreben, diesen Wunsch aber oft nicht verwirklichen können (auf viele Hausarbeiterinnen trifft das zu). Dann gibt es Migranten, die irgendwo ankommen, um zu bleiben, weil ihnen die Rückkehr nicht attraktiv scheint und sie die ökonomischen Chancen im Zielland für günstiger halten. Die USA sind weltweit das größte Aufnahmeland für Migranten. »Im ersten Jahrzehnt des 21. Jahrhunderts«, schreibt Standing, »sind jährlich über eine Million ›legaler‹ und vielleicht eine halbe Million ›illegaler‹ Migranten zugezogen. Heute ist jeder achte Einwohner Migrant, und fast jeder sechste Arbeitnehmer ist außerhalb des Landes geboren, die höchste Zahl seit den 1920er Jahren. Sorgfältig errichtete Barrieren führten zu einer Abnahme des Anteils von Migranten an der US-Arbeitnehmerschaft von 21 Prozent im Jahre 1910 auf fünf Prozent 1970. 2010 lag der Anteil erneut bei 16 Prozent. In Kalifornien ist jeder dritte Arbeitnehmer ein Immigrant, in New York, New Jersey und Nevada ist es jeder vierte.«[33] Vom Center for Immigration Studies wird allein die Zahl der illegalen Einwanderer in die USA auf 12 Millionen (2008) geschätzt, wobei die Schätzungen zwischen sieben und 30 Millionen liegen. Etwa 80 Prozent dieser Einwanderer kommen aus Zentralamerika, 57 Prozent allein aus Mexiko.[34]

Illegale Einwanderung ist, Standing zufolge, eines der sieben Hauptmerkmale von prekärer Migration unter den Bedingungen der Globalisierung. Sie wird von den Regierungen mit unterschiedlichem Erfolg und unterschiedlicher Intensität bekämpft und zugleich oft toleriert, weil anderenfalls der Arbeitskräftemangel in den reicheren Ländern überhandnähme. Das zweite Kennzeichen ist Zirkulation, also die beschriebenen Formen wiederkehrender Einwanderung und Rückkehr. Das dritte ist die »Verweiblichung« der Migration, also der Umstand, dass Frauen allein zirkulieren und dabei oft die eigenen Kinder dauerhaft im Heimatland zurücklassen. Das vierte Kennzeichen moderner Migration ist, Standing zufolge, die Mobilität von Studenten. Studenteninnen als Dienstleisterinnen, Dienstleister als Studenten – es gibt eine große Schnittmenge zwischen diesen beiden Funktionen, bedingt und bestimmt von einer systemischen Unrast im Lebenswandel. Nicht nur, dass die USA und speziell New York der Zielhafen von Bildungsmigrantinnen und -migranten aus der ganzen Welt sind (nichts scheint für chinesische Eltern oder deren Kinder verlockender als das Studium an einer der berühmten

Ostküstenuniversitäten), es werden viele Aspiranten auch in den USA abgelehnt und suchen fortan ihr Glück auf irgendeinem anderen Campus dieser Welt, dessen Bildungsrendite lohnend erscheint. Studenten als ortsunfeste Teilzeitdienstleister: Man könnte sie »teilzeitprekär« nennen. Wie die Lebenszeithaushaltsarbeiter kellnern, pflegen und putzen sie, aber in der Regel nur so lange, bis sie ein akademischer Abschluss und eine nachfolgende Anstellung aus der Prekarität erlöst. Standing nennt als weiteres Merkmal die Wanderschaft innerhalb multinationaler Unternehmen. Er vernachlässigt dabei die Gruppe der Kreativ-Migranten, also all der Tänzer, Designerinnen oder Schauspieler, die ohnehin für jedes Engagement und jedes neue Projekt klaglos den Ort wechseln. Schließlich ist die rapide wachsende Gruppe der Flüchtlinge und Asylsuchenden zu nennen. Oft sind gerade sie ohne Ausbildung, oder die erworbene Ausbildung nützt ihnen zunächst nichts – wodurch sie sich als Kandidaten für schlecht bezahlte und gewerkschaftlich ungeschützte Tätigkeiten empfehlen.

Das Wandern kann eine Wahl sein, hier ist es keine. Prekär kann man jenen Anteil an den Migrantinnen und Migranten von heute nennen, die mobil sind, ohne wirklich freizügig zu sein. Ihrem Wandern fehlt die alte emanzipatorische Dynamik des Aus- und Einwanderns. Unterhalb der Schwelle zur Staatsbürgerschaft sind diese Migranten zu einem instabilen Bleiben verurteilt. Standing nennt solche Nichtbürger mit einem historischen englischen Begriff »denizen«[35]. Gemeint sind damit Ortsfremde, denen gegen Auflagen manche Bürgerrechte gewährt und andere verwehrt werden. Das ist etwas grundlegend anderes, als irgendwo *expat* zu sein, jemand, der ebenfalls nie im Zielland ankommt, den aber eine ökonomische Nabelschnur fest mit dem Heimatland verbindet. Eine solche Rückfallposition kennt der *Denizen* nicht. Er ist seiner

Rechte im Herkunftsland in Teilen verlustig gegangen und hat sie im Zielland niemals verliehen bekommen.

In *A Precariat Charter* liefert Guy Standing eine Programmschrift für die Emanzipation des Prekariats. Die Artikel 11 bis 15 heißen: »Schluss mit der klassenbasierten Migrationspolitik.«[36] Artikel 11: »Zügelt die Regimes, die Arbeit(er) exportieren! Die Philippinen etwa, aber auch China, Vietnam oder Mexiko.« Artikel 12: »Hört auf damit, Migranten Bürgerrechte zu versagen.« Artikel 13: » Schluss mit der klassenbasierten Migrationspolitik«, das heißt mit der Selektion von Migranten nach dem Kriterium ihres ökonomischen Potentials. Artikel 14: »Gleichbehandlung von Migranten auf dem Arbeitsmarkt.« Artikel 15: »Keine Ungleichbehandlung von Migranten bei Sozialleistungen.« Bei Standing hat die Prekarität der Migranten ihren Hauptgrund in der restriktiven, diskriminierenden Politik der Aufnahmeländer. Damit werden die Prekären pauschal auf eine Weise viktimisiert, die nicht immer der Nachprüfung standhält. Die Mobilitätschancen der neuen Serviceklasse in New York und anderswo sind auch deshalb so gering, weil der emanzipatorische Impuls schwach ist und die Leidensbereitschaft groß. Wer die TV-Serie *Downton Abbey* verfolgt hat, hat gesehen, wie sich unter der Dienerschaft der Wunsch nach Bildung, Besitz und Teilhabe an gesellschaftlichen Chancen regt, bei den weiblichen Bediensteten stets mehr als bei den Männern. Sie träumen vom Schulbesuch, einem respektierten Beruf, von Ehe, Familie und einem Häuschen. Man konnte solche Aufstiegsträume damals in England, vielleicht nur für eine bestimmte Zeit, realisieren. Wer 1910 noch Dienerin war, war es 1920 oder 1930 wahrscheinlich nicht mehr. Nicht dass alle Subalternen sich dann in Akademikerinnen verwandelt hätten, eher führte sie der Weg, wie schon die Working Girls of New York, massenhaft in Fabriken und Büros. Erst ihre Kinder würden eine solide Schulbildung erhalten. Die Misere der Prekären von heute scheint zu sein, dass insgesamt wenig Zukunft durch Höherqualifikation zur Verfügung steht, selbst dann nicht, wenn die ärgsten rechtlichen und politischen Klippen, die einer wirklichen Gleichberechtigung im Wege stehen, weggeräumt wären. Man gewinnt diesen Eindruck ausgerechnet in New York, der Bildungshauptstadt der Welt, einer Stadt mit 400 000 Studierenden, in der jede zweite Subway-Reklame auf unterprivilegierte, marginalisierte Gruppen zielt und ihnen die Segnungen eines Collegebesuches und einer anschließenden sicheren und angesehenen Beschäftigung vor Augen führt. Nicht, dass solche qualitative, vertikale Mobilität unmöglich geworden wäre. Aber sie ist seltener geworden, und sie erfasst mit nur geringer Wahrscheinlichkeit diejenigen, die sich in der Schattenökonomie erst einmal häuslich eingerichtet haben. Die »Tale of Two Cities« müsste demnach genauer unterscheiden zwischen denen, die für den sozialen Aufstieg ansprechbar sind, die also für mobilisierende Maßnahmen in Frage kommen (das sind eher die Afroamerikaner), und jenen, denen zunächst der Wunsch nahe gebracht werden müsste (das sind eher die Hispanics), die ererbte oder erworbene Misere hinter sich zu lassen und den Aufstieg in eine Existenz jenseits der Prekarität zu wagen. Offenbar entgeht Guy Standing die unerhörte Passivität oder, positiv gesprochen, die Anpassungsbereitschaft der migrantischen Dienstleister in New York und anderswo. Hier ist nur eine Minderheit politisch engagiert, hier wird eher selten agitiert, protestiert und demonstriert, hier deutet trotz mancher Initiativen nicht viel auf eine breite (Selbst-)Organisation der Subalternen. Die Initiativen, die allmählich zur Verrechtlichung ehedem rechtsfreier Beschäftigungsverhältnisse führen, sind eher der Ausdruck einer bürgerlich-liberalen Sorge um faire Arbeitsbedingungen als die Folge einer selbst artikulierten Frustration oder gar Wut bei den Betroffenen.

Man hat sich die prekären Hausarbeiterinnen dieser Stadt als Botschafter eines weit größeren Elendszusammenhangs vorzustellen. Nach Süden hin grenzen die USA an eine Weltgegend, in der Armut, Gewalt, Kriege und Drogenhandel den Alltag beherrschen. Welche Bildungschancen bieten sich einer jungen Frau aus den Slums von Guatemala City oder Santo Domingo diesseits der von der Familie unterstützten, wenn nicht geforderten Entscheidung, sich in Nordamerika zu verdingen? Vielleicht gehen sie ihren Beschäftigungen in New Yorker Häusern auch deshalb mit so viel abgehärtetem Fatalismus nach. Es wird nichts Besseres nachkommen, keine Ausbildung und keine Heirat »nach oben«, jedenfalls keine mit Hebelwirkung. New York ist nicht die Härte, durch die man hindurchmuss, wenn man zu den Sternen will. New York, das sind von anderswoher gesehen schon die Sterne, nur von sehr weit unten betrachtet.

24/7: Schichtdienstleben

Die New Yorker Untergrundbahn spiegelt zuverlässig die Zeitordnung der ein, zwei oder noch viel mehr Städte namens New York. Nach meiner Erfahrung an der 96. Straße in Manhattan erreicht die morgendliche Passagierdichte ihren Höhepunkt zwischen sieben und neun Uhr. Das ist auch meine Reisezeit, und mir kommt vor, ich begegne um diese Zeit in der Subway in der Mehrzahl meinesgleichen: Angestellten, überhaupt Berufstätigen, Studenten, Mittelständlern, pauschal gesprochen. Ganz anders die Mitreisenden, wenn man einmal zwischen fünf und sechs am Morgen in die U-Bahn steigt. Auch dann sind die Züge schon voll, wenn auch nicht so voll wie drei Stunden später. Aber es sitzen ganz andere Leute in der Bahn, die aus der Bronx kommt und durch Manhattan nach Brooklyn fährt: Hispanics vor allem, auch Afroamerikaner, wenn solche Unterscheidungen überhaupt viel sagen, die aber eines verbindet: Diese urbanen Pendler sind Frühaufsteherinnen und -aufsteher aus der Serviceindustrie. Sie bereiten unsere Ankunft in den Büros, den Coffee Shops, Delis, Diners und Supermärkten vor. Kellner, Putzdienste, Küchenpersonal, Wachleute.

Wenn die Stadt den Vorhang hebt, hat man hinter dem Vorhang schon ein paar Stunden lang die Bühne bereitet. Die Ersten am Morgen werden auch am Abend die Letzten sein, nicht jeden Tag natürlich, aber doch unter einem Zeitregime, das dem häuslichen, dem Familien- und jedwedem Privatleben feindlich ist. In der 24/7-Serviceökonomie wird nur geschlafen, wenn gerade keine Schicht ist. Schicht kann aber tendenziell immer sein. Schon hat sich ein neues Wort in den wandlungsfähigen New Yorker Wortschatz eingeschlichen: »clopening«[37]. Es bezeichnet den Fall, dass ein und derselbe Beschäftigte am Abend den Laden, das Restaurant oder was immer schließt und ihn am Morgen auch wieder öffnet. In der Zwischenzeit wird gependelt, geschlafen und das häusliche Leben erledigt. Eine große Zahl von Menschen, denen wir täglich in der Subway begegnen, ist also nicht nur unterbezahlt, sondern chronisch unausgeschlafen und hat wenig Aussicht auf ein geregeltes häusliches Leben.

Hier sieht man die prekäre Überbietung des heute vielbelächelten »9 to 5«-Zeitrahmens, der in Wahrheit eine große sozialpolitische Errungenschaft war – schließlich war die Einhegung der Arbeitszeit innerhalb vernünftiger Grenzen die Voraussetzung dafür, dass Arbeitnehmer über die restliche Zeit des Tages halbwegs frei verfügen konnten. Heute wird »9 to 5« nicht nur von Freiberuflern und allen, die ihnen ähnlich sein wollen, stolz ignoriert, sondern, ganz ohne Stolz, auch von denen, die rund um die Uhr uns Konsumenten dienen. Dienste oder Services, die, *inhouse* oder anders, mir jederzeit zur Verfügung stehen sollen, erfordern Arbeitskraft, die zu bestimmten Tages- oder Nachtzeiten nicht schläft.[38] »Geregelte Arbeitszeit« gibt es dabei gleich in zweifacher Hinsicht nicht: Weder spielt sich die Arbeit innerhalb eines sozialverträglichen Zeitrahmens ab, noch ist dieser Zeitrahmen überhaupt vorher bekannt. Oft werden die Arbeitszeiten erst 48 Stunden vorher mitgeteilt, womit die Planung freiwilliger, außercurricularer Aktivitäten nahezu ausgeschlossen ist. Während in der EU eine tägliche Ruhepause von durchgehenden elf Stunden je 24-Stunden-Tag gesetzlich verankert ist, existieren vergleichbare landesweite Regelungen in den USA lediglich für Piloten und verwandte Berufe.[39] Einige Bundesstaaten haben nun den Anfang gemacht, nach dem es kein *clopening* mehr geben dürfte. Wer den Laden um Mitternacht zugesperrt hat, kann demnach erst um elf Uhr vormittags wieder eingesetzt werden.

Derzeit hat aber jemand wie Shetara Brown zwischen ihren Schichten bei Taco Bell nur sieben Stunden Pause. Wenn sie zur Schicht geht, hat sie der *New York Times* erzählt, lässt sie ihre drei Kinder im Alter von zwei, vier und fünf Jahren zurück. Nach der Schicht nimmt sie den Bus nach Hause – die Kinder schlafen während der Schichten bei der Großmutter –, nimmt eine Dusche und ist nach dreieinhalb Stunden Schlaf schon wieder auf dem Weg zur Schicht.[40] Immerhin hat sich jetzt »Starbucks« verpflichtet, keine *clopenings* in seinen Coffee Shops zuzulassen, freilich erst nachdem Zeitungen vom

Zeitregime einer jungen »Barista« berichtet hatten, die um elf Uhr abends ihre Schicht beendete und um vier Uhr früh wieder den Dienst antrat. Nie wieder sollten ihre »partners« (so das Starbucks-Wort für die Angestellten) »back-to-back«-Schichten absolvieren, ließ sich der US-Chef vernehmen. »Die Letzten werden die Ersten sein«: In Krankenhäusern, Polizeistationen oder Flughäfen, in sicherheitssensitiven Feldern also, kann man sich das nicht vorstellen, bei den Diensten der Servicemenschen dagegen scheint das Risiko geringer als der Vorteil. Wenn man es ohne Rücksicht auf Ruhezeiten *on demand* verplanen kann, braucht man weniger Personal. Die Folgen eines solchen Arbeitszeitregimes werden privatisiert, zu Lasten der Arbeitnehmer, denen bei Protest erklärt wird, sie könnten sich ja einen anderen Arbeitsplatz suchen.

Das tun manche *Service Workers* dann auch und wechseln anderswohin in die Dienstleistungswelt, was wiederum dazu führt, dass bei McDonald's, Burger King oder Taco Bell eine erhebliche Personalrotation herrscht. Nicht alle neu angeheuerten Serviceleute kann man sogleich als Öffner und Schließer und folglich auch nicht als *Clopener* einsetzen. Nur die Erfahrenen können das, wobei hinzukommt, dass die Einsatzpläne für personalintensive Schnellrestaurants oder Groß-Retailer inzwischen meistens von Computern geschrieben werden, die offenbar mit der Vermeidung zu knapper Freizeitfenster bei der Personaleinsatzplanung noch überfordert sind. Aber selbst wenn Gesetze und Computer durch- und umsetzen, dass die zusammenhängende Pause zwischen zwei Schichten mindestens zehn oder zwölf Stunden betragen muss, und selbst wenn Arbeitgeber solche Regelungen befolgen, bleibt das Problem einer grundsätzlich grenzenlosen und auch nicht wieder einzugrenzenden Arbeits-, Produktions- und Betriebszeit bestehen, und es verschärft sich sogar weiter.

Das menschliche Schlaf- und Ruhebedürfnis steht dem Zeittakt der Servicewelt störend im Wege. Nicht nur, dass bei Amazon und anderswo der Warenversand völlig unabhängig von Tages-, Wochen- oder Jahreszeiten abgewickelt wird. Auch ein Restaurant, das um zwölf Uhr nachts schließt und um sieben Uhr früh die ersten Gäste zum Frühstück empfängt, schläft praktisch nicht und muss rund um die Uhr mit Personal besetzt sein. Darf sich demgegenüber die im häuslichen Bezirk wirkende Nanny oder Haushälterin nicht fast glücklich schätzen? Immerhin schlafen ja nachts alle Schützlinge, die Kinder, die Alten, die Eltern, was es sinnvoll scheinen lässt, dass zur selben Zeit auch die Hausarbeiterinnen ruhen. Wenn aber Männer in Niedriglohnjobs eher in zeitenthemmten Verhältnissen tätig sind, während die Frauen oft noch dem Tag-Nacht-Rhythmus der Häuslichkeit folgen, dann muss man befürchten, dass sich miteinander verheiratete oder liierte Männer und Frauen, die beide in der Serviceindustrie arbeiten, weder tagsüber noch nachts im eigenen Zuhause begegnen. Schon immer war ja die Schicht ein Feind des dank »9 to 5« steuerbaren Familienlebens. Resultierte sie traditionell aus »der Notwendigkeit, lange Servicezeiten zu bieten (Krankenhaus, Verkehr, Kraftwerk), oder aus den hohen Kosten, die bei einem Stillstand von Anlagen entstehen würden (Hochofen, Chemieanlagen, Nahrungsmittel- und Getränkeindustrie), oder generell aus der Notwendigkeit, hohe Anlageninvestitionen durch entsprechende Betriebszeiten zu amortisieren (Flugverkehr, Fertigungsstraßen in der Automobilindustrie)«,[41] so hat sie sich unter den neuen Serviceimperativen wie umgehender Zustellung von Waren oder Abend- und Nachtöffungszeiten weiter verschärft. Schlafen scheint aus der Mode gekommen. Zwar warnen Ärzte und Schlafforscher vor den gesundheitlichen und ökonomischen Folgen von mangelndem Schlaf, doch geben am oberen Ende der Arbeitswelt die Schlafverächter den Ton an, den der Rest der Gesellschaft sich dann zu eigen macht. »Master of the Universe« ist unter den Wettbewerbsbedingungen einer globalisierten Welt, wer gar nicht mehr schläft. Die Schlaffeinde in der Wall Street und im Silicon Valley kennen die geregelte, beamtische Arbeitszeit so wenig wie den Müßiggang oder den altindustriellen Schichtdienst. Die Schicht, nicht nur die der Menschen in Billigjobs, darf als Charakteristikum von Menschen dienen, deren Beruf an bestimmte Zeiterfordernisse geknüpft ist. Dazu gehören am oberen Ende auch Ärzte, Dirigenten oder Fernsehmoderatoren. Die absolute Arbeitselite der Gesellschaft stellen aber diejenigen dar, die nicht wissen, was nicht arbeiten bedeuten soll, und die folglich auch nicht wirklich wissen, was arbeiten heißt. Künstler, Broker, digitale Entrepreneure, sie kennen weder Arbeitszeiten noch Schichten, sondern lediglich, so zumindest die idealisierte Vorstellung, den Zustand intensiver Versenkung, an deren Ende außerordentliche Ergebnisse und Erfolge stehen, Erfindungen, Werke – und Reichtum.

Parade der Tagelöhnerinnen

Neben den Kleinanzeigenportalen und Vermittlungsdiensten im Internet existieren auch heute noch reale Marktplätze, auf denen sich häusliche Arbeitskräfte und ihre temporären Kunden physisch begegnen. Angeblich gibt es aber nur noch zwei solcher Hausarbeiterinnenbörsen in den USA, eine davon in South Williamsburg, einem Viertel in Brooklyn, wo bekanntlich »Hipsters, Hispanics and Hasidim« leben, allerdings fast ohne sich zu begegnen.[42] Frühmorgens habe ich einmal einen Ausflug dorthin unternehmen wollen. An der Kreuzung von

Marcy und Division Avenue, an einer lauten, windigen Ecke mit Aussicht auf den belebten Brooklyn-Queens-Expressway, soll allmorgendlich »La Parada« stattfinden, was man übersetzen kann als »Haltestelle«, aber auch als »Parade« der Tagelöhnerinnen auf der Suche nach einem Tagesjob.

South Williamsburg, das ist an dieser Ecke nicht der angesagte Hipster-Bezirk mit den Barbiergeschäften und den skandinavischen Coffee Shops. Unterhalb der Division Avenue beginnt tatsächlich ein anderes Reich, eines, das nur bedingt von dieser Welt ist, das der ultraorthodoxen Chassiden. Als ich kurz vor sechs an der besagten Kreuzung ankam, war dort schon niemand mehr zu sehen, abgesehen von einigen wenigen schwarzgekleideten bärtigen Männern im traditionellen Gewand der Chassiden, die schweigend und mit schnellem Schritt einem Gebetshaus entgegenstrebten. Durch dessen Fenster waren dort schon andere Männer bei der Morgenandacht zu erkennen, gewandet in Tallit und Zizit, den Gebetsmantel mit den Schaufäden oder Zipfelquasten. Immer mehr chassidische Männer traten nun aus ihren Häusern und eilten durch die Morgenkühle dem Gebetshaus zu, aus dem schon rituelles Gemurmel auf die Straße drang. Noch standen unbenutzt die gelben Schulbusse mit hebräischer Aufschrift herum, die bald schon die Schulkinder zu ihrer Yeshiva, der Talmudschule, transportieren würden. Ich war, soweit ich sehen konnte, der einzige Nichtorthodoxe südlich der Division Avenue. Wo waren die chassidischen Frauen, und wo waren die Putzfrauen und ihre Parade, und warum trafen sie sich ausgerechnet hier, im Herzen des ultraorthodoxen jüdischen New York?[43]

Vielleicht war ich zu spät gekommen, und alle *Day Workers* waren schon angeheuert worden. Es sind vor allem chassidische Frauen, die hier an der Ecke Lateinamerikanerinnen engagieren. Dass sie nicht die heute üblichen digitalen Vermittlungsdienste in Anspruch nehmen, hat mit ihrer Verweigerung der modernen Welt zu tun. Aber immerhin sprechen sie auf der Straße fremde Frauen an und nehmen ihre Dienste in Anspruch. Die orthodoxen Jüdinnen von South Williamsburg folgen strikt dem statischen Sittengesetz der Satmar, einer Sekte rumänischen Ursprungs, die nach dem Zweiten Weltkrieg in New York eine neue Heimat fand. Satmar-Frauen arbeiten nicht, sie hüten das Haus und die Häuslichkeit, und sie gebären vor allem Kinder – der Durchschnitt liegt bei acht Kindern pro Frau. Sie haben kein Geld, und auch ihre Männer haben meistens keines, denn statt zu arbeiten erwarten sie die Ankunft des Messias und sind zum Ärger ihrer weniger orthodoxen Glaubensbrüder auf Spenden angewiesen. Für die Frauen gilt Bescheidenheit als höchster Wert. Sie tragen lange Röcke, bedecken jede Hautpartie mit Stoff, ihre Strümpfe müssen nach der Weisung des *Grand Rebbe* undurchsichtig sein, ihre Kleidung ist alles in allem viel zu unpraktisch, als dass man in ihr robuste oder gar schmutzige Arbeit verrichten könnte. Es muss nicht immer Faulheit sein, auch religiöse und kulturelle Vorschriften können es geraten sein lassen, die unerfreulichere Hausarbeit in fremde, bezahlte Hände zu legen. Nennt man solche Arbeitsscheu aus religiösen Motiven auch Bequemlichkeit? Jedenfalls gibt es in der strengen Welt der Satmar-Chassiden offenbar ein Bedürfnis nach Entlastung, wenn schon nicht nach Komfort. Vom Anspruch auf »kreative Qualitätszeit« reden sie wahrscheinlich nicht.

Auf der Tagelöhnerbörse treffen zwei Welten hart aufeinander. Frauen, die aus religiösen Gründen die Hausarbeit verschmähen, treffen auf Frauen, die jeden Morgen ihre Haut zum Markt tragen und froh sind, wenn sie für einen halbtägigen Putzjob mit zehn Dollar pro Stunde entlohnt werden (die Chassiden zahlen schlecht, heißt es), wovon sie dann auch noch die mühsame Anreise und womöglich die Betreuung der eigenen Kinder abziehen müssen. Die archaische Lebensweise der Chassiden findet ihren Niederschlag auch in der häuslichen Ausstattung. Mit elektrischen Haushaltshilfen und einem Grundstock an Reinigungsmitteln ist dort nicht zu rechnen. Wer dort putzt, der tut es mit einem Mopp aus der Zeit der Vorväter und auf den Knien.

Sind solche Marktplätze besser oder schlechter für die Dienstleisterinnen als die Internet-Plattformen? Vielleicht ist es sogar von Vorteil, wenn man seiner Chefin vor Abschluss des Deals einmal in die Augen geschaut hat. Informell werden solche Arrangements bleiben, solange ihnen ein rechtlicher Rahmen fehlt, aber daran hat keine Seite ein Interesse. Immerhin gibt es inzwischen aber doch eine Selbstorganisation der TagelöhnerInnen, das »Worker's Justice Project« am Bay Parkway in Brooklyn. »One of the most established and respected hiring halls in New York City« ist auf der Homepage über das dort ansässige »Community Job Center« zu lesen.[44] Das klingt dann beinahe wie die »Parada«, nur unter Aufsicht und in der Halle. Tatsächlich will das »Worker's Justice Project« die niedrigen Dienstleistungen gar nicht abschaffen, sondern sie vielmehr unter Aufsicht stellen. »The hiring process is easy, convenient and dignified« steht dort geschrieben, und wahrscheinlich macht die Würde den größten Unterschied zu den sonst vorherrschenden Verfahren aus. Wenn etwa ein Arbeitgeber den Lohn verweigert oder mindert, wird die Selbsthilfegruppe die betroffenen Frauen instruieren und sie gemeinsam zu diesem Arbeitgeber schicken, um den Fall zu verhandeln. Das Projekt kümmert sich indes nicht nur um Reinigungskräfte: Auch für Umzüge, Abriss, Schreinerarbeiten, Dachdecken, Anstreichen, Fliesenarbeiten, Schneeräumung und vieles mehr vermittelt es Männer und Frauen. Wer hier Arbeitskräfte engagiert, sucht einen fairen Handel und will sein Gewissen ein wenig entlasten.

Man kann sich weitere Möglichkeiten ausmalen, wie Angebot und Nachfrage nach häuslicher Dienstleistung zueinander finden könnten. Warum nicht eine umgekehrte »Parade«: Kunden öffnen ihre Häuser und Wohnungen für einen Tag der offenen Tür und lassen arbeitssuchende Dienstleisterinnen ein. Sie zeigen ihnen ihre Staubsauger und Putzmittel, erläutern die Wünsche beim Reinigen an Ort und Stelle und weisen auf ihre besondere Eignung als Arbeitgeber hin. Aber so läuft es eben nicht, Arbeitskraft gibt es zur Genüge, man muss nicht um sie werben, sie kommt von selbst und ruft danach, in Anspruch genommen zu werden. So wie Migranten mit dem Boot übers Mittelmeer nach Europa übersetzen und dabei alles riskieren, unterwegs zu einem Leben, das sie weniger unerträglich finden als das Leben zu Hause, so zieht es Menschen aus dem globalen Süden nach New York, um hier am Dienstleistungsmarkt ihre Arbeitskraft anzubieten, in der Hoffnung auf ein Leben, das besser ist als im Herkunftsland. Man kann auf dem Weg von Zentralamerika über Mexiko in die USA unterwegs verlorengehen, man kann entführt, ermordet oder verhaftet werden und zwischen die Mühlsteine von Grenzpolizei und organisierter Kriminalität geraten.[45] Man muss jung, robust und optimistisch sein, um den Glauben an das bessere Leben nicht zu verlieren. Das bessere Leben ist eines, bei dem man mit schlechten, ungelernten Jobs mehr verdient, als man zu Hause mit guten, qualifizierten Jobs verdienen kann.

Die Plattform für das ganze Haus

Eine erfinderische digitale Ökonomie will uns alles, was in ihren Augen keine kreative Qualitätszeit ist, vom Halse halten, indem sie es an neuartige Heinzelmännchen delegiert. Häusliche Dienstleistungen werden zunehmend auf digitalen Plattformen gemakelt. Auf Subway-Fahrten bleibt mein Blick immer wieder an der Werbung für Seamless hängen. Seamless hat in den USA den Milliardenmarkt der gastronomischen Lieferdienste revolutioniert. Vor langer Zeit wurde in New York wahrscheinlich tatsächlich noch am heimischen Herd gekocht. Dann ereignete sich die erste Revolution: Man rief im Restaurant an und bestellte sich das Essen nach Hause. Das ist, belehrt uns die Seamless-Reklame, inzwischen alte Schule. Heute bestellt man von unterwegs über die App und bezahlt auch gleich das Essen, Trinkgeld inklusive, wobei Seamless von den beteiligten Restaurants (nur sehr teure oder sehr billige Restaurants können oder wollen sich die Zusammenarbeit nicht leisten) im Durchschnitt 13,5 Prozent Provision einstreicht. Seamless zählt zu jenen neuen digitalen Service-Plattformen, von denen der Fahrdienst Uber die bekannteste und berüchtigtste ist und die das Dienstleistungswesen, wie wir es kannten, auf eine völlig neue Basis stellen. »Plattform« ist das Wort der Stunde, so wie vor einiger Zeit noch »Netzwerk«.[46] Dafür braucht man nicht viel Personal. Die Belegschaft von Seamless rangiert derzeit noch im dreistelligen Bereich. Was man aber braucht, ist Alleinstellung. Seamless muss natürlich *die* Plattform für Online-Essensbestellung sein, so wie Uber *der* Fahrdienst ist. Plattformkapitalismus funktioniert nach dem Prinzip des »First come, first serve« (Seamless war zuerst da) und des »The winner takes it all« (kein Lieferdienst darf neben Seamless groß werden). Aggressive Werbung unterstützt die Alleinstellung. Kein Passagier der New Yorker Verkehrsbetriebe käme noch auf die Idee, es könnte eine andere Plattform für geliefertes Restaurantessen geben als Seamless. Die Masse macht das Geschäft und ermöglicht die Deals mit sehr vielen Restaurants, die wiederum sehr viele Kunden beliefern, und dies natürlich mit sehr vielen Fahrradlieferanten. Der Chinese oder Mexikaner, der nachts seine Tragetaschen durch den Schnee radelt, fährt nicht nur im Auftrag seines Restaurants, sondern im Auftrag von Seamless. Herr der Welt ist jetzt, wer über eine Plattform gebietet, das heißt, wer eine App entwickelt hat, mit der sich »disruptiv« eine alte analoge in eine neue digitale Dienstleistung überführen lässt. Die Diener und die Konsumenten sind weiter analog.

Den ganzen Komplex der Haushaltshilfen und der häuslichen Entlastung durch Dienstleister muss man im Licht der neuen Plattformen und der digitalen Serviceökonomie überdenken. Früher gab es alle möglichen Formen der Arbeitsvermittlung, Agenturen, schwarze Bretter, Anzeigenblättchen, Mundpropaganda und andere. Dann kamen digitale Schwarze Bretter, Tauschbörsen und Ähnliches auf. Nehmen wir an, ich suche ein paar Studenten, die mir beim Umzug helfen. Früher hätte man einen Aushang im Studentenwerk plaziert oder wäre dort auf ein Angebot gestoßen. Dann brach die Zeit der Gratismagazine mit ihren Kleinanzeigen an. Jetzt wende ich mich an Handy (oder tue es nach reiflicher Prüfung nicht). Der Vorteil von Handy und den anderen Diensten – Handy hat sich noch nicht als *der* Monopolist für *Just-in-Time*-Haushaltsdienste etabliert – liegt darin, dass man die Studenten für den Umzug noch für heute Nachmittag buchen kann oder für jeden anderen Termin, der passt. Ein weiterer Vorteil besteht darin, dass Handy die Studenten bereits getestet hat und den Kunden so vor einem Reinfall schützt. Die ersten zehn Millionen Risikokapital haben die Gründer von Handy, Studenten der Harvard Business School, eingesammelt, als sie noch Handybook hießen. Die Investoren ahnten, dass eine Service-Plattform das nächste große Ding sein würde. Was Uber für die Welt der Chauffeurdienste vorgemacht hat, lässt sich zwanglos auf alle anderen Lebensbereiche ausdehnen. Ich brauche dringend, gerne noch heute, oder besser in einer Stunde: ein Bett im Hotel oder anderswo, eine Person, die meinen Hund ausführt, jemanden, der schnell noch mein Hemd bügelt oder spätabends meine Waschmaschine repariert. Ich brauche es, weil etwas kaputt oder zu erledigen ist, weil ich nicht warten kann und weil ich bestimmt nicht wie früher im Branchenbuch nachschlage, in den Gelben Seiten, und bei tendenziell unwilligen Dienstleistern herumtelefoniere, sofern sie überhaupt gerade da sind. Man will immerfort und jederzeit und von überall her auf Dienstleistungen zugreifen können, und dabei helfen *On-Demand*-Services wie Handy.

Natürlich muss Handy über eine ausreichende Zahl von geschulten helfenden Händen verfügen, die nach meiner Bestellung auch tatsächlich ausrücken, die ihren Job beherrschen, die gute Bewertungen von mir erhalten und so fort. Ende 2014 war Handy in 36 Städten aktiv und beschäftigte 150 Mitarbeiter, die meisten von ihnen Programmierer und Marketingleute, dazu eine nicht bezifferte Zahl freier Mitarbeiter und Mitarbeiterinnen. Frei nennt man in der Plattform-Ökonomie die Nichtangestellten, die die vermittelte Arbeit dann ausführen. Wie Seamless nimmt Handy Prozente vom Lohn des Handymans, der den Job erledigt, auch hier sind es um die 15 Prozent. Am gefragtesten sind Putzdienste, gefolgt von Reparaturen im Haushalt. Weiter unten rangieren Installateursarbeiten oder die Montage von Möbeln, aber wenn man erst einmal auf den Geschmack gekommen ist, sagt der Gründer, Oisin Hanrahan, dann bestellt man sich zur Putzfrau gerne noch einen Installateur dazu, den man nicht von Hand bezahlen und dem man auch kein Trinkgeld geben muss, weil das alles schon über die App erledigt ist. »Sie müssen sich keine Gedanken über ihren Haushalt machen«, so Hanrahan, »wir denken für sie.«[47] Handy und all die anderen Bequemlichkeitsdienste im Netz wollen uns nicht nur die Arbeit, sondern auch das Denken an die Arbeit abnehmen. Was machen wir denn nur mit der ganzen gewonnenen Zeit, außer dass wir auf irgendeiner App nach weiteren Möglichkeiten suchen, uns entlasten zu lassen? Wenn man als Gründer und CEO von Handy reich geworden ist, kann man sich vielleicht für 22 Millionen Dollar eine marmorierte Wohnung mit Kalksteinkamin kaufen und sich online Haushaltshilfen kommen lassen. Wie viel Freude macht es aber, hier Kunde zu sein, und wie schön ist es, auf Abruf als Putzmann oder Reparaturfrau bereitzustehen? Die Plattform-Ökonomie lässt Dienern und Bedienten nur die schlechte Wahl zwischen Knecht und Knecht. Sie weckt bei den Konsumenten, wie noch jede Industrie vor ihr, Wünsche, von denen sie zuvor nicht wussten, dass sie existieren. Sie nährt die Illusion, für jedes Problem könne es und müsse es, *on demand* und *in time*, eine Bezahllösung geben. Wahre Annehmlichkeiten sehen anders aus, sind aber vielleicht außer Reichweite geraten.

Man kann versuchen, sich der Allgegenwart der Dienstwelt zu entziehen, aber der Preis ist hoch. Alles selber machen ist eine Alternative nur für Leute, die das Selbermachen als Lebensform kultivieren, womit dann wenig Zeit für anderes bleibt. Solche Radikalversionen des einfachen Lebens sind in der sich entfaltenden Wissensgesellschaft schwer umzusetzen. Wir sind in einem ganz neuen Maße hilfsbedürftig geworden und werden zugleich überflutet mit Angeboten von (bezahlter) Hilfsbereitschaft. Fazit einer Selbsterfahrung: Es gibt einen Megatrend zur bezahlten, am besten über Plattformen buchbaren häuslichen oder ums Haus gelagerten Dienstleistung. Reich werden daran nicht die Dienstleister selbst, sondern die Vermittler. Baue etwa eine App, die sich, sagen wir, ausschließlich um das Thema Schuhe (geputzte, reparierte etc.) kümmert, eine App, die mir den Komfort einer früheren Dienstwelt vorspielt, in der das Schuhwerk allmorgendlich frischglänzend vor der Tür stand. Die Arbeitskräfte, die den Job tatsächlich machen, werden geringfügig bezahlt, während der Plattform-Entrepreneur mit seinem Algorithmus möglicherweise reich wird. Schon arbeitet die digitale Industrie am aufwands- und wartungsfreien Haushalt. Aber das ist Zukunftsmusik. Wir verzichten zwar freiwillig auf kein technisches Spielzeug im Haus, sind aber trotzdem auf menschliche Hilfe angewiesen bei den sensiblen zwischenmenschlichen Diensten, die einstweilen von keiner Maschine übernommen werden können. Man sollte zwischen Bequemlichkeit und Assistenz unterscheiden, aber wo verläuft die Grenze? Die Pizza, die wir uns über Seamless liefern lassen, das Auto, das wir über Uber bestellen, bringen Effizienzgewinne im Alltag, die uns vielleicht Spielräume für attraktivere Beschäftigungen schaffen, die vielleicht aber auch nur das Gefühl der Fremdheit und Ödnis im eigenen Lebensvollzug steigern.

Dienstleister nehmen uns die Arbeit ab, und digitale Plattformen nehmen uns auch noch die Transaktion dieser Arbeit ab. Manche häuslichen Dienstleistungen sind persönlicher und sensibler als andere. Bei Handy kann man sich per Mausklick einen Putzmann, einen Klempner oder zwei Umzugshelfer kommen lassen, nicht aber ein Kindermädchen oder eine Altenpflegerin. Die wollen wir gerne persönlich kennenlernen, bevor wir ihnen unsere Angehörigen anvertrauen. Zur Zeit kann man sich noch nicht vorstellen, solche Dienstleistungen ohne ein Vorstellungsgespräch und einen Händedruck zu verabreden. Die Plattform, die uns auf Bestellung Servicekräfte ins Haus liefert, bürgt für Seriosität, aber wir werden uns auf solche Vorabbürgschaften nicht verlassen, wenn es um *care* geht, also um emotionale, vertrauensvolle Dienste im Haus. Man darf gespannt sein, was der Plattform-Ökonomie einfallen wird, um diese Vertrauenslücke zu schließen. Zugleich stellt sich die größere Frage nach der Zukunft *menschlicher* Haus- und Pflegearbeit. Kaum haben wir die Rückkehr der Dienstleisterinnen konstatiert, kann man sie auch schon wieder für eine bedrohte Spezies halten. Menschliche Service-Arbeitskraft bleibt seit langem billig, aber sie steht in wachsender Konkurrenz zu neuen technologischen Möglichkeiten. Der Umbruch des häuslichen Wartungs- und Pflegewesens geht dort zügiger voran, wo die Demographie einen künftigen Arbeitskräftemangel erwarten lässt. Er verzögert sich dort, wo anhaltende Armutsmigration den Nachschub an billigen, ungelernten Arbeitskräften stabil hält. Was geschieht mit den Dienstleisterinnen in New York und anderswo, wenn ihre Jobs von Maschinen erledigt werden können? Es wird Dienste geben, die verschwinden, und andere, für die weiterhin Menschen gesucht werden, vielleicht sogar mehr als jetzt. Was genau unter den Bedingungen einer hochtechnisierten Häuslichkeit die Domäne von Menschen bleiben wird, werden wir im Lauf des 21. Jahrhunderts genauer erfahren.

2

Delegationen. Selbstbefragung vor eigenem Haushalt

Delegieren, nur an wen?

In diesem digitalen Bequemlichkeitsregime, voller Gratifikationen, aber ohne wirkliche Befriedigung, wollen wir eigentlich nicht leben. Wir finden es beinahe unanständig, mit der App Dienstleistungs-Shopping zu betreiben, oder vorsichtiger, wir finden manche Aspekte der neuen Serviceökonomie ethisch fragwürdig. Offen bleibt dabei die Frage, ob die Serviceökonomie ethisch weniger zweifelhaft war, als es noch keine Plattformen gab. Stellen wir uns für einen Augenblick vor, eine Agentur böte altmodische, sozusagen authentische Haushaltstätigkeiten an, vielleicht mit dem Slogan »Es gibt sie noch, die guten Dienste«. Die Autorin Barbara Ehrenreich hat 1999 einen Selbstversuch unternommen, nicht als Kundin, sondern als Putzfrau. Drei Wochen putzte sie zu Recherchezwecken in wohlhabenden Häusern für eine Firma namens The Maids International. Bei ihren Forschungen stieß sie auf den Slogan einer Konkurrenzfirma namens Merry Maids: »Wir schrubben Ihre Böden auf die altmodische Art.«[1] Putzen als nostalgisches Kulturgut und zünftiges Handwerk, eine solche Idee passte Anfang der 1980er Jahre gut zur neokonservativen Wende in den USA und anderswo: Denn sicher nicht zufällig rückte damals ein professionell geführter Privathaushalt wieder zum Statussymbol auf. Wer es sich leisten konnte, gönnte sich wieder Personal. Schon in den 90er Jahren war es wieder *en vogue*, sich bedienen zu lassen. Heute ist für die meisten nichts dabei, Dienstleister zu beschäftigen. Vielleicht trifft diese Beobachtung für die USA eher zu als für andere Länder. Außerdem sind klassenspezifische Perspektiven zu berücksichtigen. Der französische Soziologe Jean-Claude Kaufmann ist zur selben Zeit wie Ehrenreich, Ende der 90er Jahre, zu ganz anderen Ergebnissen gelangt. »Warum wird so wenig häusliche Arbeit abgegeben«, heißt eine der Leitfragen in seinem Buch *Mit Leib und Seele. Theorie der Haushaltstätigkeit.*[2] »Die Vorstellung, Hausarbeit von jemand anderem erledigen zu lassen«, stelle »für jeden Haushalt ein Problem dar«[3]. Je größer der Zusammenhalt einer Familie und je stärker der »Sinn fürs Häusliche«, desto geringer sei die Neigung, Hausarbeit zu delegieren. Daraus entstehe die paradoxe Situation, dass gerade jene Familien, die eigentlich am stärksten auf Entlastung angewiesen sind, am wenigsten Hilfe in Anspruch nähmen. »Der Hauptgrund«, so Kaufmann weiter, »für den Widerstand gegen Delegation« sei »in dem Bild zu suchen, das sich die Frau von ihrer Rolle im Haushalt macht«[4]. Sie sei in Sorge, ihre »hausfrauliche Seele« zu verlieren, wenn sie das Kommando über das eigene Heim auch nur in Teilen abgäbe.[5] Erst beim Delegieren zeige sich zudem, ob man überhaupt das häusliche Kommando innehat. »Delegation setzt einen hohen Organisationsgrad voraus.«[6] Ein »Messie« wird sich schwertun, Aufgaben zu delegieren. Außerdem gewährt man beim Delegieren vollen Einblick in das Ausmaß der häuslichen Unordnung. Man gerät aber auch unter Verdacht, mit der Arbeit nicht selbst fertigzuwerden. Dazu kommt die Scheu, fremden Menschen Einblick in die eigene Intimsphäre zu gewähren, finanzielle Erwägungen und anderes mehr. Grundsätzlich konstatiert Kaufmann: »Derjenige, der lieber Hausarbeit als

Geld beisteuert, neigt eher zur Sparsamkeit, wenn es um die Delegation von Hausarbeit geht. Und derjenige, der sich in Sachen Hausarbeit weniger engagiert, befürwortet tendenziell Ausgaben für den Haushalt.«[7]

Aus eigener Erfahrung weiß man aber auch, wie schwer es fällt, sich nicht bedienen zu lassen, wenn schon nicht von Menschen, dann doch von lebenserleichternden Geräten. Wo ein Haus ist, da sind auch Haushaltskräfte, wenn nicht der menschlichen, dann zumindest der mechanischen und elektrischen Spezies. Auf Spanisch etwa heißen sie *Electrodomesticos*, was die Familienähnlichkeit unter den Helfern unterstreicht. Ich lasse mich schon vor aller menschlichen Delegation von Geräten bedienen, erledige nicht alles selbst und wüsste auch gar nicht, wie das gehen soll. Wir haben uns immer schon in die Abhängigkeit von Helfern begeben, was wir vor allem dann spüren, wenn sie streiken, ausfallen oder schwächeln. Die Idee, auf jedwede Hilfe zu verzichten, aus der sich unser Wohnkomfort speist, wäre abwegig. Aller Bequemlichkeit den Kampf ansagen heißt auch, Errungenschaften der Zivilisation rückgängig zu machen. Zunächst ist zwischen dem Verzicht auf menschliche Helfer oder auf technisches Haushaltsgerät zu unterscheiden. Leichter zu verwirklichen scheint die erste Option. Ich kann auf fremde Hilfe verzichten, die mir zwar Zeit spart, mich aber Geld kostet und die, viel gravierender, mich auf Hilfe angewiesen sein lässt und auf diese Weise meine Souveränität aushöhlt. Mit der Delegation unangenehmer, niedriger oder auch nur überzähliger Aufgaben droht uns eine andere Art Knechtschaft. Aber auch wenn ich mir alle Dienstleistungen von bezahlter Hand in meinen eigenen Räumen verbiete – keine Putzkraft, kein Kindermädchen, keine Pflegerinnen –, hört die Hilfsbedürftigkeit nicht auf. Die meisten rufen ja gelegentlich Handwerker ins Haus, wenn Reparaturen anfallen, oder sie lassen sich trotz IKEA ab und zu Möbel aufbauen, ganz abgesehen von den Kurieren und Lieferanten, die Bestellungen ins Haus bringen. Der Radikalverzicht auf haushaltsnahen Service lässt sich offenbar schwer durchhalten. Es kann kaum darum gehen, sich fortan gar nicht mehr helfen zu lassen, sondern eher darum, die Vorteile wie die Nachteile der eigenen Delegationen, ihre Kosten für mich und die anderen besser zu verstehen.

Es ist nicht so, dass Putzen und andere ungeliebte Haushaltsarbeiten unter unserer Würde sind, so wie das einst in »guten Häusern« für die »Herrschaft« galt. Andererseits sind sie auch nicht zwingend erforderlich zur Stärkung unserer häuslichen Seele. Wir geben manche Aufgaben ab, nicht weil sie uns unwürdig scheinen, sondern weil wir denken, in der eingesparten Zeit hochwertigere Tätigkeiten ausführen zu können. Wenn wir uns das Klo von einer Reinigungskraft putzen lassen, dann soll das für beide Seiten keine Frage von Würde sein. Die Dienstleisterin nimmt uns Arbeit ab und verkauft uns Zeit, die wir sinnvoller einsetzen können. Solche Entlastungen haben wenig mit Würde zu tun, viel aber mit Wertigkeiten. Um uns dem Höherwertigen widmen zu können, legen wir das Niedrigwertige in fremde Hände. Uns ist die Zeit zu schade für öde und zeitraubende Verrichtungen im eigenen Haus. Also lagern wie die öden Dinge an den Dienstleister aus, den diese Delegation aber bitte nicht verletzen soll. Es soll keineswegs unter seiner Würde sein, Aufgaben zu übernehmen, die ich nicht für hochwertig genug halte, um sie selbst zu erledigen. Zu seinem Dienstleisterethos soll es gehören, dass er nicht über die Wertmaßstäbe seiner Kundschaft ins Grübeln kommt. Er bietet uns seine Arbeitskraft an, wir fragen sie nach. Trotzdem wäre es uns lieb, wenn er uns nicht für faul, bequem oder gar verwöhnt hielte. Eher soll er denken, dass wir so beschäftigt sind, dass wir schlicht nicht dazu kommen, unser Haus zu putzen. Oder er soll gar nichts denken.

Es gibt häusliche und haushaltsnahe Dienstleisterinnen, die wir beschäftigen, weil sie Dinge besser können als wir, und andere, die Dinge für uns tun, die wir selbst genauso gut oder sogar besser könnten. Wer kennt nicht die Klage über Putzfrauen, die zwar einen Oberflächenwisch gut hinbekommen, aber nicht wissen oder wissen wollen, was »gründlich« bedeutet. Den Job meiner Putzfrau (die sich ohnehin eher als Haushälterin verstanden wissen möchte) könnte ich vielleicht selbst besser machen. Aber eben nur vielleicht. Auch ich kaufe mich lieber von diesem Aspekt der Hausarbeit frei und gewinne so zwei, drei Stunden Zeit, von der ich mir sage, dass ich sie anders besser nutzen kann. Nicht meine Bequemlichkeit steht im Zentrum dieses Handels, sage ich mir, sondern meine »Lebensqualität«. Durch entlastende Dienstleistungen am unteren Ende der Alltagsskala verschaffe ich mir Freiräume weiter oben und kann mich dann intensiver um meine Kinder kümmern, länger im Büro bleiben, Sport treiben und meine Hobbys pflegen, meine Freunde sehen und anderes mehr, lauter Dinge, die für mein Dasein offenbar von größerer Bedeutung sind als die eigenhändige Säuberung meines Badezimmers.

In unserem bürgerlichen Selbstverständnis geht es immerfort um *Work-life-balance*, um Anerkennung und Wohlstand aus Arbeit sowie um Chancen auf affektiven Austausch mit Familie und Freunden. Niemand will diese ohnehin ständig bedrohte Balance gefährden, etwa indem er sich zu viel niedrigwertige Arbeit auf die Schultern lädt. Delegation ist die Antwort, aber was genau wollen wir delegieren? Gern möchten wir das Projekt häusliche Sauberkeit komplett outsourcen, wenn wir auch manchmal weiter selbst Hand anlegen, einfach damit unseren strengen Standards Genüge getan ist. Schon etwas anders verhält es beim Themenkomplex Aufräumen. Meine Zugehfrau räumt lieber auf, als dass sie wirklich, nach deutschen Maßstäben, putzt, schon gar nicht gründlich. Manchmal bitte ich sie, leider vergeblich, nicht aufzuräumen, aber es gelingt mir nicht, sie umzustimmen. Ordnung machen und halten kann man nach unserem Verständnis nur selbst. Ähnliches gilt für den Familieneinkauf. Ganz grundsätzlich ist zu unterscheiden zwischen Arbeiten, die delegierbar sind, und solchen, die aus komplexen Gründen bei mir verbleiben müssen. Der Samstagseinkauf auf dem Biomarkt etwa gehört zu unseren unverfügbaren Aufgaben, ohnehin eher eine Lust als eine Pflicht. Überhaupt sind wir mit Lebensmitteln heikel geworden und prüfen gerne alles selbst. Sicher könnte man aber eine Dienstleisterin bitten, mit einem von uns geschriebenen Einkaufszettel im Drogeriemarkt Klopapier und Katzennahrung zu kaufen. Aber für solche Dinge gibt es ja den Online-Einkauf. Beim Online-Einkauf bleiben die realen, physischen Abläufe und Bedingungen der Transaktion vor unserem Blick verborgen. Wir entlasten uns auf solche Weise auch noch von der Entlastung, die menschliche Helfer im Haus mit sich bringen. Dabei sollte das schlechte Gewissen, das mit der Gewährung von Dienstleistungen einhergeht, sich hier exponentiell steigern. Der Online-Einkauf setzt auf Tastendruck eine Kette aus humanen und technischen Assistenten in Bewegung, die hasten und flitzen, heben und packen und dabei nicht ruhen, ehe die Lieferung zugestellt ist. Persönliche Dienstleistungen sind weniger geschmeidig in der Transaktion, aber dafür etwas ehrlicher. Immerhin schaue ich gelegentlich der Person ins Auge, deren Dienste ich in Anspruch nehme, und sie mir.

Wir wollen uns durch Delegation entlasten, aber das heißt

noch lange nicht, dass wir in der damit eingesparten frei gewordenen Zeit das erfüllte Leben leben, das uns angeblich so wichtig ist. Das gewonnene Zeitbudget investieren wir in so sinnvolle Dinge wie etwa: noch mehr Online-Nachrichten lesen, Dinge »checken«, Rechnungen bezahlen, Flugangebote vergleichen, den Netflix-Katalog durchkämmen und dergleichen mehr. Ich habe mich freigekauft, um mich kopfüber in andere Abhängigkeiten zu stürzen. Die Person, an die ich meine Arbeit abgetreten habe, hat diese Freiheit nicht. Bei ihrer Art des Lebensunterhalts sind solche unproduktiven Phasen zerstreuten Konsums eher die Ausnahme. Mit Geld erkauft man sich keineswegs nur die Möglichkeit erfüllter Zeit, sondern auch die Lizenz zum zerstreuten Nichtstun. Nicht die zu einem luxuriösen Nichtstun, zu einer großartigen Zeitverschwendung, sondern die zum Prokrastinieren, also zum Verschieben auf den anderen Tag. Trotzdem bilden wir uns ein, unsere Zeit sei kostbarer als die unserer Dienstleister. In einer besseren Welt gäbe es diese Art Privileg nicht. Niemand müsste dort aus Subsistenzgründen anderer Leute Klo putzen. Die heutige einfache Dienstleistungswelt ist ein Skandal, der aber niemanden weiter bekümmert, auch nicht die Dienstleister selbst.

»Identitär« oder nicht? Zweierlei Hausaufgaben

Auch wenn wir uns im Haushalt helfen lassen, möchten wir doch Herr im Haus bleiben und uns nicht fühlen wie in einem Hotelzimmer, wo der Zimmerservice Ordnung hält. Souverän kann, anders als im feudalen Zeitalter, aber nur sein, wer auch die Arbeit tut, oder wer sie zumindest kennt und überwacht.

Die Delegation von Diensten leitet eine schleichende Entmündigung im eigenen Haus ein, der wir mit Gegenmaßnahmen begegnen. Der Einkauf muss im Wesentlichen in unserer Hand bleiben, auch das Kochen. Das Kochen zählt zu den kaum delegierbaren häuslichen Praktiken, die ich »identitär« nennen möchte. Man kann sich natürlich fragen, welche Art des Kochens hier gemeint ist. Etwa auch die Zubereitung von Fertiggerichten, das Auftauen und Backen einer Tiefkühlpizza? Die Tiefkühlkost ist eine jener amerikanischen Erfindungen, die in den Jahrzehnten nach dem Zweiten Weltkrieg die Haushalte revolutioniert haben. Tiefkühlkost und neue Elektrogeräte halfen der Frau und Mutter, den Exodus des Personals aus den bürgerlichen Haushalten zu kompensieren. Sie halfen ihr später auch, Berufstätigkeit und häusliche Pflichten in Einklang zu bringen. Zu den schönsten Esserinnerungen meiner Jugend gehören die tiefgefrorenen Fischstäbchen, eine Mahlzeit, die der Köchin keine aufwendigen Manöver abverlangte und die Kinder trotzdem rundum glücklich machte.

Heute stellen wir andere Erwartungen an das häusliche Kochen. Wir wollen gerne selbst kochen, jedenfalls im Normalfall, ohne dass wir deshalb ins Haus gelieferten Pizzas abgeneigt wären. Irgendwie träumen wir aber wie alle den Traum von gesunder, frisch, eigenhändig zubereiteter Alltagskost und laufen an manchem Wochenende zu großer Form als Hobbykoch auf. Die eigene Küche hat sich in den letzten Jahren zu einer Bastion des Selbermachens und früher kaum vorstellbarer Professionalität entwickelt. Wir sprechen hier nicht von der Alltagsküche, die eilig ein paar Kindermünder stopfen muss, während wir in Gedanken schon wieder im Büro sitzen. Aber gerade dieses Kochen-unter-Druck erweist sich als Prüfstein meiner Ethik, einer Ethik, die beim Putzen nicht in vergleichbarer Weise aufgerufen wird. Kochen, das heißt auch: Handwerk, Gesundheit, Umweltbewusstsein, Geselligkeit, Kreativität, Genuss und vieles mehr, und das alles kulminiert in einer Kunst, die Koch- und Lebenskunst zugleich ist. Früher waren Männer stolz darauf, nur ein einziges Gericht, vielleicht das Spiegelei, zubereiten zu können. Damit haben sie auf dem Beziehungs- und Heiratsmarkt jetzt keine Chance mehr. Man muss schon kochen können und wollen, nicht nur als Sonntagskoch und Grillmeister, sondern mit einer gewissen Alltagstauglichkeit und Belastbarkeit. In alten Tagen delegierte der Ehemann das Kochen und Putzen an die Ehefrau und ihre menschlichen und elektromechanischen Assistenten. Das mag vereinzelt noch vorkommen, weniger aber das Auslagern des häuslichen Kochens an bezahlte Köche – außer etwa bei Familienfeiern. Der Leibkoch, selbst wenn er derzeit eine Auferstehung als Statussymbol sehr vermögender Menschen feiert, existiert im bürgerlichen Milieu kaum. Dabei könnte man sich vorstellen, dass wir fremde Köche engagieren, nicht, um uns die Arbeit abzunehmen, sondern um professionelle Arbeit zu liefern, wo wir selbst nur amateurhaft zu Werke gehen können. Es gibt keine Putzprofis. Aber es gibt sehr wohl Kochprofis, ja Kochkünstler, wobei wir uns im Haushalt ja eigentlich gar keinen Künstler wünschen, sondern jemanden, der weiß, was gesund ist und was schmeckt, der uns und unsere Lieben also so gut bekocht, wir wie es selbst nie zustande brächten. Aber die Leibkochidee verträgt sich schwer mit unserer eingeborenen Liebe zum Selbermachen, so wenig wie wir neuen Lieferdiensten etwas abgewinnen können, die nach unseren Anweisungen frisch gekochte Mahlzeiten »zeitnah« ins Haus liefern. Putzen heißt Abgabe von Arbeit ohne größere Verluste am Selbstbild, beim Kochen hingegen sind wir gefordert. Auch und gerade dann, wenn wir keine Profis sind: Dann wollen wir neue Gerichte und Techniken erproben und Freunde und Angehörige mit Selbstgekochtem erfreuen. Unvorstellbar, dass wir diesen Quell der Selbsterprobung und -bestätigung versiegen lassen.

Es kursieren Geschichten über Hochstapler, die Profiköche im eigenen Heim Mahlzeiten zubereiten lassen, um sie anschließend als ihre eigene Kreation und Arbeit ausgeben. Solch betrügerisches Erschleichen der *DIY* (Do It Yourself)-Prämie durch Leute, die in Wirklichkeit dem *DNY* (Do Nothing Yourself)-Prinzip folgen, trifft unsere Verachtung. Auch wenn wir mancher Annehmlichkeit erliegen, beanspruchen wir doch den Autorenstatus in der häuslichen Welt. Wir würden uns die eigene Wohnung auch dann nicht komplett von einem Innenarchitekten ausstatten lassen, wenn die Ergebnisse überzeugend wären.

Herd und Küche sind, anders als etwa das Badezimmer, Mikrokosmen unserer sozialen Verantwortlichkeit und somit eine Sphäre, in der das Prinzip Delegation wenig greift. Wie anders sahen das unsere bürgerlichen Vorfahren, die sich nach Herzenslust von Fräuleins aus dem Mädchenpensionat bekochen ließen und überhaupt dem ganzen Formenkreis weiblicher »Live-Ins« von Dienstmädchen bis Gouvernanten freien Zutritt zum Hause gewährten. Seit jenen Tagen, den Tagen der institutionalisierten Herr- und Knechtschaft im bürgerlichen Haushalt, haben sich unsere Haushalte, und wir uns mit ihnen, grundlegend verändert. Unser Anspruch, Herr im Haus zu sein, bedeutet im Grunde nur, dass wir selbst bestimmen und dabei in Ruhe gelassen werden wollen. Das Haus von heute, oft zugleich unser *home office*, verträgt Domestiken fast nur, wenn wir wieder selbst gerade außer Haus sind. Niemand soll die Subordination mit einer Mitwisserschaft unserer intimsten Angelegenheiten heimzahlen. Stehendes Personal verursacht schon wieder den Stress, den wir uns gerade vom Leib halten möchten. Wir kaufen nur noch flexibel und anlassbezogen Dienstleistung zu. Das Au-Pair-Mädchen, für das das Kinderschlafzimmer umgerüstet wird, weil es anders nicht untergebracht werden kann und weil ohne Au-Pair die ganze komplizierte Doppelverdienerstatik zu Bruch geht, kann uns dafür als Beispiel dienen. Ideal für uns sind Dienstleistungen, bei denen wir uns nicht bedient fühlen. Geht uns nicht manchmal im Restaurant oder im Hotel das zudringliche Service-Getue der Bediensteten auf die Nerven, und träumen wir nicht manchmal von Orten, wo niemand uns bediente oder dauernd nach unserer Zufriedenheit fragte? Ein Diener, der uns jeden Wunsch von den Lippen abliest, ginge uns bald auf die Nerven. Unsere Wohnung soll ja kein Hotel-Resort werden. Wenigstens hier wollen wir nicht zahlender Gast sein, vielmehr Gastgeber. Im Kochen artikuliert sich ein Rest unserer Mündigkeit. Schwer, sich vorzustellen, was so wichtig sein könnte in Beruf oder Familie, dass es uns vom Herd weglocken könnte. Wenige würden zugeben, sie seien sich zu schade zum Kochen. Wer uns weismachen will, er habe dafür keine Zeit, tut uns leid. Ob das genauso für den Einkauf, die Wartung des Kühlschranks und den Abwasch gilt, ist dann schon wieder eine ganz andere Frage. Ganz unvorstellbar aber die Vorstellung, wir kochten selbst und ließen uns dann von einer bezahlten Kraft den Tisch abräumen. Das ist Gutsherren- und Diplomatenart von früher, die uns abstößt.

Domänen des Selbertuns

Arbeit und Pflichten lassen sich in Teilen delegieren, anders verhält es sich dagegen mit der Freizeit. Wenn ich am Wochenende mit der Zeitung auf dem Sofa liege oder auf dem Computer dänische Krimis anschaue, kann mir das keiner abnehmen. Es muss mich auch niemand dabei unterstützen, indem er mir schon mal den Weißwein öffnet. Kein Butler oder Kammerdiener würde mein Freizeitvergnügen unterstützen oder gar steigern. In meinen heimischen Passivitäten erlebe ich mich endlich als mündig und nicht weiter hilfsbedürftig. Wenn ich ruhe, brauche ich niemanden, der meine Ruhe überwacht oder begleitet. Aber wie oft sind wir schon wirklich ruhig, so ruhig, wie es noch unsere wirtschaftswunderfleißigen Eltern am Feierabend waren.

Überhaupt der Feierabend: Meistens sind wir ja unaufgefordert aktiv. Wenn wir über Outsourcing und Delegationen im Feld der häuslichen Freizeit sprechen, gerät unweigerlich das Thema der Trainings und der Übungen, von Sport über Yoga zur Rückenschule, in den Blick. Training ist ebenso identitär wie Kochen. Laufen etwa kann mir nicht abgenommen werden, noch weniger als das Kochen. Ich werde auch niemanden anheuern, der für mich bestimmte Strecken läuft, damit ich sie anschließend als meine eigenen Kilometer und Zeiten ausgeben kann – obwohl im Zeitalter des digitalen Trackings der Versicherungsbetrug durch zugekaufte Laufleistung so abwegig nicht mehr ist. Ich laufe für mich, aus Freude an der Leistung, aus Bewegungsdrang und weil es meiner Gesundheit guttut. Mit dem Laufen befinde ich mich im Bezirk meiner Leidenschaften, also der Dinge, die ich nicht tun muss, die ich aber deswegen noch lange nicht bleiben lassen kann.

Was ich nicht outsourcen kann, darin will ich besser werden. Dafür nehme ich professionelle Hilfe von Assistenten, Coaches und Trainern an. Deswegen lese ich Kochbücher und besuche vielleicht sogar einen Kochkurs. Oder ich bin ein Mittelklasseläufer und will mich steigern. Dabei hilft mir am besten ein Lauflehrer oder eine Laufgruppe. Auch sie sind Dienstleister, aber doch in einem ganz anderen Sinne als die Hausarbeiterinnen. Es handelt sich hier nicht um Entlastungen des Typs »Tu du gegen Bezahlung diese Arbeit für mich«. Entsprechend werden wir unseren Coach nicht als Mitglied des Dienstleistungsproletariats betrachten. Wir pflegen ein anderes Verhältnis zueinander, seine Bezahlung ebenso wie sein Rang in der Gesellschaft sind andere. Der Coach nimmt mir keine niedrige Arbeit ab. Der Coach hilft mir, mich zu steigern. Eher ist er mein Lehrer als mein Diener. Nicht alle Menschen, die mir einen Dienst erweisen, sind meine Dienstleister. Es soll vorkommen, dass Popstars oder Prinzessinnen ihre *Personal Trainer* heiraten. Solche Beziehungen sind nicht in derselben Weise asymmetrisch wie die Verbindung eines jungen Prinzen mit seiner Putzfrau.

Laufen, Musikmachen, Fotografieren und alle anderen Freizeitvergnügungen sind klassische Domänen des Selbermachens, gering arbeitsteilige, selbst verantwortete Felder des Selbstausdrucks, in denen wir zwar Amateure sind, unser Ehrgeiz aber gerade deshalb in hohem Maß aktiviert ist. Nicht jeder träumt von Optimierung, die meisten aber von Verbesserung: Wenn ich letztes Jahr die 5000 Meter in 24 Minuten lief, möchte ich sie dieses Jahr in 23 Minuten schaffen. Dafür brauche ich Assistenz, nicht nur individuelle Assistenz. Ich möchte mich vielmehr Gruppen von Gleichgesinnten anschließen und mit ihnen gemeinsam an unseren Leistungszielen arbeiten. Anders als das Putzen (»Gestern habe ich wieder die ganze

Wohnung in drei Stunden zehn tipptopp geputzt.«) wirft das Laufen soziale Leistungsprämien ab. Gut beraten ist also, wer seine Wohnung gegen Bezahlung putzen lässt und so lange laufen geht (»Gestern bin ich den Marathon in persönlicher Bestzeit von 3:10 gelaufen.«). Sowohl für die eine wie die andere Leistung habe ich bezahlte Dienstleistung in Anspruch genommen. Arbeitskraft eins ist Vertreterin des migrantischen Dienstleistungsproletariats, Arbeitskraft zwei ist ein gut bezahlter Sportlehrer, der sich vor *Personal Trainer*-Angeboten gar nicht retten kann. Stünden mir beide Arbeitskräfte nicht zur Verfügung, würde ich selber putzen und weiterlaufen: Es käme aber wahrscheinlich auf beiden Gebieten zu Leistungsminderungen.

Denkbar wäre auch der Fall, dass ich für das Laufen auf das Putzen oder für das Putzen auf das Laufen verzichte. Beides geht nicht, das Putzen muss irgendwie sein, und ohne Laufen geht es auch nicht. Das Putzen darf freilich nicht viel Zeit kosten, und es sollte tunlichst bald wieder delegiert werden. Putzkräfte halten mir, wie in alten Tagen die Ehefrau, »den Rücken frei« für meine identitären Primärfunktionen: Beruf, Sport, »Kreativität«, aber nicht für Müßiggang oder durchtanzte Nächte. Diese »after work«-Mentalität prägt unseren Bedarf nach und unseren Umgang mit Dienstpersonal: Wir müssen oder wollen viel auf die Reihe kriegen, viel leisten, dazu »fit« sein, Freunde haben, Eltern sein und so fort. Was uns aber in keiner Weise hindert, in diesem Stressrahmen auch noch verschiedene Trainings und Exerzitien unterzubringen und uns freiwillig weitere Leistungsprüfungen abzuverlangen, auf die eine Prämie zu erwarten ist, und sei es die Prämierung durch unser leistungsfreudiges Über-Ich.

Aber das häusliche Leben setzt sich ja nur zu einem Teil aus Tätigkeiten zusammen, ebenso sehr aus Beziehungen, die natürlich vielfach wieder zu Tätigkeiten gerinnen. Manche Tätigkeiten aus diesem Beziehungsfeld möchten wir uns auf keinen Fall aus der Hand nehmen lassen, zum Beispiel die Herstellung des morgendlichen Schulbrots für unsere Kinder. Andere machen vielleicht bessere Brote als ich, aber drückt sich nicht im Brotemachen meine väterliche Loyalität und liebende Sorge aus, die ich unmöglich delegieren kann? So gesehen, gehört die Bestückung der Lunchbox zur affektiven Arbeit. Das ist Arbeit, die ich für meine Pflicht halte, auf die ich stolz bin und die für meine Identität von größter Bedeutung ist. Unvorstellbar, dass sich, außer meiner Frau vielleicht, irgendwer anders dieser Aufgabe bemächtigte, schon gar jemand, an den ich sie delegiert habe und den ich dafür bezahle. Wieder geht es um Nahrung und Ernährung, offenbar eine affektiv warme Zone. Wogegen sich die Pflege der familiären Wäsche in fremden Händen schon viel weniger wie ein Identitätsverlust ausnimmt.

Wie steht es mit der Schule? Sie gehört ganz eindeutig ins Reich affektiver Arbeit und damit der eigenen Zuständigkeit. Wer hier abseits steht, anders als beim Putzen, gerät nicht nur in Affekt- und Identitätskonflikte mit sich selbst, sondern muss sich auch auf Kritik aus der Schule gefasst machen: Ob einem das Wohl der Kinder und der Schule denn so wenig bedeute? Nein, es bedeutet uns viel, also unterziehen wir uns neben Beruf und Freizeittrainings und dem, was man Familienleben nennt, auch noch bereitwillig oder nur leicht murrend einem straffen Curriculum schulbezogener Pflichten. Sie abzugeben wäre eine Provokation, abgesehen natürlich von Nachhilfestunden, die uns fachlich überfordern. Generationen lang haben Männer solche Aufgaben an ihre Frauen delegiert, nun aber ist der erziehende und damit schulaktive Vater eine gesellschaftliche Selbstverständlichkeit. Er will sich bestimmt nicht mangelndes Engagement vorwerfen lassen. Oft legen Väter in Schulangelegenheiten jetzt auch ein Hyperengagement an den Tag, das man nur mit kulturgeschichtlich bedingtem schlechten Gewissen erklären kann. Ihre Väter noch hatten solche Pflichten schlicht ignoriert, denn sie hatten ja schon eine Arbeit und ihre Frau in der Regel keine, weshalb solche Aufgaben ganz ohne schlechtes Gewissen bei ihr verblieben. Der heutige gesamtfamiliäre Aufgabenalarm stellt uns permanent vor die Frage, was selbst zu tun und was zu lassen ist, wo wir fremde Dienste in Anspruch nehmen sollen und wo nicht, und er löst manchmal den Wunsch aus, sich unter der Bettdecke zu vergraben und den toten Mann zu markieren. Nicht in Delegation läge demnach das Heil, sondern allein in der radikalen Kürzung des Aufgabenbestands, was wiederum eine Aufgabe wäre, wahrscheinlich aber eine unlösbare.

Männer wollen sich in häuslichen Angelegenheiten nun stärker engagieren und einen fairen Anteil der Gemeinaufgaben selbst bestreiten – ein guter Vorsatz, der aber selten zur vollen Realisierung vordringt. Strukturell sind freilich in vielen Haushalten die alten Gründe für weibliche Mehrbelastung entfallen. Die Rückkehr der häuslichen Dienstleister in die Mittelklasse- und Doppelverdienerhaushalte ist nicht auf gestiegene Bequemlichkeitsansprüche zurückzuführen, sondern, im Gegenteil, auf eine rasant gestiegene und zunehmend geschlechtergerechte berufliche Leistungsfreude. Das Haus, von dem wir reden, liegt die meiste Zeit des Tages, wenn Mann und Frau und Kinder es verlassen haben, verwaist da. Keine Hausfrau waltet mehr im Haushalt, während die Aufgaben rund um den Haushalt deshalb nicht weniger geworden sind. Ohne Helferinnen für Affektarbeit ist an doppelte Berufstätigkeit nicht zu denken, ob diese Helferinnen nun außer Haus

(Kindergarten, Horte, Pflegemütter) oder im Haus (Au-Pairs, Babysitter, Kindermädchen) ihr Werk verrichten. Historisch betrachtet war das der Normalfall: Man gab die Aufsicht und Aufzucht unserer Kinder im Blick auf höherwertige Aufgaben an bezahlte Fachkräfte ab – wobei die höherwertige Aufgabe des Mannes traditionell in Regierung und Geschäft, die der Frau in der repräsentativen Aufsicht über das große Haus bestand. Dass sich Mütter und Väter zu gleichen Teilen aktiv um die Aufzucht ihrer Kinder sorgen sollen, ist eine relativ neue Idee. Ich bin als Mann oder Frau an jedwedem Aspekt kindlichen Lebens affektiv beteiligt, aber trotzdem nicht jederzeit in der Lage, alle Aufgaben auch operativ durchzuführen. Deshalb kommt die bezahlte Fachkraft ins Spiel, die eine affektive Dienstleistung erbringt. Das Putzen etwa ist keine affektive Dienstleistung, das Kochen schon eher, aber erst in der tätigen Sorge um Kinder und Alte wird der Affekt zur Einstellungsvoraussetzung.

Zahllose junge Frauen arbeiten temporär oder dauerhaft in dieser wachsenden Dienstleistungsbranche. Zu ihrem Berufsbild gehört zwingend die Bereitstellung emotionaler Wärme und Empathie. Ist Affektarbeit einfachere oder komplexere Arbeit als nichtaffektive Haushaltspflege? Oft wird ja beides vom Arbeitgeber zugleich verlangt. Das Kindermädchen soll, wenn die Kinder gerade versorgt sind, putzen, bügeln oder kochen, und manchmal soll die Putzfrau eben auch noch das Kind von der Schule abholen und ihm ein Essen auf den Tisch stellen. Die Agenda häuslicher Arbeit ergibt sich aus den Bedürfnissen der Hausherren. Aufgaben mit unterschiedlicher emotionaler Temperatur greifen ineinander, und wenig wäre von vornherein ausgeschlossen. Alles ergibt sich aus den Erfordernissen des Alltags und dem, was bei wachsender Vertrautheit miteinander ausgehandelt werden kann. Da solche

Dienstleistungen selten vertraglich ausgestaltet werden, fehlt in der Regel die Arbeitsplatzbeschreibung oder das Tätigkeitsprofil. Die geteilte Privatsphäre erzeugt ein affektives Dreieck zwischen Eltern, Kindern und der Dienstleisterin. Auf manchmal leicht verkrampfte Weise wollen wir das feudalistische Erbe in dieser Beziehung dadurch entschärfen, dass wir Freundschaftszeichen aussenden. »Unser Kindermädchen ist die beste Freundin der Familie, sie fährt sogar mit uns in Urlaub«, mit einem solchen Statement verschafft man sich neben dem guten Gewissen auch noch die Illusion, man tue Familie *und* Kindermädchen mit dem Urlaub etwas Gutes.

Manchmal überlappt sich auch der Aufgabenkreis der Dienst- und Kindermädchen mit denen der neuen Planer, Trainer und Assistenten. Nehmen wir als Beispiel den Kindergeburtstag. Hier ist natürlich zuallererst *Do it Yourself* gefordert, wobei man die Planung und Durchführung eines Kindergeburtstages ja auch in die Hände von McDonald's legen könnte. Für Kindergeburtstage haben sich gewisse Perfektionsstandards entwickelt, die es geraten sein lassen, hier nicht amateurhaft zu Werke zu gehen. Ein kaltes Büfett für die Eltern sollte schon dabei sein, vielleicht auch eine fachmännische Unterhaltung des Nachwuchses mit einem Animateur oder Clown. Zudem müssen Fragen der Dekoration, der Ernährung, des unterhaltsamen Ablaufs und der Inklusion bedacht werden. Das alles kann auch engagierte Eltern überfordern, weshalb sich externe Expertise als vernünftige Option anbietet. Eine Geburtstagsplanerin spricht das Ereignis vorher mit uns durch. Sie gehört wie die Trainer zu den Expertinnen des Alltags, bei denen wir fallweise Professionalität zukaufen – so wie wir es in schwach-affektiven Bereichen sowieso tun, wenn wir Anwälte, Architekten oder Steuerberater konsultieren, von Ärzten ganz zu schweigen. So kann sich aus Anlass des bevorstehenden Kindergeburtstags beizeiten eine regelrechte Arbeitsgruppe aus Eltern, Kinderfrauen und Planerinnen konstituieren, um das Ereignis unfallfrei über die Bühne zu bringen. Natürlich wollen wir Eltern keine glatte Inszenierung für unser Geld. Der Kindergeburtstag ist zuallererst eine Herzensangelegenheit, bei der es nur leider mit ein bisschen Saft und Selbstgebackenem, mit Blinder Kuh und Topfschlagen nicht mehr getan ist. Das »Format« sieht heute anders aus.

Die häuslichen Standards steigen trotz geringen Zeit-»Budgets« und schwindenden Qualifikationen, nicht nur bei Partys, auch etwa bei Abendessen, zu denen man Freunde einlädt. Am überzeugendsten wirkt dabei stets eine Form der Professionalität, die fast an Restaurantstandards heranreichen darf, aber völlig unangestrengt wirken soll. Wir erleben nun häufiger Essensabende, bei denen uns die Gastgeber über den ausgeschenkten Wein im Stil eines Mehrsterne-Sommeliers sowie über das »sensationelle Preis-Leistungs-Verhältnis« belehren. Man könnte fast glauben, nun sei auch die Küche Teil eines ambitionierten Selbstentwurfs, der konkurrenzfreie Zeiten und Sphären nicht mehr gelten lässt. Die Wohnung ist nicht etwa der Ort, an dem ich mich nach der Arbeit gehen lasse, sondern ein anderer Kampfplatz meiner Leistungsfreude. Das Abendessen unter Freunden geht dann schnell in die Performance der eigenen Kenner- und Könnerschaft über. Männer setzen sich dann ganz besonders gerne als Kreativ-Ingenieure der Häuslichkeit in Szene.

Affektarbeit am eigenen Haus

Man kann nicht über bezahlte Hausarbeit sprechen, ohne über Hausarbeit im eigenen Haus zu sprechen. Vorbei sind vorerst die Zeiten, als linke Feministinnen einen Lohn für weibliche Hausarbeit durchsetzen wollten. Die häusliche, affektive und reproduktive Arbeit unserer Mütter, die vorwiegend Hausfrauen waren oder auf wundersame Weise Beruf und Familie zu vereinen verstanden, vollzog sich unbezahlt im Schatten. Neue elektrische Haushaltsgeräte haben damals die Emanzipation der Hausfrau stärker gefördert als die männliche Bereitschaft, selbst anzupacken. Und heute?

Etwa zwölf Prozent der deutschen Haushalte beschäftigen nach neueren Untersuchungen eine Putzkraft (und 64 Prozent davon beschäftigen sie schwarz).[8] Eine weit größere Zahl würde Entlastung im Haus grundsätzlich begrüßen. Selbst wischen und putzen will nur noch eine Minderheit. Das Bügeln kann man am Sonntag immerhin mit *Tatort*-Gucken verbinden, das Kochen betreibt man fast schon als Leidenschaft. Von den Tätigkeiten, die das Hausfrauendasein damals nicht nur in den Augen linker Feministinnen entwürdigend erscheinen ließen, sind manche weggefallen, andere durch neue Haushaltsgeräte erleichtert und wieder andere von Männern übernommen worden. Wieder andere Aufgaben müssen noch immer erledigt werden, nochmals andere sind hinzugekommen. Freilich wollte die linke, feministische Kritik des Hausfrauendaseins seinerzeit auf etwas anderes hinaus. Die Frau im Haus, damals oft ohne qualifizierte Ausbildung und Beruf und manchmal sogar ohne eigenes Geld, abhängig von einem häufig abwesenden Ehemann, erbrachte affektive Schwerstarbeit, für die Kinder, aber vor allem für den Ehemann. Neben allen anderen Hausaufgaben sollte die Ehefrau auch noch den Liebesdienst am eigenen Gatten verrichten, ihm bei Tisch und im Bett »zu Diensten sein«, eine Vorstellung aus einem fernen Erdalter, aber so ähnlich muss es gewesen sein, noch vor 40 Jahren und früher. Ein utopisches Streikrecht der Hausfrau hätte damit nicht nur den Putz-, Wisch-, Näh- und Wickelstreik eingeschlossen, sondern ebenso den Gebärstreik, den Sexstreik und insgesamt den Affektstreik.

Die Forderung, patriarchal disponierte Männer sollten für eheliche Dienste ein Gehalt zahlen, scheint historisch überholt, ohne dass sich in der Zwischenzeit befriedigende Lösungen ergeben hätten. Man kennt im bürgerlichen Milieu solche Fälle von unterdrückten Hausfrauen und ehelicher Affektausbeutung kaum noch. Trotzdem bleibt die Last der häuslichen Aufgaben auch in heutigen Haushalten weithin ungleich verteilt. Es gibt weiterhin keine nennenswerte Bezahlung und noch weniger gesellschaftliche Anerkennung für Hausarbeit im eigenen Haus, für Frauen so wenig wie für Männer. Es existieren in der Regel keine Verträge zwischen Partnern im Haushalt, sondern mehr oder minder ausgesprochene Abmachungen, routinegeleitete Aufgabenteilungen, die so lange funktionieren, wie die Lasten halbwegs gleich verteilt scheinen. Wer kein ausgesprochener »Putzteufel« ist, hält die meisten der in Rede stehenden Aufgaben für lästig, wenn auch notwendig. Man müsste mal wieder das Besteck polieren, den Backofen reinigen oder die Kleidung auf Mottenfraß überprüfen. Solche höheren Wartungsaufgaben widersetzen sich der Delegation. Wer will für mich die Kleider auf Mottenlöcher durchsehen? Es gab Zeiten, da legten Ehefrauen ihren Männern morgens den Anzug bereit, aber diese Zeiten sind vorüber. Noch immer kann man sich über Ausmaß, Dringlichkeit und Verteilung von Hausarbeit trefflich streiten. Schnell sind Paare mit Vorwürfen bei der Hand: »Du machst nie x (oder wenn, dann nicht ›gründlich‹ genug).« »Es wäre schön, wenn ich dich nicht erst bitten müsste, y zu erledigen.« »Ich finde, wenn ich schon eh immer y mache, könntest du ruhig z übernehmen.«

Solche meist niedrigschwelligen Konflikte erinnern uns daran, dass es bei der Organisation der Hausarbeit keinerlei Betriebsvereinbarung über Art und Umfang der zu leistenden Aufgaben, das Qualitätsmanagement, die dafür zur Verfügung stehende Zeit und anderes gibt. Gewiss, es gibt sicher Haushalte, wo Hausarbeit so ernst genommen wird wie draußen in der Berufswelt. Aber so will kaum einer leben. Deshalb herrscht das Ungeregelte, mit allen Vor- und Nachteilen, vor. Der Vorwurf »Du tust nichts im Haushalt« stützt sich selten auf belastbare Dokumentationen irgendeiner Arbeitsverweigerung, sondern erwächst aus teilnehmender Langzeitbeobachtung, die einen schwelenden Konflikt anheizt: Deine Nichtarbeit ist ja meine Mehrarbeit – ansonsten käme ich gar nicht auf die Idee, deine Arbeitsleistung im Haushalt zu bewerten. Wollen wir überhaupt mit einer Person zusammenleben, die im Haushalt ausgesprochen faul ist, die unsere Standards lächelnd ignoriert? Wollen wir umgekehrt mit einer Person zusammen sein, die im Haushalt ständig Höchstleistungen vollbringt, für die das eigene Haus als identitäre Hauptbühne dient? Beides, Verwahrlosung und Ordnungswahn, ist gleichermaßen schrecklich. »Du räumst nie auf«, das mag schon sein, aber bitte sag mir, was für dich aufgeräumt bedeutet, was deine Standards sind. Meinst du, dass es oberflächlich ordentlich aussehen soll, oder hättest du es gerne und sofort tiefenaufgeräumt, dergestalt, dass nicht nur nichts herumläge, sondern in allen Schränken, Schubladen und Regalen systematisch Ordnung herrschte? Das kannst du von mir nicht verlangen, oder jedenfalls nicht sofort. Bei Fragen der häuslichen Ordnung sind sensible kulturelle, Herkunfts- und Charakterfragen berührt. Paare passen sich im Lauf eines gemeinsamen Lebens einander an, liest man immer, doch manchmal gelingt es ihnen auch in langen Jahren nicht, ihre Ordnungsvorstellungen in Abstimmung zu bringen. Auch im ehelichen Miteinander gibt es Dinge, die man delegieren kann, einmalig oder dauerhaft, nach dem Motto: »Du machst das doch immer so schön.« Die Gegenseite wird, wenn nicht auf umgehende Kompensation, dann auf Parität im Leistungsspektrum achten. Auf Dauer wird Asymmetrie in der Hausarbeit zum Problem, jedenfalls für Menschen, die sich einer grundsätzlich egalitären Idee von Zusammenleben verschrieben haben.

Häusliche Schattenarbeit und Selbstverwaltung

Weniger denn je ist die eigene Wohnung der Ort, an dem ich entweder meine Freizeit verbringe oder klassische Hausarbeit verrichte. Ohnehin liegt falsch, wer die Freizeit als den Zeitraum definiert, in dem die Ansprüche der anderen an mich schweigen. »Samstags gehört Vati mir«, hieß die Kampagne, mit der 1956 der Deutsche Gewerkschaftsbund die Einführung der 5-Tage-Woche forderte.[9] Vati hätte sich am Samstag vielleicht auch gern selbst gehört (Autowaschen, *Sportschau*, Getränkemarkt), aber er musste lernen, dass zwischen Sich-selbst-Gehören und Der-Familie-Gehören kein Unterschied zu machen ist. Inzwischen hat sich die eigene Wohnung aber auch zum Schauplatz von Heim- und Telearbeit, zum Trainingslager und zudem zum Büro unserer Selbstverwaltung gewandelt. Es handelt sich hier um eher triviale wie auch um nichttriviale Dinge.

Ich muss mich zum Beispiel mit dem familiären Smartphone-Park auseinandersetzen und der Frage, welches Tarifschema am besten zu uns passt. Wer sollte mir das abnehmen? Ich frage Freunde und verliere mich alsbald bei der Recherche im Internet. Immer wieder wird mir jetzt bei alltäglichen Verrichtungen eine Expertise abverlangt, über die ich von Haus aus nicht verfüge. Immer wieder muss ich mich auf vielen Sachgebieten in einen Kurzzeitexperten verwandeln. Treiber dieser neuen Anforderungen ist natürlich die Technik, vor allem die digitale. Der Haushalt mit all seinen Computern, Smartphones, Druckern und Tablets, die wiederum Passwörter, Zahlungen, Updates und Nachrüstungen verlangen, zwingt mich zur permanenten Wartung und Pflege. Nicht nur benötigt der derart aufgerüstete Haushalt einen Manager, sondern zudem oder in Personalunion auch einen Ingenieur, der ich lieber nicht wäre. An Outsourcing ist hier nicht zu denken. Niemand ist mit den spezifischen Problemen meines Geräteparks vertraut. Kein persönlicher Assistent wäre auf der Höhe der Situation. Mitunter hilft die schlichte Weigerung, ein Problem oder einen Handlungsbedarf anzuerkennen. Wir fühlen uns ja auch wohl in einer Wohnung, in der verschiedene Geräte gerade nicht das neueste Update erhalten haben und die Steuererklärung nun bereits fünf Monate überfällig ist. Wohler fühlen wir uns aber auf Dauer doch erst, wenn die Dinge erledigt und damit von unserer Agenda verschwunden sind, auf der sich zwischenzeitlich schon wieder x andere Posten angesammelt haben.

Auf der Liste stehen Dinge wie die Bezahlung des Schulgelds, das Aufziehen der Winterreifen, der Tierarztbesuch, der Gang zum Friseur und, notorisch, die nächste Steuererklärung, aber auch das Geburtstagsgeschenk für die Kollegin. Craig Lambert nennt diesen expandierenden Bereich von Jobs, die ich nebenbei zu erledigen habe, »Schattenarbeit«[10]. »Die unbezahlten, unbemerkten Jobs, die meinen Tag füllen«: In der Regel kann ich sie schwer delegieren, nicht an meine Mitarbeiter im Büro, nicht an meine Frau und auch nicht an herkömmliche Dienstleister, es sei denn an einen *Personal Assistant* oder *Personal Manager*, den ich gegen Entgelt angeheuert hätte, um mein Büro zu leiten. Ich könnte mich dann darauf beschränken, bei einem wöchentlichen Jour Fixe die Büroleiterin kurz über die im Lauf der Woche anstehenden Schattenaufgaben zu informieren. Man muss wohl ziemlich reich sein und sehr wenig Zeit haben und wohl auch sehr viel Schattenarbeit auf dem Tisch, damit sich die Verpflichtung eines persönlichen Assistenten tatsächlich lohnt. Wir wollen auch gar keinen fest angestellten Manager, nützlich wäre eher eine helfende Hand, die uns laufend an drohende Fristen, Deadlines und Termine erinnert, die Formulare für uns ausfüllt und überhaupt jederzeit alles »auf dem Schirm« hätte, ein menschgewordener Outlook-Kalender, der uns alle termingebundenen Pflichten in Erinnerung riefe und notfalls auch rabiat würde, falls wir nicht liefern. Aber ein solcher Helfer müsste, damit die Hilfe wirksam wäre, sehr tief in mein Leben hineinblicken. Ich müsste ihm praktisch Zugang gewähren zu dem Unveräußerlichsten, das es überhaupt gibt, zu den Passwörtern meines Computers.

Manche Leute retten sich damit, dass sie Prinzipien aus der Bürowelt nach Hause mitnehmen, indem sie etwa lange Excel-Listen erstellen. Andere rücken mit Feng Shui dem Wildwuchs zu Leibe und erzeugen vorübergehend metaphysische Harmonie in den Kleiderschränken. Mit Lebenslehren, die anderswo schon funktioniert haben, wollen sie der Schattenarbeit Herr werden. Auch hier sind wieder die Transaktionskosten zu bedenken. Man möchte der ewig anbrandenden Schattenarbeit mit System begegnen, um zu verhindern, dass sie einen verschlingt. Aber die Einführung und Anwendung eines Ordnungssystems zur Vereinfachung meines Lebens ist auch schon wieder Arbeit. »Simplify Your Life. Einfacher und glücklicher leben«, das klingt zunächst verheißungsvoll, ist aber bis zur Anwendung erst einmal mit Mehraufwand verbunden.[11] Affektiv und identitär ist mit dieser Arbeit gar nichts zu gewinnen. Ich werde mich nicht gut fühlen und werde auch keine attraktivere oder bessere Person, wenn ich erzähle, wie toll und pfiffig ich meine To-do-Liste abarbeite. So etwas löst allenfalls Unbehagen bei allen aus, deren To-do-Liste täglich länger wird. Eine To-do-Liste ist leider meistens auch eine Do-it-Yourself-Liste. Schattenarbeit ist stark personalisiert und selten übertragbar. Ich werde nicht bei deinem Auto die Winterreifen aufziehen und auch nicht den Kuchen für den Geburtstag deiner Tochter backen. Man kann sich schon mal nachbarlich-kollegial Erledigungen und Gänge abnehmen, aber kaum etwas, das den inneren, sensiblen Bezirk des Lebens angeht.

Wenn wir Teile der Hausarbeit delegieren, um Zeit zu gewinnen für Freunde und Familie, wie wir sagen, dann nutzen wir die gewonnene Zeit oft nur für eine andere Art der Hausarbeit, die selbstadministrierende Schattenarbeit. Auch ohne Putzen liegt noch immer genug gemischte Schattenarbeit auf dem Tisch, mit der sich die dienstfreie Zeit mühelos ausfüllen lässt. Manchen Abend verleben wir im Dialog mit unserer Krankenkasse, beim Buchen von Flug- und Bahntickets, Mietwagen und Hotelzimmern, beim Online-Banking, beim Bestellen und Umtauschen von Dingen bei Amazon und natürlich mit allen möglichen Preisvergleichen. Ehe wir den Gang zum Autohändler antreten, haben wir das Wunschfahrzeug schon abendelang am Bildschirm konfiguriert. In gewisser

Weise ist das komfortabel, weil es mir Zeit beim Händler erspart, aber mit dem Komfort kaufe ich mir ungeahnte Dimensionen der Zeitverschwendung gleich mit ein. Die Bahnfahrkarte hätte ich mir früher am Schalter oder am Automaten gekauft, was auch schon Zeit und Nerven kostete. Jetzt bahne ich mir selbst am Computer eine Schneise durch den Tarifdschungel, gebe Passwörter ein, erleide Systemabstürze, werde zurück auf die Startseite geführt und drucke mir am Ende des Tages »erfolgreich« mein Ticket selber aus. So komisch es klingen mag, ich ziehe Befriedigung aus dem Abschluss solcher Transaktionen und wage mir kaum vorzustellen, wie umständlich es gewesen sein muss, als man für jede Buchung oder Reservierung noch ans Telefon oder zu einem Schalter gehen musste. Schattenarbeit ist der Preis für unsere Erlösung von einem älteren Typ Dienstleistung, die an Orte und Menschen geknüpft war, die uns bedienten, was in manchen Fällen ein Ärgernis sein konnte. Den Job machen wir jetzt lieber selbst und zu Hause. Wir haben uns ein eigenes häusliches Dienstleistungscenter eingerichtet.

Es wird uns gerade alles wieder mal ein bisschen viel, wir haben ziemlich »viel auf dem Zettel«, bekennen wir laufend auch ungefragt, obwohl wir doch im Zeitalter der Erleichterungen und Entlastungen angekommen sind. Es scheint schwierig, die Entlastung tatsächlich als Minderung meiner Last zu erleben und sie dann in Mehrlust umzuwandeln. Ich kann mir zwar jeden Komfort leisten, den mir die Wissensgesellschaft »4.0« als Konsument, Klient und Kunde nahezu gratis ins Haus liefert. Wo aber ist die Effizienzrendite aus all diesen Entlastungen, wo ist der tatsächliche Entlastungsgewinn? Wenn eines Tages, in der voll entwickelten Infosphäre, Maschinen und Roboter unsere Arbeit übernehmen, müsste viel frische Zeit frei werden für das Nichtstun, für das Betrachten der

Wolken oder der Gestirne, für Angeln oder Wandern und für lange Gespräche über die Beseitigung des verbliebenen Elends auf der Welt. Noch aber liegt dieses Paradies außer Sichtweite. Beide Seiten des häuslichen Dienstleistungsverhältnisses, unsere Serviceleute und die Auftraggeber/Kunden, hängen an der alten, von Arbeit bestimmten Alltagswelt und blockieren den Weg in eine Zukunft, in der für beide Seiten weniger öde Arbeit anfiele. Die Dienstleister, weil sie wenig Aussicht auf andere Jobs haben und die Jobs, die sie haben, nicht an Maschinen abtreten wollen. Und die Kunden, weil sie jede Entlastung doch wieder umgehend durch mehr Arbeit kompensieren.

Dienstleister an sich selbst

Oft begegne ich mir, wie angedeutet, im Haushalt als Knecht meiner Pflichten, nicht der Berufspflichten (obwohl auch sie ins Haus hineinreichen), nicht der klassischen Haushaltspflichten, sondern der neuen Selbstorganisations-, Dokumentations- und Optimierungspflichten. Offenbar ist es schwierig geworden, aus der Sphäre der haushälterischen Pflichten hinüberzutreten in ein Reich der Freiheit, der Muße und Gelassenheit. Freizeit begänne dort, wo die Reproduktion ruht, aber die Reproduktion ruht so selten. Ohnehin dehnt sich die Berufsarbeit ungeniert auf Zeitreserven aus, die ehedem der Reproduktion und Freizeit vorbehalten waren. Dann dehnt sich zusätzlich die Reproduktionszeit auf Kosten der Freizeit aus. Schließlich wird auch die verbliebene schmale Tranche der Freizeit in Nutzzeit umgewandelt, Aktivitäts- und Erlebniszeit, Optimierungs- und Modellierungszeit, Lern- und Kompetenzsteigerungszeit. In solcher Art Freizeit findet unablässig Schattenarbeit statt, anders als vielleicht in der Freizeit des Malochers von ehedem, der noch mit seinen Kumpeln in der Kneipe saß und Karten spielte.

Vielleicht spielt sich in der Freizeit auch deshalb so viel Schattenarbeit ab, weil uns die Brotarbeit nicht mehr so erschöpft wie früher. Oder besteht der Unterschied darin, dass wir heute fleißiger, besser trainiert, gesünder und also ausdauernder sind? Wir sind auch freundlicher als früher. Kaum einer traut sich noch, seine schlechte Laune auszuleben. Wir sind, ob wir es wollen oder nicht, selbst zu Dienstleistern geworden. Wir gebieten über Helfer, sind aber als Kunden und Konsumenten selbst Helfer – in einer Ökonomie, die stärker denn je auf die Eigenleistung des Käufers setzt. Das ist die aktuelle Version des »Kundendiensts«, nicht so sehr Dienst am Kunden, sondern der Dienst des Kunden am Produkt. Die häuslichen und beweglichen Computer sind jetzt die Terminals unseres Selbst und seines Verkehrs mit der Welt. Wohin ich auch immer mein Selbst auslagere, ich bin es selbst, der zu gleich welcher Tageszeit am Computer Dinge erledigt und dabei vieles tut, was gar nicht erledigt werden müsste, der seine Zeit mit Lust- und Suchtrecherchen, -einkäufen, zwanghaften Checks von irgendetwas vertut.

Die Hoheit über meinen Computer kann zuallerletzt delegiert werden. Nicht einmal meine Familie kennt meine Passwörter, kein Mensch außer mir kann und soll die 1000 Sicherheitsfragen beantworten, die irgendein System mir stellt. Es wäre ganz undenkbar, die Schattenarbeit am Computer jemand anderem zu überantworten. Sie ist der jederzeit überprüfbare Abdruck meiner Lebensführung. So gesehen, verwundert es nicht, dass die Funktion des Sekretärs weithin verschwunden ist, vom Arbeitsplatz ebenso wie aus dem Privatleben. Dem Privatsekretär diktierte man etwas, aber es gibt nichts mehr zu diktieren. Wir selbst sind jetzt die Sekretäre, Herren über unsere Passwörter und damit über das Geheimnis, das uns erst zu Transaktionen befähigt. Die stille Versenkung, die Gegenwelt zu all den selbstverhängten Zumutungen, bleibt ein frommer Wunsch. Ich kann gar nicht so viel Lästiges delegieren, wie ich umgekehrt durch toxischen Gebrauch des Computers an selbstüberlassener Zeit sogleich wieder vernichte.

Kaum bin ich also zu Hause, diene ich schon wieder. Keine Haltung ist mir weniger zugänglich und nachvollziehbar als die des Herrn, des sogenannten Hausherrn. Wahrscheinlich habe ich ein arbeiterliches, professionelles Ideal-Ich verinnerlicht. Offenbar bietet mir das berufliche Arbeitsleben noch nicht genug Herausforderung und Bestätigung. Ich bin auch im privaten Alltag meistens nur dann froh, wenn ich leiste oder, besser noch, geleistet habe. Erledigen, abhaken, auf die Reihe bringen, und zwar gut, richtig, professionell. Das alles macht mich noch nicht zum Workaholic. Wie all die anderen bin ich stolz darauf, wie gut ich »abschalten« kann, ich achte darauf, dass ich auch genug und regelmäßig abschalte, mir eine »Auszeit« gönne. Solche Gedanken sind dem Herrn fremd, seine Zeit kennt diese Taktung zwischen (Über-)Sollerfüllung und Gratifikation nicht. Der Herr kennt auch keinen Stress, sonst wäre er nicht Herr. Nur die anderen, die in der Furcht des Herrn leben, kennen den Stress. Mit unseren Servicekräften verbindet uns der Stress. Sie bringen vom eigenen Zuhause immer schon Stress mit, härteren und bedrohlicheren, als wir Mittelschichtler ihn je kennenlernen wollen. Die (Ehr-)Furcht, die früher einmal die Dienerschaft vor ihren Herren bezeugt hat, ist der Sachlichkeit, ja vielleicht dem Mitgefühl gewichen. Unsere Helferinnen wissen, wie sehr wir auf sie angewiesen sind. Wir haben wenig Macht über sie, aber sie haben Macht über uns. Die Aufgabenlast des doppelverdienenden Mittelschichthaushalts, und des Single-Haushalts noch viel mehr, ist schon ohne Eintritt irgendeines Ernstfalls schlicht zu groß. Das selbstverordnete Pensum, in dem sich die gesellschaftlichen Erwartungen spiegeln, muss uns überfordern. Die Klein- und Kernfamilie der Gegenwart kann sie allein nicht schultern. Sie muss Leistung zukaufen, um über die Runden zu kommen. So gesehen, stellt sich unsere häusliche Lebensform als »betreutes Wohnen« dar. »Essen auf Rädern«, das ist nicht nur der Sozialservice für Alte, sondern auch schon die Lieferung durchs Pizzataxi. Wir sind bemüht, Qualität und Umfang der Betreuung selbst zu managen, sie überschaubar und bezahlbar zu halten. Wo Betreuung in Verwöhnung überzugehen droht, versuchen wir zu bremsen. Wir wollen ja selbst gar nicht betreut werden, wir wollen die Schwächeren in der Generationenfolge betreut sehen und uns selbst von dieser Betreuung entlasten, damit wir anderen Aufgaben ins Gesicht sehen können.

Ich treffe also im Haushalt dieselben Entscheidungen wie am Arbeitsplatz: Was ist Chefsache, was kann delegiert und was outgesourct werden? Die Professionalisierung unseres häuslichen Lebens profitiert stark davon, dass zwei arbeitswelterprobte Elternteile ihre beruflichen Standards in den Haushalt einbringen. Es ist dieselbe Rationalität und Management-Expertise, die unser Handeln im Büro und im eigenen Haus durchdringt. Im Haus setzen wir um und fort, was uns die Trainer am Arbeitsplatz nahezubringen versuchen: dass wir uns nicht durch Selbermachen verzetteln sollen, dass wir Beratung und Betreuung in Anspruch nehmen sollen, um nicht den Überblick und die Kontrolle zu verlieren. Man gewöhnt sich daran, den Haushalt unternehmerisch aufzufassen und in ihm im Wesentlichen eine Managementaufgabe zu erblicken. Dazu gehört die Einsicht in die eigene Unzulänglichkeit. Manche Dinge wären leichter, wenn die Funktion des Haushaltsmanagers hauptamtlich besetzt wäre, wenn es also die klassische Hausfrau noch gäbe.

Vor diesem Hintergrund kann man die selbstbewusste Bejahung der Haus- und Familienarbeit durch postemanzipierte Frauen, die um ihre Ökonomie nicht bangen müssen, für eine attraktive Gegenoption halten. Wer aber weder auf Beruf noch auf Familie verzichten kann und will, dem bleibt nichts übrig als die mühsame Arbeit am Vereinbarkeitskompromiss und seiner Ausgestaltung. Als Prämie wartet die gesellschaftliche Anerkennung als doppelter Leistungsträger. Wer im eigenen Haus brennende politische Fragen rund um Gleichstellung und Demographie positiv beantworten kann, darf sich als gesellschaftlicher Aktivposten begreifen.

Liebende Sorge

Generell haben sich die häuslichen Dienstleistungen von der Assistenz und Bedienung der im Haus anwesenden Personen hin zur Abwesenheitsvertretung von berufstätigen Personen verschoben. Wenige haben noch ein Dienstmädchen, viele aber eine Kinderfrau. Für die Kinderbetreuung gibt es *Live-in*-Varianten wie das Au-Pair-Mädchen. Ein Au-Pair kann mehr Zeit abdecken und flexibler reagieren als stundenweise Bedienstete. Daneben kann sie noch in ihren freien Stunden ihren eigenen Neigungen nachgehen, weil die Kinder regelmäßig in der Obhut von Institutionen sind und weil sich die Eltern gerne nach Möglichkeit selbst um sie kümmern. Schwieriger in jeder Hinsicht stellt sich die Frage der Delegation im Verhältnis zu alten Eltern dar. Schon lange leben sie in der Regel nicht mehr mit uns unter einem Dach, sondern, solange es geht, in der eigenen Wohnung. Wie unsere Kinder sind sie in den Kreis unserer affektiven Zuwendung einbezogen, aber doch auf eine ganz andere Weise als diese. Anders als unsere Kinder sind sie nicht unser Produkt – sondern wir ihres. Wir sind die Zurückgebenden, wir erwidern eine Sorge und Pflege, die uns früher selbst zuteilgeworden ist. Während wir auf unsere Kinder Erwartungen und Hoffnungen auf Gegenleistung projizieren, die sie eines Tages einlösen werden oder nicht, sind wir bei den Eltern immer schon mit der Vorleistung konfrontiert, die sie seinerzeit für uns eingegangen sind. Nun schlägt die Stunde der Kompensation, auch wenn niemand das so utilitaristisch beschreiben will. Kinder mögen uns manchmal eine Last sein, aber vor allem doch eine Freude, sagen wir. Eltern sind uns, auch wenn sie uns Freude machen, zunehmend eine Last. Das Verhältnis zu den Eltern ist von Sorge bestimmt. Dazu kommt, dass sich im Verhältnis zu den Vorfahren rückwirkend wenig korrigieren lässt. Das Verhältnis zu den Kindern erscheint in viel höherem Maße dynamisch und gestaltbar. Der entscheidende Unterschied aber ist dieser: Unsere Kinder sind jung und meistens gesund, unsere Eltern werden alt und zunehmend krank.

Man kennt die Erzählungen von Frauen (und auch ein paar Männern) in ihren mittleren Jahren, die für die Pflege ihrer alten Mütter und Väter den Beruf aufgegeben und sich jahrelang allein dieser Aufgabe verschrieben haben. Das kann nur jemand machen, dessen Lebensunterhalt anderweitig abgesichert ist. Und selbst wer es sich leisten kann, wird sich gut überlegen, das eigene Erwerbsleben für längere Zeit an den Nagel zu hängen und fortan als Pfleger zu wirken. Kaum sind die Kinder aus dem Haus, soll die Sorge um die Angehörigen im »dritten Alter« beginnen? Wenn Väter und Mütter im Alter selbst zu der Einsicht kommen, dass sie in ein Alten- und Pflegeheim wechseln sollten, wenn sie für diesen Lebensabschnitt vorgesorgt haben und diesen Schritt einigermaßen guten Mutes vollziehen, trägt das zur Beruhigung der nächsten Generation bei. Die affektive Arbeit muss auch in einer solchen Konstellation geleistet werden. Die Alten werden besucht, wir verbringen Zeit bei ihnen, holen sie zu uns nach Hause, machen Ausflüge und Urlaubsreisen mit ihnen, solange es geht. Schwieriger ist es, das eigene Haus für die Eltern zu öffnen oder den Verbleib der Eltern in ihrer Wohnung zu begleiten. In beiden Fällen müssen meist Pflegeleistungen zugekauft werden. Wie hoch unsere affektive Beteiligung auch sein mag, so wenig garantiert die Gefühlsbeziehung allein eine angemessene pflegerische Dienstleistung. Und selbst wenn wir eine Ausbildung hätten, könnten wir die Pflege nicht übernehmen, wir haben einen Beruf, leben in einer anderen Stadt, haben selbst Kinder im Schulalter und sehen uns aus anderen Gründen von dieser Erwartung überfordert. Wir haben wenig Neigung, unser ohnehin stressreiches Alltagsleben zusätzlich zu belasten. Was dann?

Stellen wir uns vor, unsere Mutter hätte bis jetzt allein in ihrer Wohnung gelebt und wäre ganz gut alleine klargekommen, gelegentlich unterstützt von einer helfenden Hand, von Freunden, Nachbarn und anderen Angehörigen. Nun geht das nicht mehr, ein Sturz, ein Schlaganfall, beginnende Demenz oder was immer. Die Mutter braucht professionelle Pflege und Aufsicht und damit entweder eine Pflegerin im Haus oder einen Platz im Heim. Mit der Forderung nach professioneller Hilfe befreien wir die Delegation vom Verdacht, wir wollten uns aus der Verantwortung stehlen. Niemand würde diese Verantwortung erklärtermaßen aus Bequemlichkeit (»Ich habe einfach keine Lust, mich um meine alten Eltern zu kümmern.«) oder wegen anderweitiger Pflichten (»Ich komme einfach nicht dazu, mich um meine alten Eltern zu kümmern.«) delegieren. Aber auch das Professionalitätsargument (»Mir fehlt einfach die Kompetenz, mich um meine alten Eltern zu kümmern.«) wirkt ein wenig fadenscheinig. Keines der drei Alibis würde man in Bezug auf die eigenen Kinder verwenden. Es würde schlicht als Bankrotterklärung der Elternschaft gewertet. Was die Eltern betrifft, darf man dagegen auf Verständnis hoffen, wenn man Fluchtwege aus der Verantwortung sucht, oft auch bei den Eltern selbst.

Das soll nicht heißen, dass nicht auch die delegierte Sorge um die Eltern affektive Arbeit darstellt. Die Sorge selbst kann man ohnehin nicht delegieren, sondern lediglich die tätige Sorge oder Teile von ihr. Wie auch bei der Obhut der Kinder stellt sich die Frage nach Stellvertretung. Muss ich selbst meine alte Mutter besuchen, wenn sie mich ohnehin kaum noch erkennt und jeder Gesprächsversuch binnen kurzem erstirbt, oder kann ich nicht auch einmal einen Stellvertreter schicken, so wie ich mir das für den Schulbasar schon ausgemalt habe? Und sind nicht die Pflegehilfe, die nun die Wohnung mit unserer Mutter teilt, oder der nette Pfleger, mit dem sie sich im Heim so gerne unterhält, bereits in diesem Sinne Stellvertreter oder Organ unserer Sorge, die wir nun einmal mit vielen anderen Erfordernissen unseres Lebens in Einklang zu bringen haben? Ungern möchte man sich wie ein Rabenkind fühlen, nur weil man die zunehmende Hinfälligkeit der Eltern nicht aus nächster Nähe erleben will.

In keinem anderen Sektor haushaltsnaher Dienstleistung liegt es so nahe, bezahlte Fachkräfte in Anspruch zu nehmen, wie bei der Altenpflege. Mit Do-it-Yourself stößt man hier rasch an Grenzen. Die gesellschaftliche Akzeptanz von bezahlter Altenpflege ist hoch, das Angebot an Arbeitskräften ebenso, es spricht also wenig für neo-autarkistische Selbstermächtigungen. Früher einmal verbrachten die Alten ihren Lebensabend im Schoß der Familie, aber das war eine Familie, die Gesinde mit einschloss. Die bürgerliche Klein- und Kernfamilie kann diesen Betreuungsaufwand nicht mehr leisten. Sie ist jetzt die alleinige Hüterin des familiären Affekts und kann dabei schon lange nicht mehr auf mit im Haus lebendes Personal oder Angehörige zurückgreifen. Im größeren Haus der vorbürgerlichen Zeit teilten sich Verwandte und Untergebene den familiären Affekt. Erst die letzten 150 Jahre haben die Zusammengehörigkeit von Biologie und Affekt zur gesellschaftlichen Norm erhoben. Wenn die alten und kranken Eltern im Haus der Familie wohnen blieben oder in dieses Haus zurückgeholt wurden, dann nicht, um die Einheit von Pflege und Affekt sicherzustellen, sondern um die Eltern in den Genuss pflegender Arbeitskraft zu bringen, die im Haus vorhanden war, denn dort lebten die Kinder und andere Helferinnen. Dies alles mag man sich zur Beruhigung vor Augen führen und trotzdem Unbehagen verspüren angesichts der Tatsache, dass die Eltern nun im Heim sind, mit einer Pflegestufe etikettiert, mit allem versorgt, mit Unterhaltung und Ansprache ebenso wie mit medizinischer Betreuung, aber außerhalb unseres Hauses, unserer operativen Zuständigkeit und unserer liebenden Sorge. Natürlich, wann immer unser Kalender es an Wochenenden und Feiertagen erlaubt, fahren wir zu ihnen hin und sind dabei nicht sicher, ob der Besuch mehr unserer Beruhigung dient oder der Betreuung der Eltern. Manchmal legen wir beim Heimbesuch dann auch selbst Hand an, versuchen mit ungelenken Handgriffen den Pflegern Arbeit abzunehmen, aber das sind dann eigentlich nur Placebo-Verrichtungen. So begegnen sich beim Elternbesuch im Pflegeheim öfter zweierlei Hilflosigkeit: die Gebrechlichkeit der Alten und die Verlegenheit der Kinder.

Gerne würden wir auf diesem Gebiet der liebenden Sorge mehr selbst übernehmen, aber um welchen Preis? Der Preis für die umfassende Pflegekompetenz in Haus und Familie war traditionell der Verzicht der Frau auf Erwerbsarbeit. Historisch gesehen war ein solches Funktionsverständnis auf eine bestimmte Phase des bürgerlichen Zeitalters beschränkt. Es ist die Phase nach dem Auszug der alten und vor dem Aufzug der neuen Domestiken, die Zeit, in der hauswirtschaftlich geschulte Frauen in Haushalten selbst Hand anlegen lernten, das Zeitalter der professionellen Hausfrau, in der Mitte des vergangenen Jahrhunderts. Der Preis für die in die Tiefe gehende Befassung mit Haus- und Familienarbeit bestand schon damals im Verzicht auf höherwertige, bezahlte und mit gesellschaftlichem Ansehen verbundene Aufgaben. In das Rollenmodell der Hausfrau war von Beginn an ein Widerspruch eingebaut. Wer will dauerhaft und mit wachsender Professionalisierung das Ressort Haus und Familie leiten, wenn es dabei nichts zu verdienen gibt? Man konnte als Hausfrau oder weiblicher *Homemaker* zwar auch Anerkennung finden, aber nichts bringt so viel Anerkennung ein wie eigene Berufsarbeit. Wenn heute von Frauen die Rede ist, die ihren Beruf aufgegeben haben, um über Jahre in der Pflege ihrer alten Eltern tätig zu sein, dann sehen wir sie als Pioniere einer Lebensführung, die der vorherrschenden Privilegierung unserer Arbeitsexistenz vor der affektiven, familiären und Beziehungsexistenz etwas entgegensetzt. Die Ökonomie muss anderweitig gesichert sein, um solche Lebensexperimente einzugehen. Für alle anderen ist Delegation der wahrscheinlichere Weg.

Affektive Serviceleistungen

Was in der Welt unserer Vorfahren zum großen Teil von Verwandten, Freunden und Nachbarn im Geist einer bargeldlosen Tauschökonomie erledigt wurde, übernehmen nun gegen Bezahlung die *Personal Services*. Das Bedürfnis der Mittelklasse nach Entlastung von Haus- und Familienarbeit hat eine neue Klasse von Dienstleistern hervorgebracht, die hochflexibel, hochspezialisiert und oft gut bezahlt auf die mannigfachen Wünsche ihrer Klientel reagieren. »Rent a« … Personal Trainer, Eventplaner, Lebenscoach, Hundesitter und so weiter. Die Soziologin Arlie R. Hochschild hat der Ökonomisierung unseres häuslichen und Familienlebens hellsichtige Untersuchungen gewidmet.[12] *The Outsourced Self* heißt eines ihrer Bücher, und es handelt davon, was passiert, wenn wir andere bezahlen, um unser Leben für uns zu leben. Hochschild ist sich bewusst, dass diese Frage ohne die Komplementärfragen »Was passiert, wenn andere uns bezahlen, damit wir ihr Leben für sie leben.« oder auch »Was passiert anderen, wenn wir sie dafür bezahlen, unser Leben für uns zu leben.« unvollständig wäre. Deswegen hat sie dem Thema »Leihmütter« zwei Kapitel gewidmet: »Unser Baby, ihr Bauch« und »Mein Bauch, ihr Baby«. Die Leihmütter von heute sind die Nachfahrinnen der Leihammen in feudalen Häusern des Ancien Régime. Schon damals scheint man zum Outsourcing des Selbst bereit gewesen zu sein.

»Mein Leben« muss nicht unter allen Umständen das Leben sein, in dem ich alle Erfahrungen am eigenen Leibe mache. Betreuung, Beistand, geistlichen etwa oder medizinischen und seelischen, hat man zu allen Zeiten in Anspruch genommen, ohne dass dies als Auslagerung von Zuständigkeiten aufgefasst worden wäre. Psychiater und Psychologen haben uns geholfen, unser Seelenleben besser zu verstehen und unser Wohlbefinden zu steigern. Wo aber beginnt das emotionale Outsourcing und mit ihm die Entfremdung des Selbst von der eigenen Subjektivität und Körperlichkeit? »Die größte Innovation auf der gegenwärtigen Bühne«, sind für Hochschild »die Dienste, die ans Herz unseres emotionalen Lebens heranreichen, ein Bezirk, der früher mehr vom Markt abgeschirmt war. Ein Liebescoach berät seinen scheuen Klienten, was bei jedem Schritt seines Online-Datings zu tun ist und wie man sich dabei fühlen soll. Eine Hochzeitsplanerin hilft dabei, eine angemessene ›Erinnerung‹ zu kreieren, indem sie das Motiv der Zeremonie, die Aufschriften auf den Tischkarten und das Thema einer von Herzen kommenden Rede festlegen hilft.«[13] Das sind personale Dienste in emotional herausfordernden Situationen, für die sich in der Vergangenheit Freunde oder Berater im eigenen Haus gefunden hätten. Nie wurden solche Situationen ganz allein bewältigt. Nur indem wir uns auf Erfahrungen anderer stützen, lagern wir noch nicht unser Selbst aus. Neu an einer solchen Praxis ist wohl nur, dass wir »anlassbezogen« Beraterinnen mieten, die wir nicht kennen und die diese Dienste professionell anbieten.

Das Modellieren unseres Selbst kommt ohne Teamwork nicht aus. Auch der Hundesitter oder -walker, der uns erklärt, er führe den Hund nicht nur aus, sondern baue eine »wirkliche Beziehung« zu ihm auf, sägt nicht notwendig am Stuhl unseres Selbst.[14] Wir freuen uns erst einmal nur, dass es dem Hund gut geht. Entlastungswünsche mischen sich beim Delegieren mit der Hoffnung, der Dienstleister könne den Job eh besser als wir. Auf jeden Fall aber machen wir uns mit Hundesittern, Hochzeitsplanern und ähnlichen persönlichen Diensten abhängiger von Prothesen. Wir sind hilfsbedürftiger als früher, schwächer und weniger kompetent. Delegation ist stets ein Schnitt ins Fleisch des eigenen Könnens. Wo genau zwischen angestammtem Körper und gemieteter Hilfe das Selbst seinen Sitz hat, bei welcher Delegation es uns abhandenkommt und bei welcher nicht, bleibt im Einzelfall zu klären. »Intime Dienste« und die neue Marktförmigkeit unseres Lebens hätten, so Hochschild, dazu geführt, dass »Akte, die einmal intuitiv und gewöhnlich waren – zu entscheiden, wen man heiratet, einen Namen für das neugeborene Kind zu finden, überhaupt herauszufinden, was man will –, nun die Hilfe bezahlter Experten erfordern«[15].

In unserem persönlichen Leben haben sich Prinzipien von Markt und Wettbewerb eingenistet, die vordem nicht existierten. Wenn ich beim Heiraten und bei der Studien- und Berufswahl Fehlentscheidungen vermeiden und das Risiko reduzieren will, bin ich gut beraten, mich beraten zu lassen. »Marriageability«, »employability«, Heirats- und Erwerbsfähigkeit: Heute kommt es auf das Vermögen an, die eigenen Chancen auf neuen Märkten zu mehren.[16] Meine Erfolge im Wettbewerb werden auch davon abhängen, wie sehr ich bei all diesen Vermarktungsanstrengungen »ich selbst« bleibe. Wir werden uns hüten, den Beitrag persönlicher Dienstleister an unseren Selbstmodellierungen zu groß herauszustellen – wie peinlich ist es, wenn frisch Bekehrte oder Überlebende aller Art den Anteil von Lebens- und Heilslehrern an ihrem Geschick nach außen kehren. Man sollte wenigstens die Kuratorenschaft am eigenen Leben in den eigenen Händen behalten, selbst wenn man zusätzlich Leistungen anmietet und Berater engagiert.

Immer weiter dehnt sich der Formenkreis emotionaler Arbeit aus, wie Hochschild zeigt. Und doch scheint es, als sei das Emotionale und Affektive eben das, was zwar geteilt und bei dem assistiert, das aber nicht delegiert werden kann. Eher wird es uns gelingen, unsere Helferinnen und Helfer in unseren eigenen Affekthaushalt zu integrieren, sie gleichsam zu infizieren mit unseren Emotionen, als dass es umgekehrt gelingen würde, durch Delegation unsere eigenen Affekte steuerbar zu halten. Die liebende Zuwendung, die sich darin manifestiert, dass ich meinem Kind aus einem Buch vorlese, dass ich meinem alten Vater beim Erzählen von Geschichten von früher lausche oder meiner Katze eine halbe Stunde »Qualitätszeit« beim Spielen verschaffe, kann ich in bezahlte Hände legen, ohne dass sie als Teil meiner Sorge deswegen erlischt. Meine Dienstleister leben nicht mein Leben, selbst wenn ich sie für emotionale Arbeit engagiere, oder genauer für Arbeit, die, wenn von mir erledigt, emotional ist, die aber von der auf- oder annehmenden Seite gar nicht als Arbeit erlebt wird, wenn ich sie tue. Solche Liebesdienste in der eigenen Familie sollen als Akte einer selbstverständlichen Zuneigung und Zuwendung, freilich auch als Akte in einer – zeitversetzten – Gegenseitigkeit verstanden und erlebt werden. Nach »Dienst« sollen sie dabei nicht aussehen, weder im Umgang mit Kindern noch mit Alten. Beim Kind ist die Wahrnehmung unserer Zuwendung als liebender Dienst vielleicht noch nicht erwacht, und bei den gebrechlichen Eltern ist sie möglicherweise schon wieder erloschen. In beiden Fällen ist es uns peinlich, wenn man uns für unsere Zuwendung Dank ausspricht.

Dazwischen, in der gleich-generationellen Zuwendung, tut sich das weite Feld von synchroner Leistung und Gegenleistung auf. Wir wollen unserem Ehepartner gern liebend zu Diensten sein, ohne das überhaupt zu denken oder gar zu formulieren. Die Feministinnen, die vor 40 Jahren Bezahlung für weibliche Affektarbeit im Haus, Sex eingeschlossen, verlangten, wollten damit die Selbstverständlichkeit asymmetrischer, ausbeuterischer Eheverhältnisse attackieren. Zugrunde lag eine bestimmte Idee von Sex als »Job« im Dienst am Ehemann und Herrn. Sex und Job hängen auf kompliziertere Weise zusammen, als es in der Forderung nach einem Tarif für eheliche Zwangsdienste zum Ausdruck kommt. Es gibt bezahlten Sex, bei dem eine Partei einen Job verrichtet. Es gibt unbezahlten Sex, bei dem man aneinander einen Job verrichtet. Und es gibt symmetrische, beide Seiten befriedigende Formen von Sexualität, bei denen kein Gedanke an bezahlte oder unbezahlte Arbeit aufkommt. Wer allerdings vom Sexualpartner regelmäßig einseitige Liebesdienstleistungen erwartet, der sollte besser auch hier die Bezahlfunktion wählen und fremde Zuwendung zukaufen.

Ethik des Machenlassens

Wo ständig um Fragen der Vereinbarkeit gerungen wird, herrscht zwangsläufig ein hohes Arbeits- und Leistungsethos. Wir wähnen uns frei vom Standesdünkel früherer Tage, als man noch Wert darauf legte, bestimmte Dinge »machen zu lassen« oder »gemacht zu bekommen«. Tatsache ist aber auch, dass unsere Mütter sich zwar vielleicht »die Haare machen« ließen, aber weder zur Massage gingen noch ins Nagelstudio oder gar zur Pediküre; alles Dinge, die jetzt weithin üblich sind, nicht nur in der Mittelschicht, sondern mindestens ebenso sehr bei Leuten, die selbst in der haushaltsnahen Serviceindustrie tätig sind. In unserer Lebenszeit hat sich das Angebot an bezahlten Dienstleistungen in ungeahnter Weise diversifiziert und erweitert. In Deutschland vollzog sich die weitere Durchsetzung von haushaltsnahen Dienstleistungen erst mit der ersten Welle der Migration. Den größeren Teil der häuslichen Näh- und Stopfarbeiten haben wir seitdem an den türkischen Schneider abgegeben. Die Preise sind niedrig, ohne dass ich mich dabei schlecht fühlen muss. Das türkische Schneiderehepaar ist immerhin kleinunternehmerisch tätig, anders als etwa im Fall der notorisch schlecht bezahlten chinesischen Fuß- und Nagelpflegerinnen in New York.[17] Solche Dienstleistungen empfinden wir als doppelt attraktiv, denn sie sind ethisch vertretbar und dennoch preisgünstig. Anders als beim Fair Trade-Kaffee brauchen wir uns hier vom schlechten Gewissen nicht durch Zahlung eines höheren Preises freizukaufen.

Dienstleistungen, die gegen die Menschenwürde verstoßen, bei denen Dumpinglöhne gezahlt werden und die der Gesundheit der Beschäftigten schaden würden, nehmen wir lieber nicht in Anspruch. Die erste Generation vor allem türkischer Kleingewerbetreibender (Dönerstuben, Gemüseläden, Änderungsschneider und anderes) in Deutschland hat uns diesbezüglich keine Gewissensbisse bereitet. Das waren keine »Scheißjobs«, wohingegen spätere Migrantengenerationen, aus Osteuropa und vom Balkan, später auch Afrikaner und Asiaten, zunehmend unterbezahlte und unzureichend geschützte Arbeiten übernahmen. Die Tristesse, die wir üblicherweise dem Kellnerjob im Chinarestaurant, einer Beschäftigung als Reinigungskraft in einer Autobahnraststätte, als Spargelstecher oder einer anderen Aufgabe in der Welt der »Working Poor« zuschreiben, ist keine objektive Größe. Man kann Stolz empfinden, weil man einen Job hat, für den es ein Entgelt gibt, anstatt sich wie ein »Hartzer« auf staatliche Alimentierung zu stützen. Man kann ebenso Stolz empfinden, weil man mit einem schmutzigen, anstrengenden, schlecht bezahlten Job Transferleistungen für Angehörige erbringt. Jobs, die von anderen als erniedrigend empfunden werden, sind vielleicht besser als gar keine Jobs. Würde ist durch Arbeit leichter herzustellen als durch Nichtarbeit. Wo fangen unsere Probleme mit der Würde von Dienstleistungen, die wir in Auftrag gegeben haben und für die wir bezahlen, an und wo hören sie auf? Was innerhalb unseres Gesichtskreises geschieht und was auf uns als direkte Urheber zurückzuführen ist, wird uns stärker betreffen als unsichtbare und anonyme Würdelosigkeit. Wir werden nicht die Wurzeln der Ungleichheit in der Welt bekämpfen können, aber wir möchten wenigstens unseren persönlich bekannten Dienstleistern »auf Augenhöhe« begegnen und mit ihnen ein faires Arbeitsverhältnis unterhalten.

Die Regeln des ethischen Umgangs mit haushaltsnahen Dienstleistern sind aber nirgend festgehalten. Sie basieren auf Üblichkeiten. In der Grau- und Schwarzzone der bezahlten Haus- und Familienarbeit basiert das Arbeitsverhältnis meist nur auf einer mündlichen Abrede, die jederzeit gekündigt werden kann. Auf diesem informellen Arbeitsmarkt herrschen andere Sitten als in der offiziellen und legalen Erwerbsarbeit. Man kann sich aber kundig machen, etwa bei der Verbraucherzentrale NRW zum Stichwort »Haushaltshilfen«. Dort finden wir die Checkliste »Welcher Typ sind Sie?«, die Checkliste »Aufgabenplan für die Wohnungsreinigung«, einen »Aufgabenplan für Hof und Garten« sowie »Mindestanforderungen an ›Haushaltsnahe Dienste für ältere Menschen und Familien mit Kindern und Jugendlichen in NRW‹ aus Kundensicht«[18]. »Haushaltsnah«, für solche Dienstleistungen gibt es auch einen Bundesverband, den »Bundesverband haushaltsnaher Dienstleistungen« (BHDU) in Hannover. Haushaltsnahe Dienstleistungen sind, wie man hier lernt, eine wachsende Wirtschaftsbranche. Gründe für das Wachstum sind: die Alterung der Bevölkerung, die Tendenz zur Ausdehnung der häuslichen Pflege, die Zunahme alters- und alterungsbedingter Erkrankungen, verbunden mit der Tatsache, dass die nachfolgende, zur Pflege verpflichtete und befähigte Generation oft gar nicht am Ort ist oder aber andere Lebenspläne hat als die Fulltime-Assistenz für die Alten. Der Bundesverband ist die Interessenvertretung für Firmen wie, beispielsweise und zufällig gewählt, die Losemann Haushaltshilfe im westfälischen Billerbeck. Wer lieber Vermittler häuslicher Dienstschaltungen einschaltet, als selbst zu suchen, wird hier fündig. »Wir sind für Sie da«, sagt die Homepage: »Familienpflege, Haushaltshilfe, Seniorenhilfe, Demenzbetreuung«. »Sie möchten im Alter zu Hause wohnen bleiben. Aber Ihnen fällt die Hausarbeit schwer. Wir greifen Ihnen unter die Arme. Sie möchten eine kompetente und zuverlässige Frau für Ihren Haushalt, regelmäßig oder gelegentlich. Wir sind Ihr Ansprechpartner.«[19] Man braucht nicht viel Phantasie, um sich irgendwann im Leben den unabweisbaren Bedarf an der einen oder anderen dieser Dienstleistungen vorzustellen. Die Vorteile der Einbeziehung eines haushaltsnahen Dienstleisters liegen auf der Hand: »Ein Ansprechpartner. Sicherheit eines Unternehmens. Keine Arbeitgeberpflichten. Von der Steuer absetzbar. Abrechnung über die Krankenkasse oder die Pflegekasse möglich.«[20] Viel spricht dafür, ein solches Dienstleistungsunternehmen einzuschalten, das einem Bürokratie abnimmt, das die ganze Skala häuslicher Dienste, von den einfachen bis zu den sensiblen, abdeckt und das laufend den Vertrauens-Check mit den Beschäftigten vornimmt und die Kunden auf diese Weise entlastet. Neben der »Haushaltshilfe für Senioren« ist leider nur die Familienpflege in Härtefällen vorgesehen (»Die Mutter fällt aus, wir springen ein.«), nicht die hauswirtschaftliche Begleitung ganz normaler Familien, oder sollte man sagen, von normalen Familien mit Dauerhärtefall. Dass wir auch dann Hilfe brauchen, wenn die Mutter nicht ausfällt, oder dass wir eigentlich chronisch wegen Arbeitsüberlastung ausfallen und damit einen Härtefall ganz eigener Prägung darstellen, das qualifiziert uns nicht zur Zielgruppe etwa der Losemann Haushaltshilfe. Vielleicht gibt es in ihrem Einzugsgebiet noch nicht genug angespannte Doppelverdiener mit geringem »Zeitbudget« und übergroßem Aktionshunger.

Zukunftsbranche »haushaltsnahe Dienstleistung«: Alles spricht dafür, dass die Nachfrage nach solcher Art Assistenz in den nächsten Jahrzehnten weiter steigen wird. Die Frage ist allein, ob das Angebot an Arbeitskraft damit Schritt halten wird. In Zeiten der Beinahevollbeschäftigung wird der heimische Arbeitsmarkt nicht ausreichen, den Bedarf zu decken. Werden genug hoffnungsvolle junge Menschen den Beruf der Hauswirtschafterin ergreifen wollen? Und werden genug Migrantinnen bereitstehen, um weiter mäßig bezahlte, hochflexible und befristete Aufgaben in unseren Haushalten wahrzunehmen? Das ist zu bezweifeln. Noch stehen in Deutschland migrantische, meist weibliche Arbeitskräfte vor allem aus Ost- und Südeuropa zur Verfügung, doch der wirtschaftliche und demographische Wandel in dieser Region lässt vermuten, dass die heimischen Arbeitsmärkte dort in absehbarer Zeit attraktiver sind als der Putzjob im Westen. Anders stellt sich die Lage in den USA dar, wo Mexiko und Zentralamerika die Nachfrage nach billiger weiblicher haushaltsnaher Dienstleistung auch in den kommenden Jahrzehnten bedienen werden.

Wer wird uns pflegen, wenn wir alt sind? Unsere Familien sind kleiner als früher, die Kinder mobiler, die Lebenserwartung und die Erwartungen an die eigene Fitness und Gesundheit höher und der Wunsch nach einem Altern in Würde größer denn je. Wer möchte sich die eigene Bedürftigkeit schon vor der Zeit in allen Einzelheiten ausmalen und dafür Vorkehrungen treffen? Wenn in nicht zu weiter Ferne die zahlenstarke Generation der »Baby-Boomer« ins Pflegestadium eintritt, wird die Zahl potentieller Pflegekräfte damit in keiner Weise Schritt halten. Das betreute Wohnen der Zukunft wird mit weniger Personal auskommen müssen, es wird die Hilfeleistungen rapide rationalisieren und technifizieren. Es wird vielleicht auch die Grenzen der Hilfsbedürftigkeit neu zu definieren haben. Die Anforderungen hinsichtlich Selbsthilfe werden steigen; es wird auch ein größerer Teil der Altenpflege von den Alten selbst geleistet werden müssen. Das Privileg des langen Verbleibs in der eigenen Wohnung hat keinen Bestand, wenn der damit verbundene Pflegeaufwand nicht mehr zu leisten ist. Dann müssen die Alten, wenn sie nicht ins Pflegeheim müssen oder wollen, in Alten-WGs zusammenrücken und sich gegenseitig pflegen, solange es geht. Der Einzelhaushalt erweist sich bei Pflegenotstand als ungünstige Wohnform. Vielleicht tun sich in Zukunft Wohnformen für alte Menschen auf, die nicht mehr Haushalt und noch nicht Heim sind. Die Dienstleistungen der Zukunft werden dann nicht mehr im selben Maße haushaltsnah sein. Eher werden sich die Alten in Richtung Pflege zu bewegen haben, als dass sie weiter erwarten dürfen, dass die Pflege zu ihnen kommt.

3

Vom Diener zum Dienstleister. Gestaltwandel des Hauspersonals

Die Rückkehr der dienenden Klassen

Noch vor wenigen Jahrzehnten schien es fast, als stünde die bezahlte Hausarbeit kurz vor dem Aussterben. Wo sie überhaupt noch anzutreffen war, galt sie als Relikt vergangener Tage, das binnen kurzem vom sozialen Fortschritt und vor allem einer weiteren Steigerung des allgemeinen Wohlstands und einer immer breiteren Beteiligung aller an Bildungs- und Aufstiegschancen überholt sein würde. Die Zukunft stellte man sich weithin als einen evolutionären Pfad vor, auf dem ein großer Teil der Menschheit zu mehr Chancengleichheit voranschreiten würde. Ein paar Zahlen können das belegen: Noch 1951 machten in Großbritannien Hausangestellte beiderlei Geschlechts, im Haus wie außer Haus lebende Bedienstete, fünf Prozent der arbeitenden Bevölkerung aus. 1981 war ihr Anteil auf ein halbes Prozent gesunken. In Schweden gab es 1980 noch ganze 1364 Hausangestellte, 1960 waren es noch 68 800 gewesen. Die Statistik für 1990 erfasste dann landesweit nur noch ganze zwei häusliche Arbeitskräfte.[1] Das Ende des Diener-Phänomens, wie die Menschheit es seit Anbeginn gekannt hatte, schien nah.

Der Auszug des Dienstpersonals aus den Herrenhäusern, hinein in Fabriken, Büros, Hotels, Schulen und nicht zuletzt in die eigene Häuslichkeit und Familie, hatte schon bald nach dem Ersten Weltkrieg begonnen. Bis dahin war Dienerin der mit Abstand häufigste weibliche Beruf gewesen. 1870 lag, forciert durch die massive Einwanderung junger, arbeitssuchender Europäerinnen, der Anteil von Dienstmädchen an der weiblichen Erwerbstätigkeit in den USA bei 50 Prozent, und er ging bis zum Ausbruch des Ersten Weltkriegs nur unwesentlich zurück.[2] Dies war die Zeit des »Gilded Age« in den Vereinigten Staaten, der »Belle Époque« in Frankreich, der Viktorianischen Ära in Großbritannien und in Deutschland der Epoche des Wilhelminismus, überall eine Phase des wirtschaftlichen Wachstums, der rapiden Industrialisierung und einer neuen Selbstgewissheit des ökonomisch erstarkten Bürgertums. Sie ging einher mit einem Lebensstil, der nicht weniger feudal, ja möglichst feudaler sein sollte als der des verbliebenen Adels selbst. Dienstpersonal war unabdingbar für die Lebensführung des reich gewordenen Bürgertums, dem Repräsentation und Status fast noch wichtiger waren als dem traditionell zur Diskretion neigenden Adel. Die vermögenden Bürger erschufen sich in diesen Jahrzehnten ihre eigene »Upstairs, Downstairs«-Welt, und sie hatten dabei die Demographie auf ihrer Seite. In mehr als ausreichender Zahl standen ihnen junge, ungelernte Männer und Frauen, oft Armutsmigranten, zur Verfügung, die mangels Alternative willens waren, lange Arbeitszeiten, schlechte Löhne, niedrige Dienste und das Leben im Herrenhaus auf sich zu nehmen.

Wie das alte herrschaftliche Weltbild sogar noch den Ersten Weltkrieg und den mit ihm verbundenen Umsturz der alten Welt überdauert hat, verändert zwar und dennoch ungebrochen, macht ein Blick in den Haushalt von Virginia Woolf deutlich. Mit der größten Selbstverständlichkeit hat sich Virginia Woolf, Tochter aus höherem Haus, Feministin, Freigeist und Sozialreformerin, im eigenen Heim bedienen lassen und über die komplexen Beziehungen zu ihren Haushälterinnen ausführlich Buch geführt.[3] Mit feiner Unterscheidungsgabe hatte sie schon vor dem Krieg, im Jahre 1910, den Wandel des menschlichen Charakters am Übergang von der »viktorianischen« zur »georgianischen« Hausköchin wahrgenommen. Im neuen Typus erblickte sie eine Kreatur »des Sonnenscheins und der frischen Luft«, die nicht mehr *unter* der Herrschaft tätig war, sondern fast schon kooperativ neben ihr. »Alle menschlichen Beziehungen haben sich verschoben«, schreibt sie in ihrem berühmten Essay »Mr Bennett und Mrs Brown« von 1924, »die zwischen Herren und Bediensteten, zwischen Eheleuten, Eltern und Kindern.«[4] Nur an der Existenz einer Köchin im Haus änderte sich zunächst nichts. Nach dem Krieg bekam diese, auch aus Personalnot, zusätzliche Aufgaben. Aus dem »Cook« wurde ein »Cook General« und schließlich nur noch ein »General«, der neben dem Kochen auch fürs Putzen und Staubwischen, Bettenmachen und Einheizen, Aufräumen und Abwaschen verantwortlich war. Die Dienerinnen freilich trugen sich in den 20er Jahren mehr und mehr mit dem Gedanken an Abwanderung. Auch georgianische Köchinnen fanden den Hausjob allmählich nur noch viktorianisch-altmodisch. Hatte vor dem Krieg noch ein Drittel aller berufstätigen Frauen in Großbritannien in Haushalten gearbeitet, nahm die Zahl in den Zwischenkriegsjahren immer weiter ab. Für Woolf und andere Herrschaften brach die Zeit des chronischen »Dienerproblems« an, des Problems sowohl mit Dienern, die man hat, die aber gehen wollen, wie auch des Problems mit Dienern, die man nicht findet. Es beginnt um

1920 auch das Zeitalter der Hausfrau, einer im eigenen Heim selbst Hand anlegenden, von Elektrizität, Warmwasser und zunehmend auch von neuartigen Hausgeräten unterstützten und vor allem dienerlosen Managerin des eigenen Hausstands. Diener und Bediente finden sich mit einem Mal auf der Verliererstraße des Fortschritts wieder. Beide Seiten waren gut beraten, sich, gestärkt mit neuartigen hauswirtschaftlichen Kenntnissen, zu Herrinnen über den eigenen Haushalt aufzuschwingen.

Virginia Woolf hat diese Veränderungen genau registriert, sich bei ihrer praktischen Umsetzung aber schwer getan. 1929 aber, in dem Jahr, in dem sie die Arbeit an ihrem experimentellen Meisterwerk »The Waves« aufnimmt, ereignet sich eine häusliche Revolution in Monk's House, Woolfs Landsitz in East Essex. Virginia Woolf beginnt zu kochen. Es würde sie »für immer frei machen von Köchinnen«, schreibt sie begeistert ihrer Freundin Vita Sackville-West, »ich habe Kalbskoteletts gemacht und einen Kuchen gebacken. Ich sage Dir, das ist besser als diese idiotischen Bücher zu schreiben.«[5] »Unser Glück ist es, keine Köchin mehr zu haben«, schreibt sie aus Monk's House, wo sie den alten Feuerofen durch einen modernen, ölbeheizten Herd ersetzt hat. Das Kochen war für Woolf wie für viele ihrer Zeitgenossinnen nun identitär geworden, unverfügbarer Teil eines selbstbestimmten, aktiven Lebens, in dem der Genuss und das eigene Tun zusammengehören. Andere, weniger erfreuliche häusliche Aufgaben blieben freilich fest in der Hand von Bediensteten. Das Ringen um eine neue weibliche Selbstartikulation und das Festhalten am überlieferten Klassenstandpunkt schlossen sich für Woolf nicht aus. Über ihre Langzeithausangestellte Nellie Boxall hat sie mit scharfem, kaltem Blick geurteilt: »sie ist in einem Zustand reiner Natur; ohne Ausbildung; ohne Schulbildung, für mein Gefühl geradezu unglaublich bar jeden analytischen oder logischen Vermögens; so dass man einen menschlichen Geist sieht, der sich unverhüllt windet«[6].

In vielen Ländern geht die Zahl der häuslich Bediensteten schon ab 1900 sukzessive zurück. Der Rückgang beschleunigt sich dann rapide in den Kriegsjahren, wo Militär-, Arbeits- und andere kriegsnahe Dienste die weibliche Workforce in Beschlag nehmen. 1941 müssen sich im Vereinigten Königreich alle Mädchen ab 16 für den Kriegsdienst registrieren lassen; nur Haushalte, die im Besitz einer speziellen Lizenz sind, dürfen weiter Dienerinnen beschäftigen. Auch in Deutschland sinkt im Zuge der allgemeinen Mobilmachung die Zahl von weiblichen Hausangestellten weiter. Nach dem Krieg scheint das Zeitalter des Hauspersonals ein für alle Mal vorbei. Nach 1945 stellt bezahlte Hausarbeit für weite Teile der Bevölkerung keine erstrebenswerte und auch keine lebensnotwendige Option mehr dar. In Großbritannien etwa führt die Labour Party erstmals die Schulpflicht bis 15 Jahre sowie die freie Schulmilch für alle ein, sozialpolitische Maßnahmen, die das Ende der englischen Dienstmagd, wie man sie ein Jahrhundert gekannt hatte, einleiten. In den 50er Jahren verschwindet das Dienstmädchen nahezu vollständig aus dem britischen Mittelstandshaushalt. In anderen Ländern, etwa in Deutschland, war die Zahl der Bediensteten schon seit den 20er Jahren deutlich zurückgegangen. Zwar steigt in der Folge langsam die Zahl der stundenweise beschäftigten Putzfrauen und Haushaltshilfen, aber es wird zunehmend schwierig, für solche Arbeiten Inländerinnen zu finden. Wer schon zum Broterwerb putzen gehen muss, geht lieber in die Gebäudereinigung als in einen Privathaushalt.

Zwischen dem Ende der Ausbeutung von Dienstmädchen und dem Beginn einer neuen Ausbeutung (post-)kolonialer Arbeitskraft liegt eine vergleichsweise glückliche, aber kurze Phase einer internationalen Sozialdemokratisierung. Die westlichen Länder treten ein in eine Epoche, die man in Frankreich »Les Trentes Glorieuses« nennt, die »glorreichen« 30 Jahre zwischen 1945 und 1975. Es sind Wirtschaftswunderjahre, nicht nur in Deutschland, sondern auch in Frankreich, wo sich die Kaufkraft der Reallöhne und der private Konsum zwischen 1950 und 1974 nahezu verdoppelten. Die Wirtschaft wuchs in den westlichen Ländern in den 20 Jahren von 1950 bis 1970 durchschnittlich um vier Prozent, nachdem die Raten in Europa von 1913 bis 1950 beständig leicht gefallen waren. Nach 1970 verlangsamte sich das Wachstum auf die bis heute in der entwickelten Welt üblichen Zahlen zwischen ein und zwei Prozent. Von heute aus betrachtet, sehen die glorreichen 30 Jahre wie der Boden eines Trogtals aus. Auf die Belle Époque folgt, wie Thomas Piketty gezeigt hat, ein zu erhöhter Egalität neigender Zwischenakt, dessen Ende sich schon in den 70er Jahren des 20. Jahrhunderts ankündigt.[7] Der seitdem weltweit erneut ansteigende häusliche Personalbedarf ist ein verlässlicher Indikator der wieder zunehmenden sozialen und ökonomischen Ungleichheit. Die Aufgaben im Haus sind freilich ganz andere geworden als im goldenen Zeitalter, dank Rationalisierung und dem weit verbreiteten Wunsch, manche Dinge im Haus, wie Virginia Woolf, selbst zu machen. Die wenigsten wollen, selbst wenn sie das Geld dazu haben, das alte Herrenhaus mit Vollbedienung wiederherstellen.

In den glorreichen 30 Jahren von 1945 bis 1975 vollzieht sich der Übergang vom Dienst in seiner traditionellen Gestalt zum Dienstleister, anders zum »Service«, ein Wort, das in

Deutschland zuvor kaum geläufig war. Der französische Soziologe Jean Fourastié feiert 1949 die aufkommende Dienstleistungsgesellschaft, den sogenannten »tertiären Sektor«, als die »Große Hoffnung des 20. Jahrhunderts«. Nach seiner Auffassung werden durch die Produktivitätssteigerung in Landwirtschaft und Industrie immer weniger Arbeitskräfte benötigt. Während dort die Nachfrage gesättigt werden könne, bleibe sie im dritten Sektor tendenziell unbegrenzt. Steigender Wohlstand und das Wachstum von immaterieller, geistiger Arbeit verlangten nach weiteren, produktionsnahen Dienstleistungen. Tatsächlich sind der primäre und der sekundäre Sektor in manchen Ländern noch stärker zurückgegangen als von Fourastié angenommen. Das Statistische Bundesamt gibt den Anteil des tertiären Sektors für 2014 mit 73,9 Prozent an.[8] Fourastié stellt sich freilich kein neofeudalistisches zweites Goldalter vor, sondern weitaus optimistischer »eine Gesellschaft der Vollbeschäftigung mit differenzierten Berufsstrukturen und entfalteten humanen Bedürfnissen«[9]. Der Hunger nach tertiären Leistungen werde auch dann nicht gestillt, wenn immer mehr Menschen in den Dienstleistungssektor abwanderten, und zwar deshalb, weil Dienstleistungen weitgehend resistent gegen technischen Fortschritt seien und deshalb die Produktivität, anders als in Landwirtschaft und Industrie, nur minimal gesteigert werden könne. Die große Hoffnung des 20. Jahrhunderts, die Hoffnung auf eine Dienstleistungsrevolution mit zunehmend hochwertigen, gut bezahlten und rationalisierungssicheren Jobs, hat sich bis jetzt nicht erfüllt. Gerade der Dienstleistungssektor hat rapide Rationalisierungsfortschritte erlebt – man denke nur an automatisierte Kassen und Flaschencontainer in Supermärkten oder unbemannte Check-ins in Hotels und Flughäfen. Aber die Automatisierung hat ihren eigenen neuen Leichtlohnsektor erzeugt, vor allem im Bereich des Online-Handels. Keinesfalls hat sich im tertiären Sektor durchweg ein gestiegenes Qualifikationsniveau durchgesetzt. Einer kleinen Anzahl hochspezialisierter »Wissensarbeiter« steht eine große Zahl von Menschen mit einfachen Aufgaben gegenüber, deren Arbeit nur deshalb noch existiert, weil sie billig geblieben ist und also die Automatisierung sich (noch) nicht lohnt, beziehungsweise weil auch die Automatisierung nach helfenden Händen verlangt. Eine Verteuerung, also eine angemessene Vergütung einfacher bezahlter Hausarbeit und ähnlicher Dienstleistungsfunktionen würde unvermeidlich ihre Abschaffung durch Rationalisierung nach sich ziehen. Fourastié schwebte, ganz im Geiste der »Trentes Glorieuses«, eine allgemeine Einkommensanpassung nach oben vor. Eine von der Produktion emanzipierte Menschheit würde sich mehrheitlich der gut bezahlten Dienstleistungs- und Geistesarbeit widmen können. Tatsächlich hat sich aber die Gesellschaft auf eine Weise neu segregiert, die Fourastié und seinen Zeitgenossen undenkbar erschienen sein muss. Sosehr sich die Prognose von der aufkommenden Dienstleistungsgesellschaft erfüllt hat, so wenig hat sie sich als Hoffnung der Menschheit bestätigt. »Der Weg in die Dienstleistungsgesellschaft«, so Walter Siebel, »ist der Weg in eine Gesellschaft, in der prinzipiell jeder durch Erwerbsarbeit Einkommen erzielen kann, um sich auf dem Markt oder im Bereich der sozialen Infrastruktur mit Gütern und Dienstleistungen zu versorgen. Ein Single in New York benötigt keinen Haushalt mehr. Er kann sich rund um die Uhr zur Befriedigung jedes denkbaren Bedürfnisses die notwendigen Güter und Dienstleistungen kaufen.«[10] Niemand muss mehr arbeitslos sein, und niemand muss abhängig beschäftigt sein oder gar in der Abhängigkeit eines Hausherrn leben. Jeder darf nun Unternehmer sein, wenn vielleicht auch prekär, Dienstleister, Service- und Lieferperson – und sicher bedienen gar nicht notwendig die »Armen« die »Reichen«. Wir bedienen uns im Rahmen unserer Zahlungsfähigkeit alle gegenseitig, verschaffen uns auf die eine oder andere Weise Erleichterung und Komfort, sei er nun technisch oder affektiv. Die Klassengesellschaft ganz neuen Stils wird unser aller klassenübergreifendes Verlangen nach »convenience« befriedigen. »In den letzten Jahrzehnten des 20. Jahrhunderts«, schreibt Alison Wolf, »beginnen, trotz oder wegen ›Feminismus‹, berufstätige, doppelverdienende Ehepaare vom Typ ›cash rich, time poor‹ damit, Frauen im Haushalt zu beschäftigen und andere Arten von Hilfe einzukaufen wie Kinderbetreuung, Lieferung von Essen, Wäsche oder Hundesitting.«[11] »Trotz oder wegen Feminismus«: Dass sich *women's lib* und die Ausbeutung subalterner weiblicher Arbeitskraft nicht notwendig ausschließen, war am Beispiel Virginia Woolfs zu sehen.

Was vor 100 Jahren das proletarische weiße Dienstpersonal in einem aristokratischen oder zunehmend gutbürgerlichen (Herren-)Haus war, und was für einige Jahrzehnte danach fast verschwunden schien, kehrt seit den 90er Jahren des letzten Jahrhunderts in neuer Gestalt, in Gestalt der dienstleistenden Migrantin, wieder. Wo immer im Einzelnen die Gründe für die weltweite Wiederkehr der Hausarbeiterin liegen, sie deutet auf eine neue Quelle der Ungleichheit und Asymmetrie in einer Gesellschaft, die ansonsten immerfort »Hierarchien abbauen« und gesellschaftliche Teilhabe befördern will – um hier von den Gesellschaften zu schweigen, in denen hierarchische, autoritäre Prinzipien ohnehin nicht in Frage gestellt werden.

Weltweit gibt es derzeit neue Untersuchungen zur Lage der Hausarbeit. Allen voran die Internationale Arbeitsorganisation (ILO) hat sich des Themas angenommen und 2013 einen großen Report über *Domestic Workers Across the World* vorgelegt.[12] Wer über Hausarbeit forscht und Zahlen ermitteln möchte, tappe weitgehend im Dunkeln, räumt der Bericht einleitend ein. Hausarbeiter arbeiten hinter den verschlossenen Türen von Privathaushalten und *wollen* oft gar nicht aus solchen Grau- und Dunkelzonen ins Licht treten, weil ihr Status oft unklar ist. Der ILO-Report geht von weltweit etwa 53 Millionen Vollzeit-*inhouse*-Beschäftigten aus, einer Zahl, die in den letzten Jahren signifikant gestiegen ist und die möglicherweise noch dramatisch höher liegt. Die Dunkelziffer einer Statistik, die eine ohnehin schon immer verdunkelte Erwerbstätigkeit zu fassen versucht, muss beträchtlich sein. »Wenigstens« 53 Millionen, dies kann nur ein Annäherungswert sein, wenn, wie der Bericht erwähnt, die Zahl der Hausarbeiter in Indien zwischen zwei (der offizielle Wert) und geschätzten 90 Millionen liegt. 53 Millionen klingt auf Anhieb nicht nach viel, aber der Report zeigt, dass schon diese eher niedrig angesetzte Zahl einen bedeutenden, wenn auch regional sehr unterschiedlichen Anteil an der globalen Lohnarbeit ausmacht. Ein Grundzug der bezahlten Hausarbeit seien »Marginalisierung und Exklusion«:

»Zum Beispiel kennen mehr als die Hälfte aller Hausarbeiter/innen keine vertragliche Begrenzung ihrer Wochenarbeitszeit, mehr als 40 Prozent haben keinen Anspruch auf einen Mindestlohn, und mehr als ein Drittel haben kein Recht auf Mutterschutz. Aus der Perspektive von Menschenrechten und Gleichbehandlung der Geschlechter ist dies nicht akzeptabel.«[13]

Auf politischer Ebene haben die letzten Jahre Fortschritte gebracht, namentlich die »Domestic Workers Convention« von 2011 (auch »Übereinkommen 189« genannt) mit den sie begleitenden Empfehlungen. Eine Reihe von Staaten – von den Philippinen bis Südafrika – haben diese Konvention inzwischen ratifiziert, viele andere haben es noch nicht getan. Weltweit ist die Zahl der »Domestic Workers« seit der Mitte der 90er Jahre um 19 Millionen – auf 52,6 Millionen – gestiegen. Damit sei Hausarbeit für immerhin 7,5 Prozent der weiblichen Lohnarbeit auf der Welt verantwortlich, und in einigen Regionen für eine weitaus größere Zahl. Die Nachfrage nicht nur der westlichen Welt nach ungelernten, anspruchslosen, flexiblen, aber zuverlässigen und willigen Arbeitskräften aus dem globalen Süden (und derzeit noch aus dem Osten) scheint keine Grenzen zu kennen. Hausarbeit, wie sie die ILO meint, bedeutet: angestellt *für* einen und *in* einem privaten Haushalt. So definiert es auch die »Domestic Workers Convention« von 2011. Sie zählt ausdrücklich Personen *nicht* mit, die »Hausarbeit nur gelegentlich oder sporadisch verrichten und nicht in einem Beschäftigungsverhältnis« stehen.[14] Damit sind unser aller Reinigungskräfte, Lieferanten und Teilzeitkindermädchen schon einmal statistisch aus dem Spiel. Häusliche Arbeiter in diesem Sinne sind eine Teilmenge der viel größeren Gruppe von vor allem Frauen, die auf die eine oder andere Weise mit der Pflege von Haushalten und im Haushalt lebender Personen befasst sind, etwa in Heimen, wohin einstmals häusliche Funktionen ausgelagert werden. Nicht um gelegentliche oder geringfügige Beschäftigung geht es hier, sondern um eine Branche oder Industrie, die sich in einer Vielzahl von Funktionen – »Dienstmädchen, Köche, Kellner, Diener, Butler, Wäscherinnen, Gärtner, Wächter, Stallburschen, Fahrer, Hausmeister, Gouvernanten, Babysitter, Tutorin, Sekretärin«[15] –

ausdifferenziert. Die Datenerhebung ist komplex, sie fußt auf nationalen Statistiken, die mangelhaft sind und dennoch einige interessante Aufschlüsse geben, etwa über Deutschland, wo, wie der Bericht sagt, Hausarbeit häufig Teil der »Schattenwirtschaft« sei. Hier gab der Mikrozensus von 2009 eine Zahl von 203 000 in Haushalten beschäftigten Personen an, während das Statistische Bundesamt 2011 von 712 000 Personen ausging. Man darf somit von fast jeder statistischen Angabe in diesem Feld vermuten, dass sie das wahre Ausmaß der Beschäftigten unterschätzt.

Dabei sind schon die offiziellen Zahlen beeindruckend. Jede dreizehnte Lohnempfängerin auf der Welt ist eine Hausarbeiterin. In Lateinamerika und der Karibik ist es jede vierte, im Nahen Osten jede dritte. Das heißt nicht, dass jede dritte oder vierte Lohnabhängige in diesen Regionen ihren Lohn auch tatsächlich dort empfängt. Der ILO-Bericht spricht von bestimmten Migrationsmustern: »Beispielsweise wandern in Lateinamerika und der Karibik Arbeiter(innen) generell eher innerhalb der Region, meist von ärmeren in prosperierende Länder, ebenso wie in die USA und nach Europa (vor allem nach Spanien). In Asien gibt es ebenfalls eine bedeutende Migration innerhalb der Region, etwa von Indonesien, Laos und Kambodscha in reichere Länder wie Malaysia. Thailand beherbergt eine größere Zahl von Hausarbeiterinnen aus dem benachbarten Myanmar, die den Platz übernommen haben, der früher von internen Migranten aus den nördlichen Provinzen besetzt war.«[16]

Migrantische Arbeitskräfte sind in der Regel bereit, schlechtere Arbeitsbedingungen hinzunehmen als inländische Beschäftigte. Schon früher war Hausarbeit der klassische Einstieg von Immigratinnen in die Erwerbswelt des Ankunftslandes –

das weibliche Hausarbeitskräftepotential in den Vereinigten Staaten bestand um 1900 vornehmlich aus Irinnen, Deutschen und Schwedinnen.[17] Heute kommen mehr als drei Viertel aller weltweit in Haushalten Beschäftigten aus lediglich zwei Regionen: Asien/Pazifik und Lateinamerika/Karibik. Für weitere zehn Prozent sorgt Afrika; Osteuropäerinnen, noch stark präsent auf dem deutschen Markt, spielen im globalen Vergleich schon jetzt fast keine Rolle mehr. So scheint es zumindest, aber die Optik kann trügerisch sein. Osteuropa, Russland und Zentralasien liefern nur ein Prozent der Hausarbeiterinnen weltweit, aber welche Statistik erfasst schon zuverlässig die – aus demographischen Gründen bald abgeschlossene – Wanderung von Frauen aus diesen Regionen in Richtung Westen (und oft auch zurück) seit 1989? In den seither vergangenen drei Jahrzehnten ist die Zahl der häuslich Beschäftigten markant gestiegen, vor allem, so der Bericht, in Lateinamerika und der Karibik, und dies nicht primär wegen des US-amerikanischen Hungers nach Personal, sondern wegen der neuen Mittelschichten in Brasilien und Mexiko. Neben der Süd-Nord-Wanderung hat die Süd-Süd-Wanderung das Wachstum dieses Sektors in den letzten Jahrzehnten vorangetrieben. So sind viele Arbeitsplätze entstanden, oder besser: Viele Arbeitsplätze, die in weiten Teilen der Welt neu entstanden sind, sind weibliche Billigarbeitsplätze ohne oder mit unzureichendem gesetzlichen Schutz. Wenn man heute von den sogenannten »Working Poor« spricht, also den hart arbeitenden Bevölkerungsgruppen, die dennoch die Armutsgrenze kaum überschreiten, dann ist der Anteil der Hausarbeiterinnen und Hausarbeiter an ihnen beträchtlich. Deutlicher noch als in der nördlichen Hemisphäre zerfällt die Gesellschaft in zwei Gruppen: in solche, die sich bezahlte Hausarbeit leisten können, und solche, die diese Arbeit verrichten. In Mexiko etwa hat sich die Zahl von Hausarbeiterinnen (90 Prozent der »Domestic Workers« sind weiblich) von 1990 bis 2008 fast verdoppelt. Dabei »importiert« die neue mexikanische Mittelschicht ihre Arbeitskräfte nicht, sondern rekrutiert sie im Wesentlichen aus der indigenen Bevölkerung im und auf dem Land, die bisher vor allem in der Landwirtschaft tätig war. Hier wiederholt sich ein altes Muster: Junge Mädchen aus armen ruralen Familien entfliehen der Fron der Landarbeit durch den Eintritt in ein städtisches Haus. Aus anderen Perspektiven mag die lohnabhängige Hausarbeit unattraktiv, wenn nicht miserabel aussehen, für eine junge Frau aus einer vielköpfigen Familie in Guatemala mag sie der erste Schritt in eine Art Freiheit sein.

Man darf, um nochmals daran zu erinnern, über den hausarbeitenden Frauen nicht die Männer vergessen. Im Nahen und Mittleren Osten stellen sie immerhin ein Drittel aller Beschäftigten. In den Emiraten oder in Kuwait, vor allem aber in Saudi-Arabien werden Gärtner und Fahrer in großer Zahl benötigt, da Frauen bekanntlich meist nicht Auto fahren dürfen. Trotzdem ist jede dritte Lohnempfängerin in diesem Teil der Welt eine Hausarbeiterin. Das lässt sich mit insgesamt geringer weiblicher Erwerbstätigkeit erklären und mit der Fortdauer feudaler Verhältnisse. Die Steigerung der letzten Jahrzehnte lässt sich aber nur mit der größeren Teilhabe neuer Mittelschichten an Lebensformen erklären, die bestimmte Erwartungen der Oberklasse im Blick aufs Bedientwerden im kleineren Maßstab imitieren. In der »entwickelten Welt« hingegen, so der ILO-Bericht, hat seit 1990 kein nennenswerter Zuwachs an Hauspersonal stattgefunden, jedenfalls nicht in Bezug auf das Hauspersonal im Sinne der ILO-Definition. Wer wollte dem widersprechen? Wir und unseresgleichen haben ja weder einen Fahrer oder Gärtner auf der Gehaltsliste noch Köchin und Kindermädchen. Nur ein Prozent der gesamten Lohnarbeit entfällt in den (etwa 25) »hochentwickelten« Ländern auf Hausarbeit, wobei in Europa Spanien, Frankreich und Italien den höchsten Anteil haben. Vor allem Spanien sticht heraus. Hier hat sich seit 1995 die Zahl der Hausarbeiterinnen verdoppelt, ein Ergebnis sowohl des wirtschaftlichen Aufschwungs, der Verfügbarkeit von billiger, aber kulturell verwandter Arbeitskraft aus Lateinamerika und zudem von feudalistischen Residuen, an die das neue Bürgertum problemlos anschloss.

Über Deutschland macht sich der ILO-Bericht seine eigenen Gedanken. Was erklärt den Graben zwischen den offiziellen Zahlen im Mikrozensus und den späteren Angaben des Statistischen Bundesamts? Einmal liegt der Prozentsatz der bezahlten Hausarbeit am Lohnganzen bei 0,5, das andere Mal bei 1,8 Prozent.[18] Wenn die eine offizielle Zahl so markant niedriger liegt als die andere, dann deutet das auf einen hohen Anteil von Schwarzarbeit hin. Es gibt auch Länder, in denen die Zahl der Hausarbeiterinnen in den letzten Jahrzehnten gesunken ist, etwa das Vereinigte Königreich, einstmals die Bastion des »Domestic Service«. Während diese traditionelle Form des großen, dienerbewehrten Haushalts nahezu verschwunden ist (abgesehen von Popstars), hat der neue Typ bezahlter *inhouse*-Beschäftigung dort (abgesehen von Au-Pairs) so wenig Fuß gefasst wie etwa in Skandinavien, dem Teil der Welt mit der geringsten Zahl von Hausangestellten. Verträgt sich die protestantische Ethik nur schlecht mit der Anwesenheit von Dienstpersonal im eigenen bürgerlichen Haus? Vielleicht bringt sie uns eher dazu, das Angewiesensein auf fremde Hilfe durch selbstgestrickte Beschäftigungsverhältnisse zu verschleiern, in denen wir unsere Diener einfach als Freunde ausgeben. Auch für die USA weist der Report eine niedrige Quote auf (0,5 Prozent). Natürlich, wer hat schon ein Mädchen im Haus, wenn man es stundenweise und situationsbezogen online buchen kann, neuartige Arbeitsverhältnisse, von denen die ILO noch nicht genug weiß. In den USA ist die Zahl der Hausarbeiter zuletzt sogar zurückgegangen, Effekt der Finanzkrise von 2008, die auch einige Köchinnen und Gärtner den Job gekostet hat. »Rising employment in a vulnerable sector«, fasst die ILO ihre Übersicht zusammen.[19] Man könnte das bei entsprechender Optik auch für eine Erfolgsgeschichte halten. Hier sind aufgrund steigenden Wohlstands gerade in den Schwellenländern sei 1995 viele neue Jobs entstanden, Jobs im Schatten zwar, die traditionell »verletzlich« sind, weil sie geringer staatlicher Kontrolle und Regulierung unterliegen, aber dennoch Jobs, die vor allem jungen Frauen Wege in die Beschäftigung eröffnen. Und schließlich immer noch Jobs, die trotz allem »Scheißjobs« bleiben und die in vielen Ländern eine Gesellschaftsordnung zementieren helfen, die vom Dualismus aus Dienern und Bedienten geprägt ist. Die rechtliche und legale Emanzipation der Hausarbeiterinnen kann nur ein notwendiger erster Schritt sein, dem weitere folgen müssen.

Die »Domestic Workers Convention« setzt sich dafür ein, dass Hausarbeiterinnen in nationalen Gesetzgebungen mit Rechten ausgestattet werden, die denen anderer Dienstleistungsberufe nahekommen. Das ist leichter oder vielfach überhaupt nur dann möglich, wenn es sich bei den Hausarbeiterinnen um legale oder legalisierte Inländerinnen handelt. Artikel 10 ruft nach geregelten Arbeitszeiten, bezahlten Überstunden und Jahresurlaub, ebenso nach einer Arbeitspause von mindestens 24 Stunden am Stück pro Woche. Auch die Zeit, in der Hausarbeiterinnen auf Abruf für ihre Arbeitgeber bereitstehen, soll als Arbeitszeit gewertet werden. Die letztverfügbare Statistik (von 2008) über durchschnittliche Wochenstunden von Hausarbeiterinnen zeigt Malaysia mit 65,9 Stunden an der Spitze, gefolgt von Saudi-Arabien, Tansania, Katar und Thailand. Die Ausbeutung von »Domestic Workers« ist nirgendwo dramatischer als in den semi-feudalen Staaten der südlichen Hemisphäre. Die Wanderung von Hausarbeiterinnen in den »Norden« und in Schwellenländer ist auch geleitet von dem Wunsch nach kürzeren Arbeitszeiten bei besserer Bezahlung – die durchschnittliche Arbeitszeit pro Woche liegt schon in Mexiko nur noch bei 34,9, in Italien bei 26,4 und in der Schweiz bei 18,3 Stunden.[20] Gesetzlich verankerte Reformen wie etwa der 30-tägige Jahresurlaub für Hausarbeiterinnen in Spanien oder der eigens verlängerte Urlaub für diese Dienstleisterinnen in Costa Rica können freilich nur greifen, wenn es sich um legal im Land befindliche, sozialversicherungspflichtig Beschäftigte handelt – die Schattenarbeit, auf die sich Kunde/Arbeitgeber und Beschäftigte oft genug verständigen, bleibt von solchen Initiativen unberührt. Hausarbeiterinnen verdienen schlecht, keine Frage, wie schlecht aber verdienen sie gemessen am nationalen Durchschnittslohn? In Honduras verdienen Hausarbeiterinnen 63,8 Prozent des Durchschnittslohns, ähnlich ist es in Vietnam oder Peru, ein Hinweis darauf, dass in diesen Ländern der Durchschnittslohn niedrig ist (unterstellt, dass Hausarbeiterinnen unterdurchschnittlich bezahlt werden). Am anderen Ende der Skala findet man Länder wie Katar (22,6) oder Bahrain (21,2).[21] Hier sind die Durchschnittslöhne relativ hoch, aber die Hausarbeiterinnen bekommen von ihm nur ein Fünftel. In der Mitte der Skala findet man Länder wie Frankreich (40,1). Der Wert für Deutschland dürfte vergleichbar sein. »Domestic Workers« verdienen ca. 40 Prozent vom Durchschnittslohn aller abhängig Beschäftigten. Das wundert nicht, denn auf diese Berufsgruppe treffen meistens geballt alle üblicherweise lohnmindernden Faktoren zu: weiblich, ungelernt, »Migrationshintergrund«, allein verdienend, geringe Wahlmöglichkeiten. Der gesetzliche Mindestlohn führt aus der Misere nicht heraus, sondern vertieft sie eher noch, wenn er an geregelte Arbeitszeiten, Urlaube und andere Vorteile geknüpft ist. Als Geschäftsmodell kann bezahlte Hausarbeit, solange sie nicht angemessen bezahlt ist, nur funktionieren, wenn häuslich beschäftigte Männer und vor allem Frauen sich selbst ausbeuten, das heißt vor allem länger arbeiten als vom Gesetzgeber vorgesehen.

Mindestens 52,6 Millionen Menschen (davon etwa 20 Prozent Männer) arbeiten auf der Welt »Vollzeit« als Hausarbeiter, 19 Millionen mehr als 1995. Dass es nicht noch viel mehr sind, liegt allein daran, dass sie sich kaum zählen lassen. 7,4 Millionen Kinder unter 15 Jahren sind statistisch als Hausarbeiter erfasst. In manchen Regionen, namentlich in Lateinamerika und im Mittleren Osten, ist Hausarbeit die größte »Industrie« für Frauen. Noch immer und bis auf Weiteres ist dieser Sektor, wie der ILO-Report bilanziert, von schlechten Arbeitsbedingungen gekennzeichnet: »Sehr niedrige Löhne, exzessive Arbeitszeiten, das Fehlen von Ruhetagen, mentaler und sexueller Missbrauch sowie die Beschneidung von Freiheitsrechten.«[22] Nur zehn Prozent aller Hausangestellten werden von den nationalen Gesetzgebungen analog zu allen anderen Beschäftigten erfasst. Für 30 Prozent von ihnen existiert keinerlei gesetzlicher Schutz. Dazwischen erstreckt sich das weite Feld der Teilzeit-, Schatten- und »On & Off«-Arbeit. Ein Drittel aller Hausarbeiterinnen hat keinen Anspruch auf Mutterschutz. Fast noch einmal so viele Frauen haben vielleicht Anspruch, wissen aber nichts davon. Die Legalisierung der Hausarbeit, wie sie in manchen Ländern, etwa in Brasilien, in den letzten Jahren erfolgreich eingeleitet wurde, setzt die Bereitschaft der Arbeitgeber voraus, ihre privaten Haus- und Wohnungstüren nicht länger vor dem Gesetz zu verschließen. Sie erfordert andererseits Arbeitnehmerinnen, die einen legalen Status haben und ihre Rechte kennen und sie einfordern.

Der ILO-Bericht kann, bei allen Verdiensten, das wahre Ausmaß neofeudaler Ausbeutung in privaten Haushalten nicht abbilden. Er muss sich auf nationale Statistiken stützen, die ihrerseits keine gesicherten Zahlen nachweisen können und sich mit einer gewissen Bereitwilligkeit auf Daten stützen, die das Problem eher kleiner aussehen lassen, als es ist. In Deutschland gab es laut ILO 2013 mindestens 712 000 Hausarbeiterinnen. Angemeldet waren davon laut DGB etwa 250 000. Es soll jedoch vier Millionen Haushalte in Deutschland geben, die Hausangestellte beschäftigen, davon 2,6 Millionen regelmäßig (es gibt in Deutschland knapp 40 Millionen Haushalte).[23] »Das heißt, dass in Deutschland der weitaus größte Teil der zumeist weiblichen Hausangestellten irregulär beschäftigt ist. Das bedeutet für die Frauen sehr oft den Ausfall von Sozialleistungen und keine ausreichende Absicherung im Alter«, folgert der DGB-Vorsitzende Sommer. Zwar sind in Deutschland die gesetzlichen Minima, die das Übereinkommen 189 vorsieht, bereits erfüllt; unklar ist nur, wie groß die tatsächliche Reichweite dieser Vorschriften ist. Es sei »allgemein bekannt«, so der DGB-Bundesvorstand, »dass ein überwiegender Teil der Hausangestellten in Deutschland irregulär arbeitet, also ohne Steuern zu bezahlen und ohne Anmeldung zur Sozialversicherung. Schätzungen differieren zwischen 70 und 95 Prozent. Damit ist der Privathaushalt in Deutschland, wenn er Arbeitgeber ist, in der Realität ein rechtsfreier Raum.«[24] Es handle sich um »informelle Arrangements«, die oftmals als »nützlich für beide Seiten« angesehen würden. Ähnlich wie (früher) die Steuerhinterziehung ist die illegale Beschäftigung von Hausangestellten eines jener sogenannten Kavaliersdelikte, bei denen kaum Strafverfolgung droht und die Schädigung der anderen Seite so abstrakt bleibt, dass sich in der Regel kein schlechtes Gewissen und Schuldbewusstsein einstellt. Die Empfehlung 201 der ILO macht Vorschläge, wie die Situation von Hausangestellten verbessert werden könnte: »Einrichtung von Beratungsstellen – Informationen«, »Vollzug – Strafverfolgung«, »Besondere Schutzmaßnahmen für ›live-ins‹«, »Bessere Statistiken« und »Besserer Schutz für Hausangestellte in Diplomatenhaushalten«.[25] Aber wird das alles dazu führen, dass wir unsere polnische Putzfrau sozialversicherungspflichtig beschäftigen? Und will sie das überhaupt? Da in Deutschland »live-ins« die Ausnahme sind, die meisten Haushalte also Personal nur stundenweise beschäftigen, liegt der Gedanke einer Festanstellung für beide Vertragspartner eher fern. Durchschnittlich arbeitet, so der DGB, »eine Hausangestellte 4,7 Stunden wöchentlich in einem Haushalt«[26]. Die Arbeitszeit von Hausangestellten setzt sich in der Regel aus einer Mehrzahl solcher geringfügigen Arbeitsverhältnisse zusammen. In der Summe überschreiten sie regelmäßig die Limits der Internationalen Arbeitsorganisation. Die meisten Hausarbeiter ziehen es eben vor, selbständige Kleinunternehmerinnen zu sein und nicht etwa Hausangestellte. Sie arbeiten, zumindest saisonal oder bei entsprechender Auftragslage, auch einmal sieben Tage pro Woche, zahlen keine Steuern und Abgaben und gehen dafür das Risiko ein, bei Krankheit und im Alter schlecht versorgt zu sein. »Informelle Arbeit« ist ein Problem für die ILO und auch für den DGB und sicher auf lange Sicht auch für die Hausarbeiterinnen selbst. Bei kurzfristiger

Betrachtung überwiegen jedoch die Vorteile. Wer beim Putzen zehn oder zwölf Euro pro Stunde verdient und nicht versteuert, bewegt sich ein Stück oberhalb des gesetzlichen Mindestlohns, erst recht dann, wenn man das Lohnniveau in vielen Herkunftsländern zum Vergleich heranzieht. Der DGB würde gerne die Sozialversicherungspflicht »ab dem ersten Euro« einführen und verfolgt dazu schon seit längerem den Gedanken einer öffentlich geförderten Dienstleistungsagentur. Eine solche Agentur ermöglicht es »Haushalten, unterschiedliche Dienstleistungen in Anspruch zu nehmen und stundenweise abzurechnen. Die Interessenten schließen einen Vertrag mit der Dienstleistungsagentur, in welchem die Art und der Preis der zu erbringenden Leistung geregelt sind.«[27] Eine Agentur, die den Arbeitgeber von administrativem Aufwand entlastet, die gleichzeitig faire Löhne durchsetzt und den Beschäftigten gesetzliche Ansprüche eröffnet, wäre das nicht ein prima Alternative zu Online-Plattformen wie handy.com, bei denen am Ende nur der Plattformkapitalist selbst profitiert?

Für einen kurzen Moment träumen wir gerne von einer DGB-App, die unser Verlangen nach Bequemlichkeit endlich mit dem guten Gefühl vereinte, in unserem Haushalt legale und faire Beschäftigung anzubieten. Die unangenehme Arbeitgeberrolle hätten wir ausgelagert an die Agentur, nur hätte diese Bequemlichkeit auch wieder einen Preis. Die Kosten für Hausarbeit würden steigen, wenn die Löhne nicht sinken sollen (in welchem Fall sich unverzüglich eine neue Schattenzone unterhalb der Agenturdienstleistung auftun würde). Die Frage ist nun, ob es gelingen wird, beide Parteien vom Nutzen einer solchen Vergewerkschaftlichung der Hausarbeit zu überzeugen. Ein Schritt in diese Richtung wäre die energischere Kriminalisierung irregulärer Hausarbeit. Ein Land, in dem es gelingt, die Gebührenvermeidung bei Rundfunk und Fernsehen (»Schwarzseher«) unter Strafe zu stellen, könnte sich wirksamere Maßnahmen gegen Schwarzarbeit im Haushalt ausdenken. Stattdessen ist laut Angaben des DGB im Vergleich mit anderen EU-Staaten »der Anteil der nichtgemeldeten ›Schwarzarbeit‹ in Deutschland sehr hoch«[28].

Das liegt auch daran, dass man sich in Deutschland ungern zur Beschäftigung von Hausarbeiterinnen und -arbeitern bekennt. Nicht nur, weil sie so oft schwarz beschäftigt werden, sondern mehr noch, weil es mit dem Selbstbild vieler Bundesbürger noch immer schwer zu vereinbaren ist, dass sie sich Hausarbeit abnehmen lassen, und zwar sowohl Hausarbeit vom Typ »Wartung« wie solche vom Typ »Pflege«. Haben das nicht unsere Mütter noch alles selbst gemacht, aber natürlich waren die meisten von ihnen noch Hausfrauen. Schwarzarbeit hilft Kosten sparen, sie hilft aber auch bei der Verdrängung eines tief sitzenden Komplexes. Wenn der DGB nun auf ein *coming-out* der häuslichen Arbeitgeber hinauswill und zugleich auf eine Emanzipation der Dienstleisterinnen, ja sogar auf eine »Aufwertung von haushaltsnahen Dienstleistungen« und eine Image-Änderung des Berufszweiges, dann ist das nur zu begrüßen. Zuvor müssen freilich auch die Dienstleisterinnen überzeugt werden. Stellen wir uns eine Frau aus Bosnien vor, die in ihrem Heimatland als Lehrerin beschäftigt war und die kriegsbedingt nach Deutschland kam und nun hier putzt, teils in Privathaushalten, teils in Schulen und Großküchen. Offiziell ist sie arbeitslos, gelegentlich nimmt sie an Weiterbildungskursen der Arbeitsagentur teil, ohne wirklich eine Vollbeschäftigung in einem neuen Beruf anzustreben. Ihre Sprachkenntnisse sind auch nach vielen Jahren noch nicht gut genug, um etwa in einem deutschen Büro sprachlich zu bestehen. Diese Frau putzt nach ihrem eigenen Stundenplan, mal zwei

Monate hindurch fast ohne Freizeit bei ihren diversen Arbeitgebern, dann fährt sie aber auch für zwei Monate heim nach Bosnien, wo sie ihre Familie und ihr Privatleben hat, und pflegt ihre alten Eltern. Sie ist eine irreguläre, »scheinselbständige« Unternehmerin neuen Stils, von der fraglich ist, ob sie in einer Agentur das Image eines Berufszweiges, in dem sie sich ohnehin nicht wiedererkennt, aufwerten helfen will. Für solche typischen migrantischen Erwerbsbiographien, deren Kennzeichen nicht Ein- und Auswanderung, sondern das dauerhafte Pendeln, die »Zirkulation« zwischen zwei oder mehr Ländern ist, stellt die Agentur keine besonders attraktive Alternative dar. Gleiches gilt für einen anderen Kreis von häuslichen Dienstleisterinnen, der schon über eine Agentur im Lande ist. Polnische Altenpflegerinnen werden in der Regel über deutsche oder polnische Agenturen vermittelt und bekommen dann »in der Regel einen monatlichen Nettolohn in Höhe von ca. 800 Euro bei Vollzeitbeschäftigung, oft ohne Einhaltung von Ruhezeiten und Pausen«[29]. Zwar hat die Zentrale Arbeitsvermittlung (ZAV) eine Regelung für »Hausangestellte in Haushalten mit pflegebedürftigen Angehörigen« eingeführt, die einen Rahmen für die Migration der Pflegekräfte nach Deutschland vorgibt. Das Lohnniveau bleibe aber extrem niedrig, wird eine Sprecherin des DGB-Kooperationsprojekts »Faire Mobilität« zitiert, »da die angestellten Pflegekräfte als unqualifizierte Arbeitnehmerinnen eingestellt werden«[30]. Noch gibt es demnach Polinnen, die einen Pflegejob in Deutschland für 800 Euro netto pro Monat attraktiv finden. Für Haushalte in Deutschland mit Pflegebedarf sind solche Angestellte ein Schnäppchen; zudem handelt es sich nicht einmal um Schwarzarbeit. Seit dem 1. Januar 2015 gilt allerdings auch hier der gesetzliche Mindestlohn, der das Lohndumping erschwert. Eine Revolution müsste passieren, um die weiblich-migrantische Billigarbeit am und im Haushalt endlich vom Geruch der Minderwertigkeit zu befreien; das wird nicht funktionieren, solange billige Arbeitskraft reichlich zur Verfügung steht und der Markt über den Preis entscheidet.

Die Professionalisierung und Legalisierung der bezahlten Hausarbeit kommt an ihre Grenzen, wenn sich nicht die Beschäftigten selbst in Interessenverbänden zusammentun und kollektiv für ihre Rechte streiten. Das Interesse der Hausarbeiterinnen in Deutschland (anders als etwa in den USA) scheint aber zu sein, genau dies nicht zu tun. Viele haben sich eingerichtet in der Prekarität und scheinen kaum gewillt, die eigene und noch weniger die Situation ihres Berufsstandes zu verändern. Emanzipation und sozialer Aufstieg finden in dieser neuen Generation von häuslichen Arbeitskräften kaum noch statt. Woran liegt es? Bestimmt auch an Versäumnissen in der Integrationspolitik der Aufnahmeländer, in erster Linie aber wohl an der Migration selbst. Migration, die einmal ein Movens der Ambition und des Aufstiegs war, erweist sich im Blick auf Hausarbeiterinnen eher als das Gegenteil, als ein großer Disqualifikator und Disruptor. Das gilt in besonderem Maße für die kriegs- und armutsbedingte Abwanderung aus Ländern Osteuropas (was die gegenwärtige Einwanderungswelle aus Teilen der arabischen Welt für haushaltsnahe Lohnarbeit in Deutschland bedeuten wird, bleibt abzuwarten). Frauen, die aus Polen, Bosnien, Serbien oder Rumänien nach Deutschland kommen, haben oft den besten Teil ihres Berufslebens schon hinter sich. Sie haben in ihren Herkunftsländern Qualifikationen erworben, die sie hier nicht mehr anwenden können. Solche Frauen verkaufen sich dank ihres Einwanderungs- und Disqualifikations-Handicaps regelmäßig unter Wert und werden kaum einmal ihren Qualifikationen gemäß in den

Arbeitsmarkt eingegliedert. Es fehlen wohl auch die ökonomischen Anreize – man lebt nicht ganz schlecht vom Erlös des haushaltsnahen (Schatten-)Unternehmertums. Insgesamt scheint die vertikale Mobilität, die früher einmal dafür sorgte, dass Menschen sich aus niedrigen Jobs in Sphären höherer Anerkennung und Vergütung hocharbeiteten, erlahmt oder ganz zum Erliegen gekommen zu sein. Die neuen Servicekräfte sind allem Anschein nach gekommen, um zu bleiben – was sie sind.

Journal einer Kammerzofe. Die neue Lust an asymmetrischen Verhältnissen

Wer eigentlich schreibt den Roman unserer Pflegekräfte, das Epos unserer Haushälterinnen und Lieferkuriere? Die Dienstleister sind allgegenwärtig, nur erkennt man sie nicht mehr, wie einst, an ihrer Uniform. Das mag erklären, warum wir im Film oder im Roman nicht so oft den Servicemenschen von heute begegnen, sondern eher einer Sozialfigur von gestern, die aber mit den neuen Dienstleistern kaum etwas gemein hat.

Die Künste haben sich immer schon für Dienerinnen und Diener als Sozialfiguren, Typen und Charaktere interessiert. Manche Gattungen, etwa der Schwank oder die Komödie, leben überhaupt nur davon, dass dort gesellschaftliche Spannungen zwischen Dienern und Bedienten ausgetragen werden. Das gilt namentlich für die italienische »Commedia dell'arte«, in der Diener (*zanni*) neben Alten (*vecchi*) und (jungen) Verliebten (*innamorati*) zur Standardausstattung gehören. Von den Dienern weiß die Herrschaft, dass sie Dinge wissen, die sie nicht wissen sollten, die sie aber schwer nicht wissen können. Als Realisten und Experten der häuslichen Welt sind die Diener gefeit gegen die eitlen Illusionen, denen ihre Gebieter erliegen. Die »Zanni«, auch sie schon meist Wanderarbeiter vom Land, sind schlau und gerissen. Sie verkörpern im Domestiken zugleich den Typus des Harlekins oder Spaßmachers (und damit eines Organs der unverschämten Wahrheit). Man kann, von Maria Magdalena über Goldonis »Diener zweier Herren« bis hin zu »Mary Poppins« und darüber hinaus keine Geschichte der literarischen Figuren schreiben, ohne an prominenter Stelle die Dienerin und den Diener zu erwähnen. Wie aber steht es mit der kulturellen Repräsentanz der neuen Dienstleisterinnen, der »großen Hoffnung des 20. (und auch noch des 21.) Jahrhunderts«?

Heute schafft es die häusliche Servicekraft nur in Ausnahmefällen in einen Film oder in einen Roman. Sie ist zwar allgegenwärtig in unseren Haushalten, als Rolle und Charakter aber aus unserer Imagination weitgehend verschwunden. Junge Kindermädchen, aber nur sie, machen eine Ausnahme, die Altenpflegerinnen und Putzkräfte aber, und ebenso ihre männlichen Pendants, sind selten je Sozialfiguren in demselben plastischen Sinn wie ehedem der Butler oder die Kammerzofe. Diese Nichtbeachtung muss damit zu tun haben, dass man diese Arbeitskräfte so schlecht sieht, ja dass man sie vielleicht gar nicht sieht. Sie haben, wenn man so will, ein Gestaltproblem. Zwar arbeiten sie in unserem Haushalt, aber selten in unserer Anwesenheit. Sie wohnen nicht bei uns, und selbst wenn sie es täten, sähen wir sie kaum, weil wir ja selbst kaum da sind. Die alte Hausgemeinschaft, mit ihren komischen, brutalen oder sentimentalen Begleitumständen, hat sich weithin aufgelöst, und mit ihr die Erfahrung einer geteilten sozialen Welt. Schwer kann man sich einen Roman über jemanden vorstellen, der sich um unsere Kinder kümmert, während wir im Büro oder auf Dienstreise sind. Für einen dramatischen Stoff fehlen die Szenen des Zusammenlebens, der realen häuslichen Gemeinschaft und Interaktion. Der neuen Dienstleistungskultur fehlt die Sinnlichkeit, wenn die geleistete Arbeit für die Kundschaft so abstrakt bleibt wie ein Einkauf bei Amazon. Der Wunsch nach immer mehr Bequemlichkeit ist ja ohnehin geleitet davon, unnötige Kontaktflächen zwischen Diener und Bedienten abzuschaffen und die Interaktion nach Möglichkeit komplett auszublenden. Die Plattformen nehmen uns das Soziale dieser Geschäftsbeziehung tendenziell ab und streichen für diese Entlastung von lästigen persönlichen Transaktionen eine Prämie ein. Unsere Dienstleister sind zu Komplementärgeistern in unseren Haushalten geworden. Sind sie da, gehen wir, und umgekehrt. Im Feld der Dienstleistung ist eine Entsinnlichung und Abstraktion eingetreten, die verhindert, dass die beteiligten Personen Gestalt annehmen, sich austauschen, streiten oder lieben und auf diese Weise Kultur erzeugen. Es gibt den Alltag kaum noch, in dem sich unsere gemeinsame »comedy of manners« abspielen könnte. Allgegenwart ohne Alltag, Omnipräsenz ohne Präsenz: Der Haushalt hat sich in eine Art Basislager und Andockstation für Bedürfnisse verwandelt, ohne dass in ihm noch regelrecht gelebt würde, jedenfalls nicht am Tag. Entweder sind wir nicht da, oder wir nutzen das Zuhause als zweiten (oder auch ersten) Arbeitsplatz. So wird die Zukunft aussehen: wir, allein zu Haus, umgeben von Geräten, die wir über unser Smartphone steuern, anlassbezogen unterstützt von menschlichen Helfern und Boten. Komödientauglich sind solche solipsistischen Wohn- und Lebenswelten zwar auch, es fehlen nur die menschlichen Mitspieler.

Müsste eine avancierte realistische Literatur nicht solchen neuen Themen und Welten näher treten? Stattdessen ist ein Überfluss an neueren Kulturprodukten zu verzeichnen, in denen Diener, Butler, Mägde, Zofen und andere Domestiken von gestern prominent in Szene gesetzt werden. Es kommt nicht oft vor, dass man in einem in der neueren Zeit angesiedelten Buch eine Putzfrau von heute als Figur antrifft. In Martin Mosebachs Roman *Das Blutbuchenfest* (2014) ist das ausnahmsweise jedoch der Fall. Ivana, die bosnische Haushaltshilfe, ist hier die Scharnierfigur, die Protagonisten und Haushalte miteinander verbindet. Sie putzt bei allen, und sicher ist sie von einem Haus ans nächste weiterempfohlen worden – die Mundpropaganda ist bis heute die bewährte Methode der Rekrutierung von Hauspersonal. Mosebachs Roman spielt im Frankfurt der frühen 90er Jahre, es gibt hier noch kein Internet. Es werden aber öfter Handys benutzt, vor allem von Ivana, obwohl es, wie Kritikern aufstieß, Handys damals in Deutschland noch nicht gab.[31] Das führt zu einem leichten Taumel, was die zeitliche Verankerung des Geschehens angeht. Vielleicht hat Mosebach mit dichterischer Präzision den Umstand antizipiert, dass eine Putzfrau ohne Handy schlechterdings nicht mehr denkbar ist. In welcher Welt sind wir hier, in der Gegenwart oder in einer herrschaftlicheren Welt von gestern, in der sich aber schon ein paar Requisiten der kommenden Welt eingenistet haben? Am Anfang des Romans betritt Ivana am Morgen im schwarzen Jogginganzug die Wohnung von Frau Markies, einer Kundin, die eben zu einer Geschäftsreise aufgebrochen ist, und nimmt zunächst in aller Ruhe bei ihr ein Bad. »Wer herrschen will, muss anwesend sein.«[32] Gleich zu Beginn liefert Mosebach beiläufig eine Grundeinsicht in das Verhältnis von Diener und Bedienten. Frau Markies ist nicht anwesend, so wie wir alle meist nicht anwesend sind und schon deshalb nicht herrschen können. Deshalb die verbreitete Befürchtung, die Diener könnten es sich in unseren Räumen und auf unsere Kosten bequem machen, was wiederum den Gedanken an Überwachung und Kontrolle aufkommen lässt. Im Badezimmer betrachtet sich Ivana ausgiebig in den diversen Spiegeln und wird sich der Tatsache bewusst, dass sie schwanger ist. »In der Badewanne von Frau Markies, umgeben von der Luft eines sonnigen Luxus, eingehüllt in die Wärme und in den Lichtzauber der auf den kleinen Wellen tanzenden Flimmerpünktchen, war ihr bei dieser neuen Gewissheit schläfrig zumute wie nach größerem Blutverlust«,[33] so wird die Szene von einem Beobachter wiedergegeben, der offenkundiges Vergnügen an seiner Entdeckung artikuliert. Frau Markies mag außer Haus sein, aber Ivana ist nicht allein. Sie wird beobachtet, vom Erzähler, der erotisch nicht unempfindlich ist für den »weißhäutigen« Körper samt »kirschroten Warzen« und den »kleinen roten Händen«. Die Putzfrau im Badezimmer, die nicht etwa die Fliesen scheuert, sondern in Abwesenheit der Herrin sich erst einmal selbst pflegt, diese Überschreitung des ungeschriebenen Dienstvertrags wird noch einmal überschritten durch den Voyeurismus des Beobachters. Der Beobachter selbst gibt sich als Herr zu erkennen, als einer, dem die heimliche Szene im Bade Lust bereitet, und jemand, der einen geschulten Blick auf Dienerinnenkörper zu erkennen gibt. An welchen Stellen ist so ein Körper weiß und wo ist er rot, wo ist er weich und wo rauh? Natürlich ist Mosebachs Optik, jedenfalls aber die Optik, die er hier seinem Erzähler einzunehmen gestattet, nicht nur sexistisch, sondern auch »klassistisch«. Die in prekärer Funktion arbeitende Migrantin aus Südosteuropa wird hier zur Beute des privilegierten männlichen Blicks, so zumindest müsste die politisch korrekte Anklage gegen Mosebach lauten. Verschärft wird dieser Befund noch durch kennerhafte Sentenzen, die einem älteren Handbuch für den Umgang mit Dienstpersonal entstammen könnten: »Ein starker Herrschaftswille ruft bei den Beherrschten freilich auch die Neugier hervor, dessen Grenzen auszuerproben [sic!].«[34] Die Bedienten üben stille Rache an ihren Herrschaften, indem sie sich eine schöne Zeit in deren Badewanne machen. Man kann, so ist Mosebach wohl zu verstehen, die Bedienten so oder so nicht beherrschen, nicht bei Abwesenheit, aber genauso wenig durch Präsenz. Das ist freilich nicht als Empfehlung zu verstehen, die Bedienten nicht zu beherrschen, sondern eher als ein feudalistisch erfahrenes Achselzucken: So sind sie nun mal, unsere Diener, »cosi fan tutte«. Dass die Diener nicht zu beherrschen sind, muss die Herren nicht daran hindern, ihnen mit Herablassung zu begegnen. Ivana ist ein bisschen dumm, jedenfalls ungebildet, sie weiß nicht, was in den vielen Fläschchen ist, die Frau Markies auf ihrem Schminktisch versammelt hat, »und hielt ihren Inhalt für etwas Medizinisches«[35]. Sie ist auch nicht regelrecht schön, oder jedenfalls gibt es in ihrem Leben niemanden, der »sie genießerisch hätte betrachten können«, weshalb, so könnte man ergänzen, der Erzähler dies nun stellvertretend endlich tut. Ivana, die offenbar immer nur geputzt hat, die nicht weiß, was sie mit Liebe und dem »werbende(n) Lächeln ihres Gegenübers« anfangen soll, wird in Mosebachs Szene vom Erzähler endlich zur Erotik bekehrt. Über die Bande der abwesenden Herrin mit dem sprechenden Namen Markies (einer »echten Befehlshaberin«, wie es heißt) wird hier eine Begegnung imaginiert, die in die Schwangerschaft nicht erst führt, sondern mit ihr schon anfängt.

Darf man das, als Putzfrau das Bad der Chefin/Kundin zur eigenen Körperpflege nutzen? Und darf man das, als Erzähler die Putzfrau durchs Schlüsselloch beim Bad beobachten? Was würde Frau Markies zu dem Treiben sagen, das sich da, während sie auf Dienstreise ist, in ihrer Wohnung abspielt? Die ganze Szene, wie Mosebach sie hier entwirft, hat etwas Peinliches, etwas »Schlüpfriges«, das Unbehagen bereitet. Das betrifft sowohl Ivanas Verhalten wie das des Beobachters. Ivana verwandelt die Wohnung der Herrin in ihre eigene Intimsphäre – eine anarchistische Umkehrung der Verhältnisse, gegen die wir überhaupt nichts einzuwenden haben, solange sie nicht bei uns im Haus passiert. Der männliche Beobachter rückt die Herrschaftsverhältnisse wieder zurecht, indem er Ivana nicht etwa bestraft oder auffliegen lässt, sondern indem er sie und ihren sozusagen subalternen Körper ausgiebig betrachtet. Ivana ist nackt, der Herr am Schlüsselloch vermutlich angezogen. Zu den Rechten des Herrn gehörte es, seine Diener zu beobachten, wann und wo es ihm beliebte. Herrschaft, Lust und Kontrolle gingen ineinander über. Mosebach erinnert an das grundlegend Peinliche und Anstößige in *allen* Dienstverhältnissen. Hier wird wenigstens einmal beobachtet und nicht weggeschaut, wo es um zeitgenössische Dimensionen von Herr(in) und Knecht/Magd geht. Mehr noch, es wird teilnehmend beobachtet und die Herren-Position gleich mit entblößt und in ihrer Haltlosigkeit offenbart.

»Service ist sexy«, wie zuletzt wieder häufiger zu hören ist, die Frage ist nur, für wen.[36] Jedenfalls sind kulturelle Tendenzen festzustellen, die man »post-egalitär« nennen könnte. Die Rückkehr der Diener geht einher mit einer neuen Lust an und einem neuen Verlangen nach asymmetrischen Sozialbeziehungen. Während in der Arbeitswelt »flache Hierarchien« der neue Standard sind oder sein sollen, bricht sich das Begehren nach Hierarchie, Unter- und Überordnung, Beherrschung und Unterwerfung anderweitig Bahn. Flache Hierarchien sind wahrscheinlich nicht sexy, so wenig wie das Elterngeld oder »Gender Mainstreaming«. Die sozialdemokratischen Jahrzehnte haben bei vielen, wie es scheint, eine große Gleichheitsmüdigkeit ausgelöst. Neue Lebensexperimente finden ihr Ziel eher in asymmetrischen Beziehungen als in der weiteren Verschärfung des Gleichheitsgedankens. »Service ist sexy« impliziert dann auch, dass gesellschaftlich vorherrschende Ideen von Partnerschaft, Kooperation und Dialog »auf Augenhöhe« nicht unbedingt sexy sind. Die neue Lust am Dienen manifestiert sich in der Wiederkehr strenger Lebensstile und -lehren (»modern orthodox«) ebenso wie in der aktuellen Konjunktur des »Upstairs, Downstairs«-Schemas in populären Filmen und Fernsehserien.[37]

Wie in jedes »Remake« ist auch in diese neue Version ein »Update« eingebaut. Asymmetrie ist nun nicht mehr ständisches Schicksal, sondern Gegenstand flexibler Vereinbarungen und Kontrakte, etwas, worauf man sich auf Zeit verabreden und einlassen und was man bei Bedarf jederzeit kündigen kann. Ein so verstandener Dienst am anderen hat vieles für sich, was die ideale Diskursgemeinschaft egalitärer Individuen nicht zu bieten hat. Wir sprechen von einer spezifischen Variante von Service, wie sie sich etwa in dem Megabestseller und Massenphänomen *Fifty Shades of Grey* artikuliert. Es geht um eine mainstreamtaugliche, im Kern konservative und autoritäre Lesart des Sadomasochismus, die gerade in religiös orthodoxen Kreisen viel Zuspruch findet. Der (natürlich) familiär traumatisierte junge Internetmilliardär unterweist die unerfahrene Collegestudentin in der Kunst der sexuellen Ergebenheit, eine (selbstverständlich!) einvernehmliche Vereinbarung, die entsprechend durch ein umfangreiches Vertragswerk besiegelt wird. In gemeinsamer Verantwortung und bei voller vertraglicher Transparenz mit Ausstiegsklausel verpflichten sich die beiden zum asymmetrischen Sexualdienst. Hingabe allein ist nicht genug, sie muss von Regeln geleitet sein. Der detaillierte Dienstleistungsvertrag beeinträchtigt keineswegs die Intimität, im Gegenteil, er hebt den ungleichen Sex aus der Grauzone der Intimität ins klare Licht einer Geschäftsbeziehung. Orthodox ist daran die Regeltreue, modern die umfassende Verrechtlichung. Modern orthodox zu leben empfinden viele Menschen als erfüllter und verpflichtender als den liberalen Egalitätsgrundsatz. Man kann mit seinem eigenen Partner einen Dienstleistungsvertrag schließen, der ausdrücklich ein Recht auf Erniedrigung einräumt. Niemand ist hier Freiwild und Opfer in dem Sinn, dass ein abhängiger Status der einen Partei die straflose Verfügung über die andere als Sexualobjekt erlaubte. In *Fifty Shades of Grey* und ähnlichen Produkten tun sich neue Dimensionen der häuslichen Gewalt auf. Die Gewaltakte sind hier freilich keine Übergriffe, sondern Verabredungen zwischen erwachsenen Partnern.

Die Anzeichen verdichten sich für eine Redisziplinierung im häuslichen Bereich, parallel zur Wiederkehr des starken Mannes und Despoten in vielen Teilen der Welt. Das urbane, liberale Laissez-faire scheint auf dem Rückzug und das Regime der Religiösen und Autoritären auf dem Vormarsch. Wer sich im Leben nicht auf ein hergebrachtes Sittengesetz stützt, zieht den Vorwurf der Dekadenz auf sich. Neopatriarchale Familienordnungen, jetzt neu mit dem Zusatz des »Konsensuellen«, besitzen den Reiz der Provokation. Sie wollen als Akte des Widerstands und Aufbegehrens gegen den angeblichen liberalen Imperativ verstanden werden. Wer heute provozieren will, stellt zunächst einmal den Gleichheitsgrundsatz in Frage. Die Linke tut sich bekanntlich schwer damit, den westlichen Egalitarismus gegen Angreifer zu verteidigen, die gemeinhin zu den Opfern westlicher Hegemonie gerechnet werden. Selbst den patrouillierenden Sittenwächtern im Gaza-Streifen oder im Iran kann man in dieser Lesart noch emanzipatorische Aspekte abgewinnen. Polizisten schützen immerhin Frauen vor dem Missbrauch als Objekt, überhaupt vor jedem externen, möglicherweise lüsternen Blick, und sichern so die eheliche Sexualität als ein gegen jede Öffentlichkeit zu verteidigendes Allerheiligstes ab. Kulturell gewollte und geregelte Ungleichheit scheint, so betrachtet, ein wirksames Gegenmittel gegen die Zerstörungskräfte des Kapitalismus zu sein. Wohin man schaut, es lässt sich eine neue Begeisterung für das Phänomen »Domestic Discipline« verzeichnen, vor allem in konservativen christlichen Zirkeln. Immer geht es dabei um die Stärkung von männlicher Autorität in der sexuellen und symbolischen Funktion des häuslichen Herrn. Unklar bleibt, ob und was hier »bloß gespielt« ist. Handelt es sich hier um ein besonders ausgeklügeltes Rollenspiel zum Zweck des Lustgewinns oder aber um eine »echte« Rückbesinnung auf überlieferte orthodoxe Lebensführung, oder um beides zugleich? Zur neoautoritären Lebensform von heute zählen für nicht wenige Adepten Dinge wie »nichtkonsensueller Konsens«. Das bedeutet: das gegenseitige und natürlich jederzeit kündbare Einverständnis zum Einsatz von Körperstrafen, aber nicht gegenseitig, sondern einseitig, durch den Hausherrn.[38] Man fragt sich, ob man solche Regelwerke, auch im Blick auf Phänomene wie *Fifty Shades of Grey*, nicht einfach dem Formenkreis sexueller Perversionen zuordnen sollte. Wie zu erwarten, berühren sich die Extreme einer ultrakonservativen und die einer libertinären Lebensführung dort, wo die Rechte des Herrn gewahrt werden müssen. Aus Sicht der Adepten von »Domestic Discipline« soll eine gottgegebene Sexual- und Sozialordnung verteidigt werden, die Aufklärung und Liberalismus unterdrückt haben. Hier wird der allen strengen Sittenordnungen innewohnende Sadomasochismus reaktiviert und, gereinigt von seinen warenförmigen, pornographischen Aspekten, zum Gesetz erhoben. Ehemann und Ehefrau sind nunmehr einander zum exklusiven, asymmetrischen Liebesdienst verpflichtet. Kann man auf solche ehelichen Leistungen zugreifen wie auf die Dienste eines Lieferanten? Die neue Dienstbarkeit, wie sie sich in den Arrangements der Disziplinierten ausdrückt, bedient sich aus zwei Welten. Aus der einen bezieht sie den zeitgemäßen Servicegedanken mit Vorstellungen von Liefertreue oder Qualitätssicherung, aus der anderen die Idee von überlieferter Sitte und gegebener Ordnung.

Wenn in Haushalten alte Vorstellungen von Dienst und Gehorsam neue Anwendung finden, hat das Auswirkungen auf die Hausangestellten. In neoautoritären, patriarchalen Gesellschaften und Milieus ist die Neigung, häusliche Dienstleister zu beschäftigen, größer als in egalitär bestimmten. Die Zahlen der Weltarbeitsorganisation können das belegen. Die gestresste Doppelverdienermittelklasse in vielen Ländern ist *ein* Quell der neuen weltweiten Dienstleistungswelle, die neotraditionellen, religiösen Familien oft in denselben Ländern (mit vielen Kindern und Frauen, die vielfach im Haus bleiben) sind ein anderer. Es dürfte keine Sphäre geben, in der haushaltsnahe Dienstleisterinnen nicht missbraucht werden, ob sexuell, ob durch Anwendung von Gewalt oder durch ökonomische Ausbeutung. Wenn freilich die eheliche Sexualität so streng geregelt und Paragraphen unterworfen ist wie im neodiszipliniert Milieu, liegt die Annahme nahe, dass hier weibliche

Dienstkräfte weniger von sexuellen Übergriffen bedroht sind als anderswo. Der Übergriff findet ja bereits konsensuell in der Ehe selbst statt. Alles ist geregelt und gezähmt, Überschreitungen werden bestraft. Die sexuelle Ambivalenz, wie sie das Bild vom Dienstmädchen seit jeher prägt, scheint hier stillgestellt. Sie spielt in solchen Haushalten so wenig eine Rolle wie in unseren flexiblen Dienstleistungsverhältnissen ohne persönliche Bindung. Das Zeitalter der sexuellen Ambivalenz scheint vorbei, aber in der Kultur ist die sexuell ambivalente Dienerin präsenter denn je.

Das Dienstmädchen in all seinen Gestaltwerdungen hat Film und Literatur immer schon fasziniert. Weit verbreitet sind die Geschichten, in denen das Dienstmädchen als »femme fatale« in den fremden Haushalt eindringt und den Ehemann als Beute nimmt – der Umsturz also der Herrschaftsverhältnisse durch eine sexuelle Strategie, die auf Unterwerfung des Ehemannes, Entmachtung der Ehefrau und Selbstinthronisation an ihrer Stelle zielt. Mindestens zwei Filmklassiker haben sich dieser Thematik verschrieben, und beide haben jüngst ein Remake erfahren. Der erste ist *Hanyeo* (*Das Hausmädchen*), 1960 von Kim Ki-Yeong in Südkorea gedreht. In diesem häuslichen Horrorfilm par excellence ereignet sich in Kürze Folgendes: Dong-sik, Klavierlehrer in einer Textilfabrik und Schwarm einiger der dort beschäftigten und freudlos in einem Wohnheim untergebrachten jungen Frauen, findet eines Tages unter dem Deckel seines Klaviers den Liebesbrief einer Arbeiterin. Eine ihrer Arbeitskolleginnen hatte sie dazu angestiftet. Er meldet den Vorfall der Fabrikleitung, woraufhin das Mädchen den Dienst quittieren muss. Dong-sik lebt mit seiner schwangeren Frau und zwei Kindern, eines davon ein gehbehindertes Mädchen, in einem neuen, zweistöckigen Haus, das der Regisseur als einen wahren Albtraum aus steilen Treppen und dunklen Abseiten entworfen hat. Um das Haus abzubezahlen, arbeitet seine Frau rastlos an der heimischen Nähmaschine, worunter ihre Gesundheit zu leiden beginnt. Bald darauf erscheint die eigentliche Initiatorin der Liebesbriefaktion im Haus des Klavierlehrers mit der Bitte, er möge ihr Klavierstunden erteilen. Auf seine Bitte hin empfiehlt ihm Gyeong-hui zudem ein Hausmädchen, eine nymphenhafte, böse-faszinierende junge Frau, die ohne Namen bleibt. Eines Tages, während der Klavierstunden, seine hochschwangere Frau ist zu den Eltern gereist, gesteht ihm Gyeong-hui ihre Liebe. Dong-sik wirft sie umgehend aus dem Haus, eine Szene, die das Hausmädchen beobachtet. Schon nach Ankunft im Haus ist sie durch ihr erratisches Verhalten aufgefallen. Sie tötet etwa eine Ratte mit bloßen Händen und interessiert sich auffällig für das im Küchenschrank deponierte Rattengift. Nun nutzt sie die Gunst der Stunde und verführt in Abwesenheit der Gattin den Klavierlehrer. Drei Monate später teilt sie Dong-sik mit, sie sei schwanger. Als seine Frau davon erfährt, bringt sie das Hausmädchen dazu, das Kind durch einen Treppensturz abzutreiben. Von diesem Moment an terrorisiert das Hausmädchen die Familie, droht, das neugeborene Kind an sich zu nehmen, will die Polizei und die Fabrik einschalten und vom Fehlverhalten des Familienvaters in Kenntnis setzen. Schließlich flößt sie dem Sohn zum Schein Rattengift ein, worauf dieser in Panik die Treppe hinunterstürzt und stirbt. Die Ehefrau versucht die verbliebene Familie dadurch zu schützen, dass sie den Ehemann auffordert, ins Obergeschoss zum Hausmädchen zu ziehen. Dort nehmen sich der Familienvater und die Liebhaberin dann gemeinsam mit Rattengift das Leben. Im Todeskampf robbt sich der Klavierlehrer wieder die Treppe hinunter und wirft sich weinend seiner Frau zu Füßen. Dann kehrt der Film zur Ausgangsszene zurück, in der der Klavierlehrer dabei ist, seiner Frau einen Zeitungsartikel vorzulesen, der die Filmhandlung zum Inhalt hat. Am Ende wendet er sich direkt zur Kamera und sagt, ans Publikum gerichtet, so etwas könne jedem passieren. So etwas kann jedem passieren, der – ein Dienstmädchen ins Haus holt? Sich mit einem Neubau finanziell überfordert? Oder der dem Gesang der Dienstleistungs-Sirene nicht widerstehen kann?

Hanyeo setzt den Fall mit ausgesuchter Drastik und grellen Schauereffekten in Szene. Kein Mann, so die Botschaft, sollte sich sicher fühlen vor der sexuellen Zudringlichkeit eines Hausmädchens. Gutmütigkeit, wie sie der Klavierlehrer an den Tag legt, wird bestraft. Die eigene, unendlich gütige Frau, leider voll ausgelastet als Mutter und Miternährerin, kann auch den treusorgendsten Familienmann nicht vor Verführungen im eigenen Haus schützen. Präsentiert wird eine hart arbeitende, überdisziplinierte und freudlose Mittelklasse- und Aufsteigerfamilie der südkoreanischen Wirtschaftswunderära. Der Ehemann ist ohne Fehl und Tadel, er widersteht sogar der Anbetung durch seine Klavierschülerinnen, aber der Versuchung durch eine Hexe kann auch er nicht widerstehen. »Fatal Attraction« ist hier das Thema, und wie stets geht es einher mit einem feindlichen Angriff auf das familiäre Haus. Der Feind ist ein weibliches Beutetier, dessen Attraktion nicht zu trennen ist von seiner Verrücktheit. Anders als in anderen Variationen des Themas hat der untreue Ehemann keinen sichtbaren Moment lang Spaß an seinem Seitensprung. Er weint und barmt fast ohne Unterlass, was ihn nicht attraktiver macht, aber es bedarf offenbar auch gar keines männlichen Beitrags zur Verführung. Die sexuelle Zauberkraft des Mädchens allein zwingt ihn, ziemlich freudlos, in ihr Bett. Was das Hausmädchen seinerseits umtreibt, wird hinreichend deutlich. Sie strebt nach der Herrschaft im Haus und ihrer Investitur an der Stelle der Ehefrau. Muss man sich, fragt der Film, vor solchen proletarischen Mädchen mit sozialen Aufstiegsphantasien hüten, die sich als Dienerinnen ins Haus schleichen, um sodann die Herrschaft an sich zu reißen? *Hanyeo* handelt von einem realen Bedrohungsgefühl. Wenn sich ein sexuell attraktives, forderndes Dienstmädchen dem Familienvater in eindeutiger Absicht nähert, ist er auch schon verloren. Widerstand ist zwecklos. Klüger wäre es zwar, zu widerstehen, Haus, Familie, Arbeit zu schützen und zu bewahren, aber welche Klugheit hilft schon gegen Zauberei? Der Schutz vor der Verführung, der Gegenzauber, kann nur darin bestehen, dass man das Dienstmädchen schon an der Haustür abwehrt. Das allerdings würde auf andere Weise den Ruin der Mittelstandsfamilie bedeuten – wir bewegen uns wieder auf dem Problemterrain der gestressten Mittelklasse.

Der andere Filmklassiker, vier Jahre später in Frankreich entstanden, ist Luis Buñuels *Journal d'une femme de chambre* (deutsch: *Tagebuch einer Kammerzofe*), mit Jeanne Moreau in der Titelrolle und Michel Piccoli als Monsieur Monteil, dem undurchsichtigen Hausherrn. Dies ist, nach jener von Jean Renoir aus dem Jahre 1946, die zweite Verfilmung des 1900 erschienenen Romans von Octave Mirbeau.[39] Die anstößige Faszination der häuslichen Szenerie aus frustriert-wilderndem Ehemann, »frigider« Gattin und einem Dienstmädchen, das von seiner männermordenden Wirkung weiß, scheint über die Jahrzehnte hinweg ungebrochen gewesen zu sein. Buñuel hat seinen Film im Frankreich Mitte der 1930er Jahre angesiedelt, einer Zeit heftiger politisch-ideologischer Konflikte, und man sieht bald, dass ihn die häusliche Konstellation im Blick auf ein weiter gefasstes Problem, die Dauerkrise und den Bankrott der französischen Bourgeoisie, interessiert. In diese schon ziemlich morsche, aber immer noch selbstgewisse Welt tritt Célestine ein als das Gegenteil einer Domestikin, nämlich als erotisch strahlende, selbstbewusste Städterin im Kostüm einer großen Dame. Ihre Herrin auf dem Landschloss in der Provinz, eine verhärmte Ordnungsfanatikerin, die wegen unklarer Leiden den sexuellen Wünschen ihres Gatten nicht entsprechen kann, erkennt die Gefahr auf der Stelle. Célestine solle sich in Zukunft bitte wie ein Dienstmädchen anziehen und auf jedwede Koketterie verzichten. Der Haushalt umfasst neben dem Ehepaar den alten Vater der Frau, der sich als Hobby einen Schrank voller Damenschuhe hält, die Célestine ihm zuliebe anprobieren darf, darüber hinaus den gewalttätigen und rechtsextrem gesinnten Stallburschen Joseph und einige weitere Hausmädchen. Buñuel lässt nichts aus, um die bösartige Bigotterie des Milieus in grellen Farben zu schildern. Hier sind alle im Kern verkommen und begreifen sich doch als Hüter einer zeitlosen gesellschaftlichen Ordnung. Célestine wird bald zum Objekt der multiplen männlichen Begierden, aber sie weiß sich zu wehren und ihren Charme dosiert-strategisch zum eigenen Vorteil einzusetzen. Als ein junges Mädchen, das gelegentlich ins Haus kam, im nah gelegenen Wald vergewaltigt und ermordet aufgefunden wird, ändert Célestine ihre Pläne. Statt wie geplant nach Paris zurückzukehren, beschließt sie zu bleiben und Joseph, den sie verdächtigt und den sie hasst, der Tat zu überführen. Sie freundet sich scheinbar mit ihm an, verspricht ihm sogar die Ehe und eine gemeinsame Zukunft als Cafébetreiber in Cherbourg, um ihm ein Geständnis zu entlocken. Sie arrangiert einige Hinweise auf seine Schuld derart, dass die Polizei Joseph tatsächlich verhaftet, ihn später aber wegen Mangels an

Beweisen wieder laufen lässt. Am Ende sieht man Joseph in seinem Café, mit einer neuen Frau, während er eine Demonstration rechtsnationaler Männer beobachtet und in ihre Parolen einstimmt. Célestine hat ihrerseits den Nachbarn ihres ehemaligen Herrn geheiratet, mit dem dieser im Dauerstreit lag, einen pensionierten Armeeoffizier und Querulanten. In der letzten Szene bringt ihr der neue Ehemann das Frühstück ans Bett. An der Wand hängen militärische Memorabilien und Gewehre. Célestine, so könnte man verstehen, hat ihre erotischen Gaben erfolgreich versilbert und den Aufstieg in die dekadente Bürgerklasse vollzogen. Fortan wird sie sich vom eigenen Ehemann im Bett bedienen lassen. Sie wird selbst eine Art Madame Monteil werden, froh, wenn sie den sexuellen Nachstellungen des Gemahls entkommt und die Arbeit vom Personal erledigt wird.

Anders als in *Hanyeo* geht das Dienstmädchen hier nicht aufs Ganze. Sie riskiert nicht den eigenen Untergang und den der bürgerlichen Familie, sondern schmiedet nachhaltigere Strategien. Célestine hat sich eine Weile im Haushalt mit Geschick den Zudringlichkeiten ihrer Herrschaft entzogen, hat sodann aus aufrichtigem Hass gegen den mutmaßlichen Kindsmörder ein Komplott gegen ihn geschmiedet, aber sie scheint am Ende vor der Unveränderlichkeit der bürgerlichen Ordnung kapituliert und zum eigenen Vorteil Frieden mit ihr geschlossen zu haben. Wenn die Botschaft des koreanischen Films die Warnung vor der männermordenden, familienverschlingenden, ledigen, proletarischen Domestikin war, dann läuft Buñuels Lektion am Ende darauf hinaus, dass gegen die Bourgeoisie auch weibliche sexuelle Macht und kriminalistische Leidenschaft nichts ausrichten. Am Ende wird das Dienstmädchen befördert, integriert und selbst in ein williges Organ der bürgerlichen Klasse verwandelt. Oder soll die Szene mit Célestine als Herrin im Bett und dem Gatten als willigem Lakaien sagen, dass in einer neuen Gesellschaft Diener und Bediente, Männer und Frauen die Rollen getauscht haben, dass die ehemalige Dienerin und nunmehrige Matrone einen Umsturz der Verhältnisse bewerkstelligt hat? Schlauheit, Zynismus und Resignation mischen sich im Bild der nunmehr zur regierenden Hausfrau aufgestiegenen und im Bürgertum angekommenen Dienerin.

Das Motiv des skandalösen Dienstmädchens, das eben nicht ausgebeutet wird, sondern selbst ausbeutet oder jedenfalls unter Einsatz sexueller Mittel seinen Vorteil sucht, scheint ungebrochen, weit über alle Empirie hinaus. Dieser erotisch-domestische Komplex erfreut sich immerwährender Sogwirkung, meist in der bewährt asymmetrischen Form sexueller Beziehungen zwischen Herren und Dienerinnen, aber durchaus auch einmal anders herum, wie etwa in *Downton Abbey*, wo Lady Sybil dem Charme des Chauffeurs Tom Branson erliegt und mit ihm eine unstandesgemäße Ehe eingeht. Wir bewegen uns im Spektrum der »verbotenen Liebe«, in der Standesverhältnisse den sexuellen Verkehr regeln, sei es, dass Herren sich die Abhängigkeit ihrer Diener sexuell zunutze machen oder dass Diener und Bediente sich in Liebe zugetan sind und gesellschaftliche Barrieren der Erfüllung ihrer Begierden im Wege stehen und überwunden werden müssen. Solche erotischen Konstellationen unter sozial Ungleichen, bei denen die Ungleichheit der sexuellen Dynamik den Treibstoff liefert, regen unsere kulturelle Imagination weit stärker an als die empirisch viel wahrscheinlicheren Paarungen unter sozial Gleichgestellten. Wie lässt sich sonst erklären, dass die beiden genannten Dienstmädchen-Klassiker jüngst als Remakes wieder auferstanden sind? 2010 erreichte das koreanische Melodram *Hanyeo* die Kinos, gedreht von Im Sang-Soo, und 2015 wurde in Berlin das neue *Journal d'une femme de chambre* uraufgeführt, in der Regie von Benoît Jacquot, mit Lea Seydoux in der Rolle der Célestine.

Der koreanische Film hat ein paar Retuschen am klassischen Vorbild vorgenommen, es fehlt die didaktisch-moralische Rahmenerzählung, und aus dem Hausmädchen von einst ist nun ein Au-Pair geworden. Ihre Gastfamilie ist nicht mehr von mittelständischer Aufstiegslust und Abstiegsangst geschüttelt, sondern neureich und dekadentreich. Das gesellschaftliche Milieu von 1960 existiert nicht mehr. Das Programm freilich, das der neue Film entrollt, folgt erneut dem Horrorschema der fatalen Attraktion. Das Au-Pair wird schwanger vom Familienvater, der freilich kein gramgebeutelter Schmerzensmann mehr ist wie sein Vorgänger, sondern ein versierter Verführer, dem es an der Seite seiner schwangeren Frau gerade zu langweilig geworden ist. Das im Vorläuferfilm beherrschende Thema von Gift und Vergiftung ist auch hier wieder dominant, ebenso die echten und inszenierten Stürze von Treppen und Leitern. Anders als noch 1960 verfügt die betrogene Ehe- und Hausfrau nun über robuste Mittel, sich zu wehren. Sie würzt den Kräutertee des Au-Pairs mit Gift, und ihre Mutter nutzt die verminderte Zurechnungsfähigkeit, um ohne ihr Wissen an ihr eine Abtreibung vornehmen zu lassen. Beim Showdown knüpft sich das Au-Pair schließlich spektakulär am Wohnzimmerkandelaber auf und steckt sich vor der versammelten Familie in Brand. Die filmischen Mittel sind greller und bunter geworden, das Narrativ ist immer noch das Gleiche: der Einbruch des verführerischen Dienstmädchens in die Kernfamilie über die verletzliche Flanke, den sexuell wegen Mutterschaft vernachlässigten Ehemann, mit dem schlimmen Ende von Zerstörung und Untergang des Sozialverbands. Nicht mehr liegt alle Sympathie des Publikums beim rechtschaffenen Gatten, dessen verzeihlicher Lapsus fatalerweise ins größtmögliche Unglück führt. Der männliche Protagonist ist diesmal ein Vertreter der neuen Geld- und Oberklasse, der koreanischen »One Percent«, und verdient schon deshalb kein Mitleid mehr. Vielleicht kann auch deshalb die Ansage an die Zuschauer, so etwas könne doch jedem passieren, entfallen. Es passiert vorzugsweise den Unersättlichen.

Das neue *Journal d'une femme de chambre* interessiert sich, anders als Buñuel, nicht weiter für politisch-ideologische Befunde. Der Film hält sich treuer an die Romanvorlage von Octave Mirbeau, bleibt allerdings sowohl hinter der gesellschaftskritischen Radikalität des Romans zurück wie auch hinter der Buñuels. Die neue Célestine hat die fatale Ambivalenz, mit der einst Jeanne Moreau die Rolle ausfüllte, fast verloren. Bei Buñuel sind die Herren und die Knechte, jedenfalls die Männer, zu gleichen Teilen in eine reaktionäre Verschwörung für das »wahre Frankreich« und gegen das internationale Proletariat verstrickt. Nicht zwischen Dienern und Bedienten verlief die wesentliche Linie, sondern zwischen den Vertretern der alten Ordnung und einer neuen, im Film selbst gar nicht Gestalt annehmenden Ordnung, in der die Bourgeoisie verdientermaßen untergegangen wäre. Im Remake fehlt, treu zum Roman, aber anders als bei Buñuel, die Figur des pensionierten Armeeoffiziers, mit dem die Magd am Ende komfortabel, aber resigniert in den Hafen der Ehe einfährt. Wie bei Mirabeau lässt sich Célestine mit Joseph ein, der hier mehr Gärtner als Stallbursche ist, und endet an seiner Seite als Caféwirtin, die ihr Personal genauso schlecht behandelt, wie sie es an sich selbst im herrschaftlichen Haus erlebt hat. Man bleibt, was immer man wird, Dienstmädchen ein Leben lang, so etwa die Botschaft. Die subalterne Erfahrung lässt sich selbst bei gesellschaftlichem Aufstieg nicht mehr auslöschen. Man kann die Herrschaft durchschauen, sie betrügen und überlisten, aber man kann die Unterordnung weder vergessen noch ungeschehen machen.

Die in diesen Filmen geschilderten erotischen Beziehungen zwischen Diener und Bedienten, einschließlich des Missbrauchs als »Sexualobjekt«, setzen eine Kontinuität des Zusammenlebens voraus, die in der heutigen, auf Wirtschaftlichkeit eher als auf Fragen der Lebensordnung und des Status bedachten Dienstleistungswelt nicht mehr gegeben ist. Damit der Blick des Hausherrn lüstern auf der Zofe ruht – und erst recht, damit sie sein Schwiegervater zur Damenschuhanprobe auf sein Zimmer ruft –, muss ein Quantum an häuslicher Gemeinschaft gegeben sein. Im repräsentativen Gegenwartshaushalt, wo Dienstleister ihr Werk ohne Aufsicht verrichten, fällt der Blick (den Mosebach immerhin noch durchs Schlüsselloch herbeiphantasiert) weg. Die Beziehungen zwischen Dienstleistern und ihren Arbeitgebern mögen anders weiterhin eng sein, was aber fehlt, ist die Szene einer Gemeinsamkeit, in der sich der Gedanke an irgendeine leibliche Nähe überhaupt erst entwickeln kann. Man würde denken, die bourgeoise Kammerzofenwelt von Buñuel habe sich heute in Luft aufgelöst, wird aber durch Ereignisse in der realen Welt daran erinnert, dass dem so nicht ist. Am 14. Mai 2011 hat sich im »Sofitel« in New York eine sexualpolitische Szene von Buñuelscher Dimension zugetragen. An diesem Tag wurde bekanntlich Dominique Strauss-Kahn wegen eines sexuellen Angriffs mit versuchter Vergewaltigung des Zimmermädchens Nafissatou Diallo in Haft genommen und angeklagt. Strauss-Kahn und seine Anwälte haben argumentiert, der Sex mit dem Zimmermädchen sei »konsensuell« gewesen. Auch wenn sich Diallo bei ihrer Vernehmung zunehmend in Widersprüche verstrickte, bleibt doch die Vorstellung von konsensuellem Sex zwischen einem Hotelgast im Badezimmer und einem zufällig eintretenden Zimmermädchen abstrus. Der Konsens müsste sich zwischen dem Zimmermädchen und dem Gast in Sekunden und wortlos aufgebaut haben. »Wenn Mr Strauss-Kahn denkt, dass man ihm in Frankreich glauben wird, er sei imstande gewesen, Ms Diallo, die ihn nie zuvor getroffen hatte und nicht wusste, dass er im Raum war, dazu zu bringen, innerhalb von Minuten mit ihm sexuelle Handlungen auszuführen, dann sollte er beschreiben, wie das geschehen ist«, wurden Diallos Anwälte zitiert.[40] Strauss-Kahn hat nicht beschreiben können, wie eine Zufallsbegegnung im Hotelzimmer im Handumdrehen zu einvernehmlichem Sex führen konnte. Er ist sehr wahrscheinlich ein Lügner. Das Interessante an seinen Lügen besteht darin, dass französische und andere »Libertins« auf ähnliche Weise ganz ohne Reue und im Gefühl ihres ständischen männlichen Privilegs gelogen haben – wenn sie denn überhaupt gezwungen waren, ihr Verhalten zu rechtfertigen. Dominique Strauss-Kahn ist ein nicht zu ferner Nachkomme von Michel Piccoli im Film *Journal einer Kammerzofe*. Der Konsens, den diese Männer zu Protokoll geben, ist ein imaginierter. Die Berechtigung ihres Anspruchs bemisst sich nicht an der Grenze eines Widerstands. So ist man einmal, in Frankreich und anderswo, als sexueller Herr und Meister mit Ehefrauen und Zimmermädchen umgesprungen, und wenn mit diesem Verhalten etwas moralisch Anstößiges, eine Überschreitung von Recht und Sitten, einherging, dann war das nicht minder gerechtfertigt. Der Libertin schrieb sich seine außermoralischen Gesetze selbst. In New York gab es 2011 für ein solches Fehlverhalten kein Pardon mehr, Indiz nicht nur für kulturell und rechtlich unterschiedliche Betrachtungsweisen des Delikts, sondern noch mehr dafür, dass eine afrikanische Hotelbedienstete inzwischen Rechte hat, über die Gesetze und Öffentlichkeit wachen. Strauss-Kahn stand für Monate am Pranger einer für privilegierte Übergriffe gleich welcher Art aufs höchste sensibilisierten Öffentlichkeit. Auf diese Weise kommt ein Zimmermädchen aus Afrika dann doch einmal ins Blickfeld unserer kulturellen Aufmerksamkeit: zuerst als Opfer, dann aber, in einer jähen Wendung der öffentlichen Meinung, als moralisch zwiespältige Figur. Hat Nafissatou Diallo ihre vor die Weltöffentlichkeit gezerrte Begegnung mit Strauss-Kahn womöglich mit Hilfe ihrer Anwälte nach besten Kräften ausgebeutet? Das hat sie allem Anschein nach, und wer hätte das Recht, ihr das zum Vorwurf zu machen? Heute betreibt sie ein westafrikanisches Restaurant in der Bronx und ist für die Presse nicht mehr zu sprechen.[41] Nafissatou Diallo gehört eben, wie Jeanne Moreau als Célestine, zu den aufstiegsorientierten Dienstmädchen, die es auf Dauer vorziehen, dem Dienerinnenstand zu entkommen und sich selbst eine Existenz aufzubauen. Strauss-Kahn hat die Tat im »Sofitel« die Karriere gekostet, Diallo hat sie ihrerseits Wege für den Ausstieg aus dem Domestikendasein eröffnet, und niemand war da, der gegen diesen Umsturz der hergebrachten Verhältnisse Einspruch eingelegt hätte. Auch diejenigen, die Strauss-Kahns Sexualverhalten bisher positiv mit Attributen wie »archaisch« belegt und auf ein altes kulturelles Vorrecht französischer Männer gepocht hatten, sich Frauen notfalls mit Gewalt »gefügig« zu machen, verloren die Lust an seiner Verteidigung.

Der Fall Strauss-Kahn scheint am Ende wenig repräsentativ für das Problem sexueller Ausbeutung von Hausarbeiterinnen zu sein, jedenfalls für Europa, während sich über ähnliche Nachrichten aus Saudi-Arabien oder Thailand niemand wundern würde. Das weltweite Interesse am Fall Strauss-Kahn, das Skandalöse, Anstößige dieser Straftat kann nicht allein dadurch begründet sein, dass »solche Dinge«, wie der koreanische Familienvater am Ende an sein Publikum gerichtet sagt, »jedem passieren« können. Was Strauss-Kahn und Nafissatou Diallo »passiert« ist, passiert sonst wenigen, und es ist ja auch nicht nur *passiert*, sondern es ist eine Tat begangen worden, die dem kulturell eingeübten Sozial- und Sexualreflex eines notorischen Libertins und Lebemannes entsprang. Unerwartet wurden wir zu Voyeuren erkoren und konnten uns an einer Situation und Konstellation aus dem erotischen Ancien Régime ergötzen und empören. Der Skandal um Strauss-Kahn brachte außer dem Delikt der sexuellen Ausbeutung von Dienstleisterinnen auch unser uneingestandenes Vergnügen am und unsere Schaulust beim Blick auf asymmetrische erotische Beziehungen ans Licht. Das Spätfeudale der seither bekannt gewordenen Ausschweifungen Strauss-Kahns und seiner Freunde gibt dem Auge so viel mehr als die zahllosen unauffälligen Dienstverhältnisse, in denen kein Verbot übertreten, sondern allenfalls der Rahmen des Gesetzes bis zum Äußersten gedehnt wird. Die Dienstleisterin von heute kommt selten, so könnte man zynisch formulieren, »in den Genuss«, als Lustsklavin zu fungieren und ihrem Herrn oder ihrer Herrin auf willkürliches Geheiß sexuell zu Diensten zu sein. Die Ausbeutung von heute folgt anderen Drehbüchern. Fast sieht es aus, als spräche aus den jüngsten Remakes von Dienerklassikern viel Nostalgie. Es ist die Sehnsucht nach einer belebten häuslichen Welt voller Ambivalenzen. Undenkbar, dass der erotische Fluch und die erotische Verheißung von *Hanyeo* oder *Journal d'une femme de chambre* in Haushalten wie unseren noch wirksam sein könnten, in Haushalten, in denen uns das Au-Pair bei der Kindererziehung und die Altenpflegerin bei der Sorge um die Eltern vertritt, damit wir noch mehr arbeiten können.

Manchmal geschieht dann aber doch im wirklichen Leben etwas, das die filmischen Dienerinnenphantasien in den Schatten stellt. Es geschieht allerdings nicht bei uns zu Hause, sondern in der »Herzblattgeschichten«-Welt der Filmstars. Es geht nicht unbedingt um sexuellen Missbrauch oder andere Delikte, sondern um waghalsig asymmetrische sexuelle Konstruktionen. Arnold Schwarzenegger hat in dieser Hinsicht Maßstäbe gesetzt, als er mit einem Kindermädchen ein sogenanntes »love child« in die Welt setzte und davon die eigene Ehefrau erst mit zehnjähriger Verspätung in Kenntnis setzte. Das mag man Schlamperei nennen oder auch Großzügigkeit, und gewiss drückt sich in solchem Verhalten etwas von alter Gutsherrlichkeit aus. Was der Star mit seiner freizügigen Lebensart an dauerhaften Versorgungspflichten erzeugt, wird durch Alimente abgegolten. Eine gesellschaftliche Ächtung, analog zu Strauss-Kahn, findet nicht statt, eher darf sich der Star etwas auf die Ungeniertheit der eigenen Lebensführung zugute halten. Von der Mutter des Kindes, Mildred Baena, wurde bekannt, dass sie 20 Jahre als *live-out* im Haushalt der Schwarzeneggers tätig gewesen war und dort für Kochen, Waschen, Putzen und anderes zuständig gewesen sei.[42] Als sie 2011 von Schwarzeneggers Frau Maria Shriver gedrängt wurde, zu diesbezüglichen Gerüchten Stellung zu nehmen, der gemeinsame Sohn war zu diesem Zeitpunkt schon 14 Jahre alt, legte Baena ein Geständnis ab. Schwarzenegger selbst hatte bis dahin seine Frau über das Kind der Liebe in Unkenntnis gelassen. Die Haushälterin habe sich morgens bei Dienstantritt, sobald die als TV-Moderatorin tätige Ehefrau aus dem Haus war, gern in Kleidern und Schmuck von Shriver präsentiert und dann anschließend mit Schwarzenegger Sex gehabt. Schwarzenegger habe sich allerdings beim Abschied, als der Fall ans Licht gekommen war, großzügig gezeigt. Heute lebe Baena in Bakersfield in einem bescheidenen, auf 200 000 Dollar geschätzten Vierschlafzimmerhaus, das ihr Schwarzenegger als »Geschenk für den Ruhestand« gekauft habe. Man tut sich schwer, die Situation im Detail nachzuvollziehen: Schwarzenegger hat mit der Haushälterin ein Kind, von dessen Existenz er selbst erst acht Jahre später erfahren haben will, woraufhin er seiner Frau gegenüber weitere sechs Jahre schwieg. Während dieser Zeit ist Schwarzenegger Gouverneur von Kalifornien und führt mit seiner Frau und den vier gemeinsamen Kindern ein von den Medien eng begleitetes, öffentliches Familienleben. Hätte ihn das Hausmädchen zu irgendeinem Zeitpunkt mit dem Geheimnis erpressen wollen, hätte das Schwarzenegger neben der Ehe wohl auch das politische Amt gekostet. Es mag sein, dass er Baena schon früher mit Zahlungen ruhigstellte und das auch weiterhin getan hätte, wäre nicht Shriver von kursierenden Gerüchten alarmiert worden. Auf groteske Weise ruft der Fall Schwarzenegger alle Klischees über Sex von und mit Dienstmädchen auf und übertrifft sie noch: Der Hausherr-Superstar mit dem sexuellen Heißhunger und der selbsterteilten Lizenz zur Beutenahme, auf der anderen Seite die Migrantin, die ihre Chance zum Aufstieg und Auskommen wittert, mittendrin die ahnungslose Ehefrau, das ganze Gespinst aus Lüge und Geheimhaltung – mehr braucht es nicht, um ein farbiges domestisches Drama zu komponieren. Zwischen Freiwild und Eindringling, häuslicher Ergebenheit und weiblicher Tücke schillert das Bild der Hausarbeiterin in bunten Farben. Bezahlte Hausarbeit als Chance, wenn schon nicht auf Karriere und Qualifikation, dann wenigstens auf ein gemeinsames Kind mit einem zahlungskräftigen Herrn – der Mehrdimensionalität des Geschehens wird der Begriff des sexuellen Missbrauchs allein nicht gerecht. Erwarten wir von Dienstmädchen, dass sie ohne Blick für die Schwächen ihrer Herrschaft bleiben sollen? Hätte sie sich nur »belästigt« gefühlt, hätte Mildred Baena den Nachstellungen Schwarzeneggers durch Kündigung, Strafanzeige oder wenigstens Einschaltung der Ehefrau entgehen können. In die Betrachtung sexueller Gewalt an Hausarbeiterinnen hat sich ein unrealistisches Schema eingeschlichen. Migrantinnen in häuslicher Beschäftigung sind demnach strukturell und im Einzelfall ohnmächtig. Ihre Markenzeichen sind Passivität und Opferstatus. Zu allen anderen Benachteiligungen spricht man ihnen auf diese Weise auch noch den Zugang zu ihren alltagsnahen erotischen und ökonomischen Intuitionen ab. Tatsächlich sind aber die geilen Haus- und Zimmerherren von Strauss-Kahn bis Schwarzenegger die wahren Idioten. Sie setzen bei ihren sexuellen Abenteuern Karriere, Vermögen, Ansehen und Familie aufs Spiel, während das Kalkül der Dienerinnen, wenn es eines gibt, erst recht dann aufgeht, wenn sie neben der Opferrolle auch noch mit finanziellen Kompensationen rechnen dürfen. Darin besteht die wahre und verdiente Rache der Untergebenen an ihren Arbeitgebern für ihre Ausbeutung: Die skandalöse sexuelle Begegnung kostet den Mann den Job und sichert der Frau im Glücksfall die Altersversorgung.

Die Vergütung der Gefühle. Zur Ökonomie des Kümmerns

Wer zeitweise oder dauerhaft zu Hause bleibt, als familiärer »caregiver« (auf deutsch »Bezugsperson, pflegender Angehöriger, Betreuungsperson«), erfährt selten dieselbe Anerkennung wie der »breadwinner« (oder »Ernährer«), der morgens das Haus verlässt, um gegen ein Entgelt und ohne affektive Beziehung zum eigenen Haus seine Arbeit zu machen. Haus- und Familienarbeit *im eigenen Heim*, der Bereich der sogenannten »Reproduktion«, steht nicht hoch im Kurs, und dies erst recht, wenn (oder weil) sie unentgeltlich verrichtet wird. Kein Wunder, wenn gut ausgebildete, ambitionierte Frauen und Männer dieses Tätigkeitsfeld meiden und es, so weit wie möglich, Angestellten überlassen, die immerhin für ihren Einsatz entlohnt werden. Die Vergütung hebt die Tätigkeit in den Rang eines Jobs, während sie als unbezahlte hausfrauliche oder -männliche Praxis im eigenen Haus auch auf diese Art der Anerkennung nicht zählen darf. Dass man auf Erwerbstätigkeit verzichtet und stattdessen das Haus hütet, lässt sich allenfalls vermitteln, solange dort Kinder zu betreuen oder, schon schwieriger, wenn pflegebedürftige Alte zu versorgen sind. So sehr hat sich das gesellschaftliche Ideal in Richtung »Vereinbarkeit von Beruf und Familie« verschoben, dass die pflegende und sorgende Vollzeitanwesenheit im eigenen Haus auf Unverständnis stößt.

Der ganze häusliche »Care«-Komplex wird oft als eine Falle betrachtet, die man besser großräumig umgeht. Das liegt zu einem guten Teil daran, dass Sorge und Pflege im eigenen Haus keine Erwerbstätigkeit sind und, schlimmer noch, Tätigkeit ohne Erwerb; unbezahlter Müßiggang ließe sich noch eher vermitteln als unbezahlter Familiendienst. Würde sich etwas an der weit verbreiteten Geringschätzung der häuslichen Arbeit ändern, wenn sie bezahlt wäre und damit vom Status der Selbstausbeutung und verpassten Chance aufrücken würde in den der regulären Erwerbsarbeit? Immerhin ist das häusliche Kümmern eine gesellschaftlich notwendige Aufgabe und mehr als nur ein Hindernis auf dem Weg ins Büro. Statt diesen Aufgabenkreis zum Zweck des eigenen Fortkommens möglichst rasch an Dienstleister zu delegieren, sollte man über eine Umwertung der häuslichen Sphäre nachdenken. Zu bezahlen wären dann nicht nur die Platzhalterinnen an der Kümmerfront, denen wir das Haus öffnen für Dienstleistungen an Kindern und Alten. Zu bezahlen wären dann auch die Angehörigen selbst, aber von wem und nach welchem Tarif?

Damit der Generationenvertrag funktioniert, darf es im Leben der berufstätigen Kohorten nicht zu viel unentgeltlichen Affektdienst geben. Die Ansprüche und Erwartungen der anderen, nicht erwerbstätigen Generationen sind für die Berufstätigen ein dauernder Quell des schlechten Gewissens. Man möchte, so die routinierte Klage von Managern und anderen Menschen mit wenig Zeit, endlich »mehr Zeit für die Familie« haben. Da man aber auch in Zukunft eher wenig Zeit für die Familie haben wird, liegt es nahe, die Familienzeit zu delegieren, im Zweifel an die eigene Ehefrau. Das Rollenbild des stark beschäftigten Berufsmannes ist weiter ungebrochen und wird nur von gelegentlichen Lippenbekenntnissen in Frage gestellt. Für ihn ist das Problem der Vereinbarkeit bereits erfolgreich geklärt, wenn auch auf Kosten anderer. Eine größere Beteiligung an häuslicher Affektarbeit ist nicht zu erwarten, solange die Stellvertretung, ob durch den eigenen Partner oder bezahlte Kräfte, gewährleistet ist. Solche Disparitäten in der häuslichen Aufgabenverteilung sind nicht unbedingt geplant oder vereinbart. Eher schleichen sie sich ein als Folge von echten oder vermeintlichen Sachzwängen, denen man nicht entschieden genug entgegentritt. Dennoch geht die gesellschaftliche Tendenz hin zu einer egalitäreren Lastenverteilung in der Familie, zu einer Art Vereinbarkeitspartnerschaft mit gemeinsamem Stressmanagement. Auf der Höhe der familienpolitischen Erwartungen zeigt sich jetzt nicht mehr der berufliche Leistungsberserker alten Stils, sondern der Mann oder die Frau, die Dinge in Einklang zu bringen verstehen, die schwer in Einklang zu bringen sind. Das imaginäre Pflichtenheft des zeitgenössischen Berufs- und Familienmenschen ist dick. Zwischen den zwei großen Anspruchs- und Erwartungsgeneratoren kann man entweder auf der Strecke bleiben oder faule Kompromisse schmieden. Ohne Hilfe geht es nicht, aber nicht jede Hilfe hilft. Wir wollen uns die Sorge um die Angehörigen nicht einfach vom Hals halten, wir wollen und müssen sie aber beherrschbar machen. Wir werden also wohl oder übel professionelle Leistungen »zukaufen« und zugleich darauf achten, dass unsere identitäre Hoheit und Aufsicht über die familiäre Szene darüber nicht abhandenkommt.

Auswege aus dem üblichen Dilemma könnten nur darin bestehen, dass man sich im häuslichen Leben schwächer oder stärker »einbringt«. In beiden Fällen sind finanzielle Kompensationen erforderlich. Die erste Option wäre die noch entschiedenere Delegation affektiver Arbeit. Man sollte die Bedeutung der eigenen Gefühle für die Schutzbefohlenen nicht überschätzen. Sie kommen oft auch gut klar, wenn der Kümmerdienst von gemieteten Kräften geleistet wird. Es käme also darauf an, den Kümmerer in uns zu unterdrücken, der immer alles selber machen will und dafür Vergütung erwartet, wenn schon nicht finanziell, dann zumindest in Form von Gegenliebe. Das Auslagern an Dienstleister erlöst uns von der Zwangsvorstellung, es ginge ohne uns als Bezugsperson in der Mitte der Dinge gar nichts. Das muss nicht Herzlosigkeit bedeuten, kann ihr aber in ungünstigen Momenten recht ähnlich sehen. Die zweite Option wäre ein großes, identitäres Ja zur Haus- und Pflegearbeit, das unterstützt würde durch eine neuartige gesellschaftliche Anerkennung und eine entsprechende Bezahlung. Wenn das häusliche Kümmern nicht zu Lasten der Erwerbsarbeit gehen soll, muss man das Kümmern in den Rang einer Erwerbsarbeit heben.

»Cash for Care«, die Bezahlung von Affektarbeit also, ist ein größeres Thema der Sozialpolitik geworden, mit dem Ziel einer professionellen Aufwertung von häuslicher Pflege, ja von Pflege überhaupt. Die Professionalisierung erstreckt sich auf Angehörige ebenso wie auf Dienstleisterinnen. Auch wir werden, wenn wir unsere alten Eltern pflegen, zu Hausangestellten. »Cash for Care« heißt, dass auch häuslich pflegende Familienmitglieder für ihre Arbeit ein Entgelt bekommen, weil der produktive Nutzen der Reproduktionsarbeit gesellschaftliche Anerkennung findet.

Schon in den 70er Jahren des letzten Jahrhunderts hatten linke Feministinnen eine Entlohnung für Hausarbeit gefordert. Mit Hausarbeit war der ganze große Sektor weiblicher häuslicher Dienste gemeint, Dienste, die immer auch unbezahlte Dienste am Ehemann und den Kindern waren. »Sie nennen es Liebe. Wir nennen es unbezahlte Arbeit«, war 1975 in Silvia Federicis furiosem Manifest »Wages Against Housework«

zu lesen. »Sie nennen es Frigidität. Wir nennen es Arbeitsverweigerung. Jede Fehlgeburt ist ein Betriebsunfall. Homosexualität und Heterosexualität sind Arbeitsverhältnisse. [...] Mehr Lächeln? Mehr Geld. [...] Neurosen, Selbstmorde, Entsexualisierung: Berufskrankheiten der Hausfrau.«[43] Federici und mit ihr eine Generation militanter Frauen kämpfte nicht reformistisch für eine bessere Bezahlung und Anerkennung von Hausarbeit. Sie plädierte für die Zerschlagung des chauvinistischen Gewalt- und Unterdrückungszusammenhangs, den man Ehe und Familie nennt. Die Idee einer Revolution im Haus, mit dem Ziel einer Emanzipation der häuslich Beschäftigten, durchzieht eine bestimmte, aus dem italienischen »postoperaismo« kommende Kritik der dominanten Erwerbsarbeit bis heute, zum Beispiel in den vielgelesenen Schriften von Michael Hardt und Antonio Negri. Es geht ihnen um eine Neubewertung der traditionell als unproduktiv und zweitrangig abqualifizierten Affektarbeit. Affektarbeit verkörpert in ihren Augen die Arbeit der Zukunft, gerade weil sie keine industrielle, klassisch produktive Arbeit ist, sondern eine neuartige, immaterielle und biopolitische Arbeit, die ganz auf die Erzeugung und Pflege sozialer Beziehungen ausgerichtet ist. Affektarbeit als Variante der das 21. Jahrhundert prägenden »Wissensarbeit«: In dieser Optik hatte man das hässliche Entlein der häuslichen Pflege zuvor nicht betrachtet.

In diesem Zusammenhang sprechen Hardt und Negri von einer zunehmenden »Feminisierung« der Arbeit insgesamt. Das bedeutet quantitativ einen steigenden Frauenanteil an der Erwerbsarbeit und qualitativ eine fortschreitende Flexibilisierung und »Informalisierung« der Arbeitszeit. »Qualitäten, die traditionellerweise mit ›Frauenarbeit‹ assoziiert wurden, also etwa affektive, emotionale und zwischenmenschliche Tätigkeiten, in allen Bereichen der Arbeitswelt, [rücken] immer stärker in den Mittelpunkt.«[44] Feminisierung hat man sich somit nicht unbedingt als etwas Positives vorzustellen, etwa im Sinne einer Durchsetzung »weiblicher Werte«, die nun die Arbeitswelt eroberten. Die Feminisierung der Arbeit schreitet voran, ohne dass mit ihr auch die Geschlechtergleichheit Fortschritte machte. Das Geschlecht der Arbeitswelt verändert sich schneller, als selbst eine auf Egalität drängende Gesetzgebung dem zu folgen vermag. Feminisierung bedeutet aus dieser Perspektive, dass der Grad an (Selbst-)Ausbeutung, Belastbarkeit, Mobilität und geringem Sozialprestige, der weibliche Erwerbsarbeit seit jeher prägte, nun zum gesellschaftlichen Standard auch für Männer avanciert ist. »Trotz des massiven Anstiegs des Anteils erwerbstätiger Frauen«, schreiben Hardt und Negri, »gilt weiterhin, dass es weltweit in erster Linie Frauen sind, die für unbezahlte Haus- und Reproduktionsarbeit, das heißt für Haushalt und Kinder, zuständig sind: Darüber hinaus tragen sie vor allem die Last der Jobs im informellen Sektor, sowohl in der Stadt als auch in den ländlichen Gebieten.«[45] Woher genau die Autoren den Optimismus beziehen, der ein so korrekt beschriebenes Proletariat in den Rang einer neuen Wissensavantgarde befördert, bleibt unklar. Richtig ist so viel: Pflege, von wem auch immer sie geleistet wird, ist ein Beitrag zur Produktion sozialen Lebens. Sie verdient Anerkennung, und diese Anerkennung entsteht durch Bezahlung.

In Deutschland gab es in den letzten Jahren eine lebhafte Debatte um das staatliche Betreuungsgeld (»Herdprämie«) für die häusliche Betreuung von Kindern im zweiten und dritten Lebensjahr. Das Betreuungsgeld, 2012 von Bundestag und Bundesrat beschlossen und 2015 vom Bundesverfassungsgericht einstweilen wieder gekippt, ist gedacht als eine Maßnahme im Sinne von »Cash for Care«. Es erlaubt Müttern (94,7 Prozent der Empfänger sind Frauen), Vätern und Kindern für eine Weile das Daheimbleiben und entlastet damit die überfüllten Kindertagesstätten. Ist das Betreuungsgeld im Kern ein konservatives Angebot, wenn es Mütter fürs Zuhausebleiben belohnt und den Druck auf die Politik verringert, ein ausreichendes Versorgungsangebot für alle bereitzustellen? So sahen es jedenfalls drei Bundestagsausschüsse, als sie den Vermittlungsausschuss anriefen, und später das Land Hamburg, als es einen Normenkontrollantrag einbrachte. Wenn Städte und Kommunen mit Steuergeldern ihr Angebot an Tagesstätten ausbauen, um Männern und Frauen volle Teilhabe am Arbeitsmarkt zu ermöglichen, sollten sie, so die Kritik, nicht gleichzeitig mit Steuergeldern ein Programm fördern, das Geschlechterrollen und faktische Nichtteilhabe von Frauen an Erwerbsarbeit zementiert. Das Bundesverfassungsgericht erklärte das Betreuungsgeld daraufhin mit dem Hinweis auf mangelnde Gesetzgebungskompetenz des Bundes für verfassungswidrig, woraufhin Bayern ein Landeserziehungsgeld einführte. »Cash for Care« kann, wie dieser Fall zeigt, ein zwiespältiger Reformvorschlag sein. Niemand soll durch Pflegeaufgaben im eigenen Haus ökonomisch benachteiligt sein. Die Frage ist nur, ob die Kompensation wirkungsvoller dann erfolgt, wenn das Zuhausebleiben bezahlt oder wenn das Nichtzuhausebleiben durch funktionierende öffentliche Angebote erleichtert wird. Die Diskussion um diese Alternative wird im Handumdrehen ideologisch. Wer mehr Anerkennung für häusliche, familiäre Sozialarbeit anstrebt, sollte Inhouse-Modelle ebenso zulassen wie institutionelle Lösungen.

Man kann »Cash for Care« also auch als »Herdprämie« missverstehen und damit den ursprünglich emanzipatorischen Anspruch in sein Gegenteil verkehren. Zukunftsorientiert scheint aus dieser Perspektive allein das Outsourcing der häuslichen Fürsorge, mit dem Männern und vor allem Frauen die Teilhabe am »richtigen« Erwerbsleben ermöglicht werden soll. Dabei wird zu wenig bedacht, dass viele Männer und Frauen am richtigen Erwerbsleben ohnehin nur prekär und schlecht bezahlt teilnehmen und die Verheißungen der Arbeitswelt bei ihnen gar nicht ankommen. Gerade Deutschland schlägt sich, wie es scheint, mit der ideologischen Altlast der Hausfrau und Mutter von einst herum. Die vollständige Überwindung dieses zweifelhaften Erbes soll gelingen, indem möglichst alle dem Arbeitsmarkt »zur Verfügung stehen«. Allerdings hat dieser Arbeitsmarkt viele Leichtlohnangebote im Sortiment, gegen die häusliche Fürsorgearbeit dann wieder vergleichsweise attraktiv erscheint. Wer sich entscheidet, aus welchen Gründen auch immer, für die Kindererziehung eine Weile zu Hause zu bleiben, wer keinen Job hat oder vielleicht keinen will, wer Kindererziehung für sich selbst höher bewertet als Erwerbsarbeit, der wird das staatliche Betreuungsgeld sicher gerne mitnehmen, ohne sich in seiner Entscheidung von der Aussicht auf 150 Euro monatlich leiten zu lassen. Mit dem Betreuungsgeld wird in den Augen seiner Kritiker Mama endlich in den Rang eines bezahlten Kindermädchens erhoben, zur Haushaltshilfe ihrer selbst. Anders als bisher kann sie womöglich nicht einmal mehr auf die halbherzige Unterstützung ihres Partners zählen; sie wird jetzt ja schließlich bezahlt. Geschlechterpolitisch ist nicht das Betreuungsgeld das Ärgernis, sondern die Tatsache, dass es zu 94,7 Prozent von Frauen in Anspruch genommen wird. Sowohl Herdprämien als auch der gleichzeitige weitere Ausbau von Tagesstätten können der richtige Weg sein, wenn das eine oder das andere jedem Einzelnen die falsche Alternative zwischen Broterwerb und familiären Pflichten ersparen hilft.

Die abfällige Rede von der »Herdprämie«, verbunden mit der Angst vor der Wiederkehr des »Heimchens« als Rollenfigur, deutet auf fortbestehende Ressentiments gegenüber dem Haus hin. Das Haus tritt hier nur in Erscheinung als ein Ort, den man besser flieht. Die Erwachsenen fliehen morgens an den Arbeitsplatz und bringen zuvor noch rasch die Kinder in die Schule oder in den Hort. Im eigenen Haus wird nur die Reproduktionsarbeit geleistet, bei der alle ihre »Akkus aufladen«. Die allermeiste Zeit des Tages bleibt der hochpreisige Wohnraum ungenutzt. Es wird Zeit für eine Neubewertung der Häuslichkeit, die das Haus nicht in erster Linie als Arbeitsplatz, ob nun Schauplatz von häuslicher Pflege oder »Home Office«, missversteht. Das Haus müsste wieder eine Chance als Ort des Müßiggangs und der Selbstüberlassenheit bekommen, aus dem die sonst geltenden Leistungsimperative verbannt sind. Diesem Wunsch ist eine Anerkennung häuslicher Arbeit als richtige, professionelle und bezahlte Arbeit nur bedingt förderlich. Wichtiger wäre, im eigenen Haus Dinge zu tun (oder auch nicht zu tun), die möglicherweise sinnvoll und nützlich sind, ohne deshalb in Arbeit auszuarten. Erst dann entkommt man der Reduktion des Daseinsvollzugs auf Pflichten. In diesem Sinne ist auch das Verhältnis von Liebe und Arbeit ständig neu zu justieren. Liebe ist Arbeit, daran haben die italienischen Feministinnen erinnert, als sie ihren gerechten Lohn für intime Dienste einforderten. Umgekehrt verwandelt sich Arbeit in Liebe, wenn nämlich die Freude an einer affektiven Beziehung den Gedanken an Leistung und Kompensation überstrahlt.

Als Feministinnen vor Jahrzehnten in den Kampf gegen Hausarbeit zogen, wollten sie jene versteckten Dienst- und Unterdrückungsverhältnisse in sozialen Beziehungen ans Licht bringen, die sich nach außen geschickt als Liebe tarnten, die in Geld ohnehin nicht aufzuwiegen war. Sie fühlten sich von Ehemännern und Gesellschaft zu Dienstmädchen degradiert und wollten, indem sie ihr unfreiwilliges Dienstverhältnis beim Namen nannten und legalisierten, den Skandal ihrer Ausbeutung durch einen Affektstreik beenden. Im Zuge dieser Emanzipationsgeschichte haben sich in unserem Vokabular Begriffe wie »Gefühlsarbeit« und »Beziehungsarbeit« festgesetzt, ohne dass damit das Problem der Vergütung liebender Sorge gelöst wäre. Einfacher scheint der Fall etwa bei »Sexarbeiterinnen«. Durch Selbsteingliederung in das Dienstleistungsparadigma haben sie sich neue Reputation verschafft. Freilich gehört diese Art von Liebesdienst kaum wirklich in den Bezirk der affektiven Arbeit, im Gegenteil, mit der Deklaration als Dienstleistung wird gerade die Nichtbeteiligung des Affekts unterstrichen. Sexarbeit mag intime Aspekte haben, aber diese finden sich auf andere Weise auch in heilenden und pflegenden Berufen. Kritisch scheint hier die Schwelle, die den »Kunden« vom »Patienten« und die beiden wiederum von Familienmitgliedern trennt, die unserer Fürsorge bedürfen.

Betrachten wir zum Zweck der Verdeutlichung die innerfamiliären Anspruchsnehmer und Leistungsempfänger für einen Moment als Kunden. Anders als richtige Kunden zahlen sie nicht, sondern sind mit uns durch einen fiktiven Solidarvertrag verbunden. Unsere Leistungen werden uns stattdessen idealerweise durch analoge Gegenleistungen vergolten. Die traditionelle Finanzierung solcher Dienste erfolgt durch anderweitige Erwerbsarbeit, sei es durch den Ehepartner oder die pflegende und erziehende Person selbst. Es handelt sich somit um klassische Schattenarbeit, für die eine direkte Bezahlung, sei es durch die Leistungsempfänger oder staatliche Subventionen, nicht vorgesehen ist. Wer sich diese Arbeit aus finanziellen Gründen nicht leisten kann, kann es sich in der Regel auch nicht leisten, solche Aufgaben zu delegieren. Das Betreuungsgeld und andere neue sozialpolitische Instrumente wollen Anreize schaffen, sich den häuslichen Sorgeaufgaben im notwendigen Umfang zu widmen, ohne deshalb in die Hausfrauen- oder Hausmännerfalle zu tappen.

Strittig blieb auf dem Höhepunkt der feministischen Hausarbeitskritik stets die Frage, ob der Kampf zur finalen Abschaffung der Haus- und Familienarbeit führen sollte oder ob es genug wäre, wenn sich in ihr, reformistisch gedacht, der Gleichheitsgrundsatz verwirklichen würde. Man kann sich fragen, ob die damals beklagte »Sklaverei am Spülbecken« heute noch vorherrschende Realität ist. Noch immer ist Hausarbeit in aller Regel unbezahlte Arbeit, aber sie wird nicht mehr vorwiegend von Hausfrauen geleistet. Auch wenn Männer noch immer deutlich weniger häusliche Arbeit verrichten als Frauen, ist der männliche Anteil bei der Erledigung von Haushaltspflichten gestiegen. Außerdem haben die verbesserte Haushaltstechnik und pragmatische Erwartungen an häusliche Sauberkeit und Ordnung die Fron am Spülbecken wesentlich erleichtert. Noch wichtiger aber: Diener und vor allem Dienerinnen sind zurückgekehrt, nachdem die feministische Revolution zu ganz anderen Ergebnissen geführt hatte als gedacht, nämlich statt zu einer Bezahlung von Familienarbeit zu einer Abkehr vom Hausfrauendasein. Eine Parole noch in den Tagen der »Wages Against Housework«-Bewegung hieß: Frauen, leistet euch Hausangestellte! Damals ignorierte man den Umstand, dass die Befreiung einer bestimmten, eher privilegierten, besser ausgebildeten und verdienenden Schicht von Frauen zu Lasten einer anderen Klasse von schlecht verdienenden und qualifizierten Frauen, oft Migrantinnen, ging, für die sich die Frage nach weniger Arbeit zu keiner Zeit stellte. Ein solidarisches Projekt zur Befreiung von den Zwängen von Haus- und anderer Arbeit ließ sich auf diese Weise nicht verwirklichen. Wer Hausangestellte beschäftigt, hat die Chance, niedrigwertige Arbeit durch höherwertige oder auch durch gar keine Arbeit zu ersetzen, tut dies aber auf dem Rücken von Platzhalterinnen, die ihrerseits keine Aussicht auf denselben Freikauf von Arbeit kennen.

»Cash for Care«, diese Forderung ist inzwischen teilweise in die Gesetzgebung eingeflossen, in Deutschland und anderswo. Die Novelle des Pflegezeitgesetzes von Anfang 2015 sieht im Sinne der »besseren Vereinbarkeit von Familie, Pflege und Beruf« folgende Verbesserungen vor: »Rechtsanspruch auf Freistellung mit Kündigungsschutz für pflegende Angehörige, mehr Freiheit für pflegende Angehörige bei der Vereinbarkeit von Pflege und Beruf sowie finanzielle Unterstützung durch das Pflegeunterstützungsgeld oder das zinslose Darlehen für pflegende Angehörige.« Nun kann man also Angehörige betreuen und daraus das gleiche professionelle Selbstbewusstsein beziehen, wie aus ähnlicher, bezahlter Arbeit außer Haus. »Care« als Erwerbsarbeit in der eigenen Familie, sozusagen als Heimarbeit, damit trägt man eine generationelle Dankesschuld und -pflicht ab und erhält eine (geringe) Kompensation aus öffentlichen Mitteln, in Anerkennung der gesellschaftlichen Bedeutung der Aufgabe. Die häusliche Pflege durch Angehörige hat einen Wert, sogar einen Geldwert. Trotzdem liegen in ihr verschiedene ökonomische Prinzipien und Erwartungen im Widerstreit. Auch wenn Geld verdient wird, sind nichtmonetäre Schulden im Spiel. Es ist unwahrscheinlich, dass in einem gegebenen Pflegeverhältnis ausschließlich emotionale oder ökonomische Beweggründe den Ausschlag geben. Wahrscheinlich sind wir, wenn wir bezahlt oder unbezahlt Sorgearbeit leisten, immer schon »Managed Hearts«, um Arlie R. Hochschilds Begriff aufzugreifen. Herzensangelegenheit und Ökonomie lassen sich nicht entwirren, nicht für bezahlte Dienstleister und nicht für bezahlte oder unbezahlte Angehörige. Warum sollte man bezahlte eigene Pflege der alten, gebrechlichen Eltern anders bewerten als unbezahlte, wo das Verhältnis zu den Eltern ohnehin von ökonomischen Leistungen und Erwartungen mitbestimmt ist? Auch da, wo Leistungen der pflegenden Generation auf den ersten Blick unhonoriert bleiben, geht es um Erbschaften, und bei diesen oft auch um die monetäre Anerkennung von Pflegeleistungen und damit verbundene Einkommenseinbußen.

Hilfreich ist bei alledem die weitere Entmythologisierung der familiären Ökonomie, eine pragmatische, durchlässige und nichtfundamentalistische Art des Umgangs mit häuslichen Liebesdiensten. Ein Naturalismus im Sinne einer Unbezahlbarkeit emotionaler Dienste hilft in jedem Fall nicht weiter. Die Kulturgeschichte des vor allem weiblichen Opferdienstes im Haus hat ihrerseits eine Symptomatik hervorgebracht, bei der eigene Opferleistungen passiv-aggressiv in die eigene negative Lebensbilanz eingetragen und den Bessergestellten als Vorwurf präsentiert wurden. Ist nicht traditionell der »stille Vorwurf« die eigentliche Währung, mit der nichtkompensierte Kümmerdienste am Ende doch eine Kompensation erfuhren, und sei es nur in der Anklage an diejenigen, die sich dem Opferdienst entzogen oder von ihm profitiert hatten? Angesichts dieser Vorgeschichte klagender Entsagung (»Was habe ich nicht alles für dich getan!« und »Wie wird mir jetzt mein Einsatz gedankt?«) wird man die geregelte Honorierung des häuslichen Kümmerns und auch das Abgeben solcher Leistungen an externe Dienstleisterinnen begrüßen. Sie bringen mehr Rechenschaft und Transparenz in Verhältnisse, in denen sich ansonsten die Kraft des selbstmitleidigen Narrativs durchzusetzen droht.

Keiner soll beim Kümmern finanziell auf der Strecke bleiben. Aber manche waren gar nicht so unzufrieden mit der heimischen Opferrolle, von der bisweilen mehr Macht ausging als von der des Ernährers. Man kann das Prinzip des »Cash for Care« also auch als Gegenmittel gegen passive Aggressivität auffassen, und im Umkehrschluss das Beharren auf der Undelegierbarkeit häuslicher Pflege als den Versuch, das Heft der häuslichen Herrschaft durch aggressive Selbstlosigkeit nicht aus der Hand zu geben. Was aus reiner Liebe geschah und deshalb nicht kompensiert werden kann, erzeugt bei den Nutznießern des eigenen Opfers Schuld, die als schlechtes Gewissen in die emotionale Ökonomie einfließt. Externe Dienstleister ebenso wie staatliche Leistungen für Betreuung und Pflege tragen zur Versachlichung des Kümmerns und zur Demontage der Opferrolle bei. Die Absolutheit gerade des weiblichen und mütterlichen Kümmerns, die Identifikation mit Sorge und Kummer, erhob ihren Beitrag in den Rang eines unveräußerlichen Gutes. Es gibt ja all die Sorge nicht nur, weil wir uns so viel um unsere Angehörigen kümmern müssen, sondern weil wir uns um sie kümmern wollen, weil wir (oder manche von uns) eingefleischte Kümmerer sind, aus deren identitärem Grundbestand das Recht auf Sorge nicht wegzudenken ist.

Es gibt demnach auch so etwas wie gelungene Dienstleistungsbeziehungen im eigenen Haus, nicht etwa im Sinne einer Entfremdung von ursprünglichen, organischen und »warmen« Empfindungen, sondern als eine positiv verstandene Angestelltenmentalität. Werden bei ihr dieselben Kräfte im Hause wirksam, die uns ja längst auch am Arbeitsplatz beflügeln, kommunikative, emotionale und kreative »Kompetenzen«, mit denen wir unsere Jobs identitär mit Leben erfüllen? Derselbe Wille zum Problemlösen, mit dem wir unserer Bürotätigkeit nachgehen, könnte uns auch bei der häuslichen Arbeit leiten, und unsere Motivation würde nur noch wachsen, wenn wir Kompensation und Entlastung durch staatliche Zuschüsse und externe Angestellte erfahren. Das häusliche Kümmern muss nicht auf Dauer im Bann des Opferdienstes, des Nichtentschädigtwerdens und der versagten Lebenschancen verharren. Nur wer das Kümmern für sein Schicksal hält, wer gerne die anderen in die emotionale Schuldenfalle tappen lässt, wird einer solchen Versachlichung von Pflege rundherum widersprechen. Wann und wo ich aber delegiere, wo ich intime Fürsorge auslagere und wo nicht, wo in familiären Sorgeakten die Grenzen zwischen unverfügbarem Selbsttun und Transfer an Dritte verlaufen, wird eine Frage des Abwägens sein. Zwischen einer Kultur des radikalen Selbermachens und einer anderen Kultur der konsequent zugekauften Entlastungen wird man sich Wege suchen, die eine Balance absehen lassen zwischen Kernzuständigkeiten und den sonstigen Notwendigkeiten der Lebensführung.

All das ist aus der Warte derjenigen gesprochen, die Hausangestellte beschäftigen (oder nicht), nicht aus jener der Hausangestellten selbst. Wie steht es um die identitären Ansprüche und Bedürfnisse der polnischen Pflegehilfe, die ihrerseits alte Eltern hat oder vielleicht auch noch schulpflichtige Kinder, ganz zu schweigen von einem Ehemann? Beruf, Pflege und

Familie lassen sich für solche Pflegemigrantinnen selten miteinander vereinen. Sie arbeiten außerhalb des Geltungsbereichs solcher gesetzlicher Regelungen und beklagen sich nicht einmal darüber. Die Welt der Anspruchsnehmer ist eine gänzlich andere als die der pflegenden Leistungserbringer, die sich vielleicht für eine befristete Zeit in einem Haushalt einrichten, um dort eine kranke, alte Person zu pflegen, unter Zurücklassung einer eigenen, nunmehr schlecht versorgten Häuslichkeit, in der sich vielleicht ganz ähnliche Aufgaben stellen wie im Haushalt des Arbeitgebers. Arbeitsmigrantinnen und -migranten nehmen in aller Regel Positionen an, bei denen die Vereinbarkeit mit eigenen familiären Bedürfnissen nicht möglich ist und auch von keinem Gesetzgeber erleichtert wird. Was wäre dann eine zeitgemäße Ethik des Umgangs mit der großen Aufgabe des häuslichen Kümmerns? So wie wir vor Produkten zurückscheuen, die durch ungesetzliche Ausbeutung von Arbeitskraft erzeugt wurden, müssten wir im Geiste des »fair trade« Beschäftigungsverhältnisse ablehnen, die den Beschäftigten systematisch Rechte und Chancen versagen, die wir uns durch ihre Beschäftigung erkaufen.

Man wird nicht in allen diesen Verhältnissen bis ins letzte Detail Fairness herstellen können. Man könnte aber den Billiglohnsektor Pflege in einen Sektor zumindest angemessener Vergütung verwandeln. Die Kosten für eine 24-Stunden-Pflegehilfe in einem privaten Haushalt liegen laut der Zentralen Auslands- und Fachvermittlung der Bundesagentur für Arbeit derzeit bei mindestens 2023,43 Euro pro Monat. Das basiert auf dem Mindestlohn von 8,50 Euro und berücksichtigt eine Sozial- und Unfallversicherung. Es bleibt schwer einzusehen, dass solche sensiblen Dienste zum Niedriglohnsektor gehören und nicht entsprechend der Wertigkeit vergütet werden, die wir selbst dieser Aufgabe zumessen. Unsere Lebenserleichterer und -ermöglicher arbeiten zu gesellschaftlich akzeptierten Dumpinglöhnen, und sie tun es freiwillig und auf eigenes Risiko. Man stelle sich einmal kurz eine tatsächlich leistungsbezogene Vergütung haushaltsnaher Dienstleistungen vor. Etwa eine prozentuelle Beteiligung an dem finanziellen Gewinn, den eine von häuslichen Pflichten entlastete Karrierefrau (oder ein Karrieremann) aus der vollen Konzentration auf den Job zieht. Der partielle Freikauf von der Sorge um Kinder und Alte mag emotional für die derart Befreiten weiterhin ein Problem sein, finanziell dagegen geht die Rechnung in aller Regel auf. Wer frühzeitig in häusliche Dienste investiert, um Familie und Beruf vereinbar zu machen, erwirtschaftet dafür über die Jahre in aller Regel eine mächtige Rendite – an der allerdings die Dienstleisterin kaum einmal finanziell beteiligt ist. Ihre Ansprüche sind mit dem Lohn vollständig abgegolten. Man hat diese Spielart des Karriere- und Erwerbsfeminismus zu Lasten ebenfalls weiblicher Helferinnen als »plutocratic feminism« gegeißelt und gegen ihn einen »intersektionalen Feminismus« in Stellung gebracht. »Plutokratischer Feminismus konzentriert sich auf die Frage, ob und wie hochrangige weibliche Angestellte bezahlbare und qualitativ hochwertige Kinderbetreuung finden können. Intersektionaler Feminismus beschäftigt sich stattdessen ebenso mit den Kinderbetreuerinnen selbst. Wie werden sie bezahlt? Wie werden sie behandelt? Bekommen sie Krankheitstage oder bezahlten Urlaub, damit sie sich um ihre eigenen Familien kümmern können und nicht bloß um die von anderen?«[46] Frauen wie Sheryl Sandberg und Anne-Marie Slaughter haben Bestseller geschrieben mit Berichten darüber, wie man es als Frau in die obersten Ränge von Facebook schaffen kann beziehungsweise wie man als Frau ein hohes Regierungsamt aufgibt, um wieder näher bei der Familie zu sein, weil man als Frau eben doch nicht alles haben kann.[47] Das zentrale gesellschaftliche Problem, das sich Elitefrauen wie Sandberg und Slaughter stellt, ist die Herstellung eines Arbeitsmilieus, in dem männliche und weibliche Vereinbarkeitswünsche gleichermaßen Aussicht auf Erfüllung haben. Bei solchen überschaubaren Forderungen bleibt die Arbeitskraft, auf deren Rücken diese Vereinbarkeit erst erzeugt wird, strukturell ausgeblendet. Das unterscheidet den Feminismus der akademischen Leistungselite von einem anderen Feminismus, den man intersektional nennt.[48] Erst der Letztere will wirklich wissen, was mit der Last geschieht, von der ich mich befreie, wenn ich, zwar bezahlt, aber deshalb noch lange nicht fair, für meinen beruflichen Aufstieg einen häuslichen Platzhalter engagiere. Sicher kommt es noch immer auch darauf an, plutokratischen Feminismus gegen plutokratischen männlichen Chauvinismus in Stellung zu führen. Eine emanzipatorische Perspektive aber, deren Vorstellungskraft nicht wesentlich über die Wünsche weißer, akademischer Mittelschichtsfrauen hinausreicht, verfehlt die Tragweite des Problems.

Zunächst muss freilich das Problem formuliert werden. Geht es um faire Behandlung, was immer das im Detail bedeutet, von häuslichen Dienstleisterinnen? Oder darum, die Existenz eines Dienstleistungsproletariats insgesamt zu bekämpfen, wenn nicht mit politischen Maßnahmen, dann sicher durch Nichtbeschäftigung einfacher Dienstleister? Auch wenn die Gesamtrechnung tendenziell ausbeuterischer Sozial- und Verkehrsformen unmöglich scheint, spricht wenig gegen eine Politik der kleinen Schritte, die sich anderswo, etwa im Hinblick auf Lebensmittel und deren Herkunft, schon lange durchgesetzt hat. Vielleicht kommt es darauf an, den Umgang mit häuslichen Helfern zu »entbequemlichen«. Bezahlung allein genügt nicht, auch nicht gute, wir müssten vielmehr herausfinden, ob und in welchem Umfang die Lebenschancen und konkreter die Vereinbarkeitschancen von »care« und »career« für die Angestellten selbst realisiert sind. Der Imperativ, der sich aus solchen Nachforschungen ergäbe, würde heißen: Beschäftige und bezahle Hausangestellte so, dass sie nicht gehindert sind, in ähnlicher Weise wie du ihre beruflichen und häuslichen Aufgaben und Wünsche zu erfüllen. Ein solcher ethischer Selbstcheck im eigenen Haus wäre darauf gerichtet, Arbeitsverhältnisse zu etablieren, die beiden Parteien guttun, nicht nur im Moment der Vergütung, sondern im Blick auf langfristige Ermöglichung (oder Nichtverunmöglichung) von Lebenschancen. Man wird dieses Symmetriegebot nicht auf alle außerhäuslichen Dienstleistungssphären ausdehnen können (oder doch: wir können etwa auch das Chinarestaurant meiden, das Köche und Kellner ausbeutet), aber vielleicht ist es gut, mit dem eigenen Haus anzufangen und hier die lange Geschichte von Semilegalität und Schattenarbeit beherzt zum besseren Ende zu bringen.

Zu Begriff und Situation des Dienstleistungsproletariats hat Philipp Staab in seiner bemerkenswerten Studie zu »Macht und Herrschaft in der Servicewelt« wichtige Unterscheidungen geliefert. »Einfache Dienste« umfassen etwa elf Prozent der ArbeitnehmerInnen in Deutschland, darunter Personen mit befristeten, Teilzeit- und Minijobs: »Dabei handelt es sich um ein Arbeitsmarktsegment, das mehrheitlich von weiblicher Erwerbsbeteiligung geprägt ist. Institutionen kollektiver Interessensvertretung, seien es Gewerkschaften oder Betriebsräte, sind hier Mangelware.«[49] Im Wesentlichen handelt es sich um vier große Arbeitsfelder und Asymmetrie-Generatoren: »Soziale Sorge«, »Betreuter Konsum«, »Tertiäre ›Männerarbeit« sowie »Reine Gewährleistung«. Dahinter verbergen sich Berufe wie Altenpflegerin, Verkäuferin, Zustelldienste, Putz- und Wachdienste. Die ersten zwei sind weibliche, die letzten beiden männliche Domänen. Die zwei ersten haben mit Menschen zu tun (mit Alten beziehungsweise mit Käufern und Konsumenten), die beiden anderen, männlich dominierten, nicht oder nur peripher. Soziale Sorge scheint nicht im selben Umfang »proletarisiert« wie die Männerdomänen. Man kann die Altenpflege irgendwo zwischen Seelsorge und Wissensarbeit ansiedeln, ohne dass sie freilich entsprechend geschätzt und vergütet wäre. Die Bezahlung ist zwar besser und das gesellschaftliche Ansehen höher, egal, ob die Arbeit in Institutionen oder in Privatwohnungen geleistet wird (dazwischen existiert als Drittes der Bereich ambulanter Dienste). Dennoch besteht Prekarisierungsgefahr, gerade bei den »Live-ins«, nämlich aufgrund der dort weit verbreiteten informellen Absprachen, bei denen eine Pflegekraft als Haushaltshilfe angestellt wird. Wie sehen solche Pflegearrangements in deutschen Privathaushalten aus? »Sofern diese Beschäftigten über offizielle Agenturen vermittelt werden, leben sie in der Regel drei Monate lang im Haushalt der Kunden. Daran schließen sich drei bis vier Wochen Erholungszeit in der Heimat an, bis man zu einem neuen Auftrag ausrückt. Der quartalsmäßige Personalwechsel minimiert das Risiko für die Vermittlungsagenturen, die Arbeitnehmer an irreguläre Beschäftigung zu verlieren.«[50] Professionalisierung findet »on the job« statt; viele der Pflegerinnen und Pfleger kommen aus ganz anderen Berufen, verfügen über nur geringe Deutschkenntnisse und sind dennoch unter Druck, vom ersten Tag an sorgende Nähe und Empathie herzustellen. »Eine erfolgreiche Pflegebeziehung funktioniert dementsprechend eher symbiotisch, einem Ideal der Verschmelzung folgend, statt gemäß einer professionellen Logik der Formalisierung und darüber erreichten Distanzierung.«[51] Der Kunde ist Dienstherr und entscheidet über den Erfolg der Pflege, die Agentur ist weit weg. Die Pflegerin ist dem Dienstherrn/Kunden auf eine Weise – temporär und auf Widerruf – ausgeliefert, wie es in anderen, institutionalisierten Arbeitsverhältnissen kaum vorstellbar ist. »Die Aushandlung des jeweils spezifischen Arrangements von Herrn und Knecht erfolgt dabei vor dem Hintergrund einer radikalen Asymmetrierung zwischen Kunde und Dienstleister, die auf jedwede organisatorische Einhegung verzichten muss.«[52] Insofern, schreibt Staab, sei die »Live-In-Konstruktion eine besonders radikale Form personenbezogener Dienstleistungsarbeit«, die in dem Maß an Bedeutung gewinnt, wie stationäre Pflege nur mehr die »Ultima Ratio der Pflegelandschaft« darstellt.[53]

Eine »Work-Life-Balance« darf man für im Haus lebende Pflegekräfte nicht unterstellen, noch weniger als in anderen Arbeitsfeldern für einfache Dienstleistungen. Wie es um die Freizeit polnischer Live-Ins bestellt ist, hat Staab untersucht. »Mit Linienbussen reisen Magda, Adam oder Piotr nach drei Monaten Arbeit nach Hause zu ihren Familien in Polen. Hier muss der gesamte eingespielte Tagesablauf umgestellt werden. Der Alltag muss neu gefunden, Nähe in der Partnerschaft aktualisiert werden. Sequenzialisieren ist dabei eine Praxis, die spezifische Fähigkeiten erfordert. Es gilt den eigenen Platz zu Hause in der einmonatigen Freizeitsequenz immer wieder neu auszuhandeln.«[54] Niemand ist in der Lage, diesen Rhythmus, der eigene Belange konsequent hinter den Rhythmus eines Herren-Kunden zurückstellt, ohne familiäre Schäden über Jahre durchzuhalten. Das Leben der Pflegekräfte ist strukturiert durch temporäre Volleinsätze mit eingestreuten Auszeiten, ohne dass, anders als in Pflegeinstitutionen, »solche Belastungen durch organisatorisch verbürgte Aufstiegschancen ausgeglichen« würden. Das neue Dienstleistungsproletariat, und hier ganz besonders die Berufspendler zwischen zwei Ländern, kommen in aller Regel nicht in den Genuss von Aufstiegschancen.

Was bleibt an Optionen der Lebensführung für jemanden übrig, dessen Arbeitszeit und -inhalte sich analog und komplementär um die Bedürfnisse eines Herren und Kunden herum gruppieren? Nicht nur, dass, wer anderswo Teil der Familie wird, zu Opfern im Hinblick auf die eigene Familie verurteilt ist. Die Lebensführung von Menschen, die in einfachen Dienstleistungsberufen tätig sind, unterliegt generell einem Vereinbarkeitsproblem, von dem sie sich, anders als die Mittelständler, nicht freikaufen können. Staab unterscheidet je nach dem Grad a) der familiären Verpflichtungen und b) der Rationalisierung am Arbeitsplatz zwischen flexiblem Grenzstellenmanagement (Vorrang des Privat- und Familienlebens vor einem geringgeschätzten, aber nicht übermäßig anstrengenden Job), intensiver Investierung (hohes Engagement in weniger stark rationalisiertem Job bei Hintanstellung des Privatlebens), Methodisierung von Knappheit (niedrigwertige, aber anstrengende Arbeit bei geringen familiären Verpflichtungen) und »exploitative Hingabe« (Identifikation mit Pflegeaufgaben bei Vernachlässigung eigener familiärer Bedürfnisse).[55] Von Balance zwischen Leben und Arbeit kann in keinem der genannten Fälle die Rede sein, eher von Bewältigungs- und Überlebensstrategien im Niedriglohnsektor. Man könnte von einem Proletariat ohne »Pauperismus« sprechen, denn die hier beschriebenen Arbeitnehmerinnen und Arbeitnehmer leben überwiegend nicht im Elend oder gar im Zustand sozialer

»Verwahrlosung«. Die Frage, woran, an welchem Habitus, man heute eine Person erkennt, die als einfache Dienstleisterin tätig ist, ergibt keine eindeutige Antwort. Man erkennt sie am ehesten an ihren grenzenlosen Arbeitszeiten, sonst aber kaum an bestimmten gruppen- und schichtenspezifischen Eigenschaften. Diese elf Prozent der deutschen Arbeitnehmerschaft, von denen 62 Prozent Frauen sind, fallen nicht besonders auf, sie organisieren sich nicht, streiken nicht, demonstrieren nicht und haben sich, wie es scheint, in ihrer Lebensführung eingerichtet. Ihrer politischen Ausrichtung nach stehen sie mehrheitlich nicht mehr links; ethnische Gruppenidentität hat Vorrang vor politischer oder gewerkschaftlicher Orientierung. Berufsstolz, der die Solidarisierung fördert, findet man selten. Das kann man von der Gebäudereinigungs- umstandslos auf andere Branchen übertragen, und ebenso auf die Situation in anderen Ländern: in einfachen Dienstleistungsberufen stecken vielfach Menschen mit Migrationshintergrund fest und richten sich hier in Ermangelung von Perspektiven dauerhaft ein. Einer auf Teilhabe und Aufstiegschancen bedachten Sozialpolitik muss diese Lage ein Anliegen sein, aber sie scheint erst in Ansätzen begriffen. Die Gewerkschaften profitieren derzeit zwar von der Zunahme der sozialversicherungspflichtigen Beschäftigung und den niedrigen Arbeitslosenzahlen, doch sind die Beschäftigungszuwächse gerade dort groß, wo die Gewerkschaften traditionell wenig zu bestellen haben, etwa im Feld der personenbezogenen (einfachen) Dienstleistungen.

Die Frage bleibt: Wie kann man einfache Dienstleistungen tariflich und in der sozialen Wertschätzung neu kalibrieren und ihnen etwas von der Würde und Anerkennung zusprechen, die ihnen bislang versagt geblieben ist? Wie entkommt man dem Teufelskreis aus schlechter Bezahlung und niedrigem Ansehen, der einen wachsenden Teil der arbeitenden Bevölkerung in einem Schattendasein verharren lässt? Am ehesten dürfte das von den vier großen Sektoren der einfachen Dienstleistungsarbeit der »sozialen Sorge« gelingen: Für den »betreuten Konsum«, die »tertiäre ›Männerarbeit‹« und die »reine Gewährleistung« sind solche optimistischen Neubewertungen bestimmt noch weniger in Sicht. Um aber auf die im Haus lebenden Pflegekräfte zurückzukommen: Stellen wir uns einen Moment gegen alle Empirie vor, es handele sich um einen angesehenen, gut bezahlten, diplomierten Lehrberuf, abgesichert durch Tarifverträge und getragen vom Konsens, dass die häusliche Pflege von Kindern und alten Menschen zu den gesellschaftlich wichtigsten Arbeiten überhaupt gehört. Wenn es in Sozial- und Pflegeberufen zwischen Institutionen und Privathaushalten sanfte Übergänge gäbe, zudem verbunden mit Aufstiegsmöglichkeiten, wenn neben einer angemessenen Bezahlung Sozialleistungen im Sinne der Work-Life-Balance verpflichtend wären, und so fort, wäre dann häusliche Altenpflegerin ein Traumberuf, zumindest auf Zeit? Tatsache ist, dass die Nachfrage nach helfenden Berufen schon jetzt in keiner Weise durch einheimische Arbeitskräfte befriedigt werden kann. Der Fachkräftemangel erstreckt sich schon jetzt auf diese Berufe und wird weiter zunehmen, wenn der Zufluss von Arbeitsmigrantinnen aus klassischen Niedriglohnregionen abnimmt. Dann wird auch die polnische Altenpflegerin der Vergangenheit angehören. Die Servicewelt steht und fällt mit Arbeitskräften, denen, nach oben wie nach unten, Alternativen fehlen. Sie sind, wo sie sind, mangels besserer Alternativen, weder unglücklich noch undankbar, noch wirklich freiwillig. Als »Helden des Marktes«, der Flexibilität und Effizienz, verkörpern sie eine dominante Sozialfigur der Gegenwart. Mit ihrer »marktbezogenen Statusfatalität« verbleiben sie im Zustand einer »unmöglichen Gruppe«. Dass sie hart arbeiten und dabei Dinge vereinbar machen, über deren Nichtvereinbarkeit andernorts trotz Inanspruchnahme von Dienstleistern geklagt wird, verschafft ihnen vielleicht individuelle Genugtuung, aber kein Klassen- oder Gruppenbewusstsein. Marktbezug und Statusfatalität sorgen verlässlich dafür, dass soziale Übergänge oder gar Aufstiege unwahrscheinlich bleiben.

Die Lage der einfach dienstleistenden Bevölkerung scheint auf eine nichtdramatische Weise miserabel, vor allem, wenn man bedenkt, wie sich die eingebaute Chancenarmut auf die Kinder dienstleistender Eltern auswirken mag. Nicht nur ist ja die Lage von Kindern als Hausangestellten und sogenannten »young carers« zu bedenken, sondern ebenso die Lage von Familien, in denen alleinerziehende Mütter oder beide Elternteile als Dienstleister tätig sind und ihre Kinder vernachlässigen und/oder ihre soziale Lage an die Kinder weitergeben. »Meine Mutter war ein Dienstmädchen«, dieser Satz macht sich nur gut in Aufstiegsnarrativen und nicht in Erzählungen, deren Anschlusssatz heißt: »... deshalb bin ich auch Dienstmädchen geworden«. Friederike Bahl beschreibt vier Typen affektiver Einstellung zur eigenen Proletarität: die »Enttäuschten«, die auch schon einmal den Weg in die Gewerkschaft finden, wenn meist auch nur auf der Suche nach individueller Vergeltung eines erlittenen Unrechts. Dann die »Aufständigen«, die Totalresilienten, Querulanten, Rebellischen (oft sind es Männer), weiter die »Ironischen«, die Champions des »subtilen Widerstands« und der unentdeckten Sabotage bei »gezähmter Resilienz«, schließlich die »Zornigen«, mit hohem rebellischen wie destruktiven Potential und einer leisen Sehnsucht nach autoritären Verhältnissen und einer starken Hand.[56]

Zufrieden ist von Bahls Gesprächspartnern überhaupt niemand, lediglich der Grad der Unzufriedenheit schwankt. Es gibt keine Untersuchungen, wie es um die Zufriedenheit von häuslichen Pflegekräften im Vergleich zu Beschäftigten in anderen Sektoren einfacher Dienstleistung bestellt ist. Möglicherweise ist ihre Zufriedenheit größer, wenn die häusliche Konstellation finanziell und emotional passt und die Arbeit affektiv und emotional andere Chancen der Beteiligung eröffnet als etwa die eines Paketzustellers. Vielleicht ist aber auch der Grad der kritischen Reflexion der eigenen Position und des eigenen sozialen Status noch einmal niedriger als bei anderen Dienstleistungsberufen. Fest steht: Die neue Ökonomie des Kümmerns verschärft Ungleichheits- und Asymmetrieeffekte in der Gesellschaft.

Plattform.
Haushaltsdienste in der »Sharing Economy«

Die Rückkehr der Hausangestellten und -arbeiter im Zuge der neoliberalen Wende seit den 80er Jahren, die Zunahme solcher Beschäftigungsverhältnisse in Ländern rund um den Erdball (Mexiko, Brasilien, Indien, die Golfstaaten und andere) bei weiterer Verschärfung der sozialen Ungleichheit, der Anstieg der Nachfrage nach Altenpflegerinnen oder Kinderfrauen in ambitionierten Doppelverdienerhaushalten überall in der entwickelten Welt: Alle diese Phänomene sollten nicht darüber hinwegtäuschen, dass der einfachen, personengebundenen sozialen Dienstleistung in der uns bekannten Form schon wieder ein baldiges Ende bevorsteht. Eine der Ursachen hierfür ist der Wandel der Gesellschaft von einer postindustriellen Dienstleistungsgesellschaft hin zu einer digital getriebenen »Wissensgesellschaft«, anders gesagt, der freiwillige oder unfreiwillige Eintritt der Menschheit, oder doch eines großen Teils von ihr, in die »Infosphäre«. Für eine wachsende Zahl von Arbeitnehmern bedeutet das entweder den Abschied von rechtlich und tariflich definierten Formen der Beschäftigung oder die schwindende Aussicht, in solchen Verhältnissen je anzukommen, in beiden Fällen den Eintritt in ein legal noch nicht vermessenes Terrain, in dem der Markt auf neue Weise die Arbeitsbedingungen diktiert.

Hausangestellte, oft Migrantinnen, orientieren sich in ihren Arbeitsbedingungen und Lohnerwartungen nicht an gewerkschaftlichen Standards, sondern an den Maßgaben ihrer Kunden und Chefs, und oft bleiben ihnen Sozialleistungen versagt, die für gewerkschaftlich organisierte Arbeitskräfte schon lange gelten. Die Rede vom Dienstleistungsproletariat verdeckt dabei die Tatsache, dass viele haushaltsnah Beschäftigte mit fest angestellten »einfachen Dienstleistern« nicht tauschen wollen. Oft ziehen sie den Status des auf eigenes Risiko arbeitenden Kleinstunternehmers dem des angestellten Leichtlohnservicearbeiters vor. Man kann sich einen Lebensunterhalt zusammenbauen aus zwei oder drei häuslichen Kontrakten – die in aller Regel gar keinen Vertragscharakter haben – und damit, solange alles gut geht, man arbeitsfähig und halbwegs gesund ist, einigermaßen über die Runden kommen. Der kurzfristige Vorteil der Steuerersparnis wiegt oft schwerer als der Nachteil der unzureichenden Altersvorsorge. Eine junge, vertragslos in einem oder mehreren Haushalten arbeitende Putzfrau, Kinderfrau oder Altenpflegerin kann ihrer riskanten Lebensführung den positiven Aspekt der Ungebundenheit abgewinnen. Und vielleicht ist für viele die Altersvorsorge nach deutscher Angestelltenart weniger attraktiv, als sie zunächst erscheinen mag. Der Transfer des Bruttoeinkommens ins Heimatland, wo man sich damit vielleicht ein eigenes Haus bauen kann, stellt durchaus eine reizvolle Alternative dar. Solche Arbeitsmodelle haben neben den bekannten Nachteilen auch Vorteile, etwa in der Urlaubsgestaltung – man kann neun Monate intensiv arbeiten und sich dafür drei Monate Urlaub leisten – und in der Bezahlung, die wahrscheinlich die eines angestellten einfachen Dienstleisters übertrifft.

In solchen Szenarien kommt die Leistung oft noch ohne zwischengeschaltete Agentur zum Kunden. Die Verabredung erfolgt, direkt und ohne Vertragswerk, zwischen Kunden und Dienstleister. Viele Servicekräfte arbeiten auf diese Weise frei und wollen auch in Zukunft frei arbeiten, teils weil der Arbeitsmarkt ihnen keine attraktiveren Angebote machen kann, teils weil sie ihre Art Freiheit nicht gegen abhängige Beschäftigung eintauschen möchten. Abhängige Beschäftigung würde auch die grenzüberschreitende Bewegungsfreiheit einschränken, die fest zum Lebensprogramm vieler häuslicher Dienstleister gehört. Diese neuen Hausarbeiter sind oft hochflexible, vielseitig geschulte und wirtschaftlich denkende Personen, die sicher auch in anderen Berufen Erfolg hätten. Mit dem althergebrachten sozialen Bild des in Abhängigkeit gehaltenen Dienstmädchens oder Lakaien haben sie nichts gemeinsam. Sie sind zu freiberuflichen »Troubleshootern« geworden, die auf Nachfrage schnell externen Bedarf an Pflege und Gewährleistung professionell befriedigen. Diese Flexibilität setzt sie unter hohen Anpassungsdruck und verschafft ihnen im Gegenzug Befreiung von geregelter Arbeitszeit und anstrengenden Vorgesetzten. Der Auftraggeber kann sicher sein, dass er eine bestimmte Leistung zur gewünschten Zeit, gerne auch sofort, zu einem bestimmten Preis in einer bestimmten Qualität erhält und nicht erst auf die Suche nach einem verfügbaren Dienstleister gehen muss. Zudem wird die finanzielle Transaktion vereinheitlicht und dematerialisiert, womit zwar das affektive Verhältnis zwischen den Parteien im Guten wie im Schlechten auf null reduziert wird, aber eben auch kein Streit um angemessene Honorierung entsteht.

In dem allgegenwärtigen Begriff »On Demand« hallt der alte feudale Anspruch des Herren auf umgehende Ausführung einer Order nach. Und auch die »Order« selbst, die Bestellung, hat semantisch und kulturell ihre Wurzeln im Befehl. Man versucht sich zu erinnern, wie die Welt aussah, als uns noch keine On-Demand-Dienstleistungen angeboten wurden. Wahrscheinlich suchte man sich in dieser lang vergangenen Zeit die Nummer eines Taxidienstes aus dem »Branchenbuch«, den »Gelben Seiten« heraus und kam bei der dort gefundenen Nummer über das Besetztzeichen nicht hinaus. Man erinnert sich auch an Taxifahrer, die einem erklärten, sie hätten schon Feierabend. Es gibt sie immer noch, aber sie stehen jetzt unter Druck, weil plattformgetriebene Fahrdienste dieselbe Dienstleistung ohne den alten Anbahnungsaufwand verkaufen. Auf Seite der Dienstleister bedeutet das erhöhte Verfügbarkeit und wahrscheinlich weniger Feierabende. Die Auftragslage diktiert die Arbeitszeit und mit ihr das Privat- und Familienleben des Dienstleisters. Andererseits unterwirft sich der Dienstleister diesem Zeitregime nur so lange, wie es ihm zusagt. Was seine Lebensqualität betrifft, kann er es mit einem fest angestellten Lagerarbeiter bei Amazon bestimmt aufnehmen. Die neuen On-Demand-Dienstleister sind freier, nicht nur als die Diener von einst, sondern auch freier als die verbliebenen fest angestellten Dienstleister von heute. Diese

Ökonomie ist schlecht für Menschen mit Kindern in der Ausbildung, Menschen in fortgeschrittenem Lebensalter und Menschen, denen an einem verlässlichen Einkommen gelegen ist. Sie ist gut für jüngere Leute, die ihren Arbeitseinsatz anlassbezogen und flexibel justieren wollen, aber ebenso für ältere Arbeitnehmer, die schon im (Vor-)Ruhestand sind. Viele der heute von Plattformen vermittelten Jobs sind für Menschen interessant, die sich ein »Zubrot« verdienen wollen, wobei unklar bleibt, womit sonst das Brot verdient wird.

Wie diese Ökonomie funktioniert, wem sie nutzt und wem sie schadet, kann man an den vielen Start-ups der euphemistisch so genannten Sharing Economy sehen, etwa an TaskRabbit, dem schon als »Uber for Everything« angepriesenen Marktplatz für kleine, schnelle Jobs in der Nachbarschaft. »Do more, live more, be more«, heißt der Firmenslogan, von dem nicht klar ist, an wen er sich richtet.[57] Auf diesem Marktplatz für kleine, schnelle Dienste in der Nachbarschaft geben Kunden ihre Wünsche und Preisvorstellung ein, woraufhin Mitglieder eines Pools aus vorab instruierten und durchleuchteten Dienstleistern ein Angebot abgeben. Sie sind die »Rabbits«, die sicher nicht von solchen »Gigs« allein leben, sondern ihren Lebensunterhalt aus allen möglichen Plattformdienstleistungen, ob nun für Handy, Uber oder Amazon Mechanical Turk zusammenschustern. Ganz sicher sind solche »Rabbits« nicht einfach die Parias der Arbeitswelt von heute. Auch wenn ihnen die allermeisten Arbeitnehmerrechte versagt bleiben, genießen sie immerhin die Abwesenheit eines Chefs. Oder zumindest die Abwesenheit eines physischen Chefs: Ihr Boss ist virtuell.

Das ist das Berufsbild und der Status des Dienstleisters von heute: »Kontraktor« einer Plattform sein. Handy, die erfolgreichste US-amerikanische Haushaltsplattform, hat bereits 5000 »Arbeiter« oder »contractors« unter Vertrag. Angestellte gibt es, abgesehen von den 200 Personen, die die Plattform organisieren, nicht. Statt unter Vertrag stehen die Kontraktoren auf der Abrufliste ihrer Plattform. Hinter all diesen Diensten stehen auf der Arbeitnehmerseite Menschen, die am herkömmlichen Arbeitsmarkt nicht als Vollbeschäftigte auftauchen, reaktiv Selbständige eines ganz neuen Typus. Natürlich gab es schon in der Vergangenheit, in der Zeit der »Gelben Seiten«, Not- und Schnelldienste, etwa bei »Abflusssorgen« oder Schlüsselverlust. In die Erwerbstätigkeit dieser neuen Dienstleister ist freilich das Schnelle und Reaktive als allererste Voraussetzung eingebaut. Über den sozialen Status dieser neuen Serviceprofis sind manche Legenden des Alltags im Umlauf. Ein Journalist des *New York Magazine* erfuhr so etwa von einem jungen Mann, den er bei der Plattform Homeboy zum Schnäppchen-Einführungspreis von 19 Dollar für einen zeitlich unbefristeten Wohnungsputz angeheuert hatte, dass er derzeit im Obdachlosenheim lebe – was heftige Kritik an Ausbeutungspraktiken im Silicon-Valley-Kapitalismus auslöste.[58] Die Aufregung war insofern nicht ganz berechtigt, als Homeboy und andere Plattformen ohnehin niemanden anstellen und auf alte Art ausbeuten, sondern lediglich Angebot und Nachfrage vermitteln, zu Konditionen, die dem jungen Mann mittelfristig einen Auszug aus dem Obdachlosenheim ermöglichen sollten. Als Kontraktor wird der junge Mann auch dann nicht in den Genuss von Sozialleistungen und Jobsicherheit kommen. Das Start-up kann seinen Arbeitskräftepool nach Belieben vergrößern und verkleinern und muss dafür nicht mal jemanden kündigen. Wer seinen Job nicht gut macht, fliegt schlicht aus dem Pool und kann sich anderswo nach Arbeit umsehen.

Mit den neuen Plattformen sind die Hausangestellten und -arbeiter im 21. Jahrhundert angekommen. Hier geht es nicht um den feudalen Retrotrend zum Leibwächter, Leibkoch oder persönlichen Assistenten, sondern um Bequemlichkeit und umgehende Gratifikation als gesellschaftlicher Standard. Dies ist die historische Stunde, in der das eigene Smartphone ohne weiteren Anbahnungsaufwand nahezu jede Arbeit mit einer Wischbewegung in Auftrag geben kann. Man muss das nicht mögen, aber es wird vermutlich nicht wieder verschwinden. Der Megatrend ist im Übrigen nicht auf einfache Dienstleistungen beschränkt. Genauso wie man auf Plattformen Haus- und Putzdienste makelt, lassen sich Ideen, Artefakte und Leistungen gleich welcher Art über solche Vermittlungsdienste einkaufen, bei Leuten, die hauptberuflich vielleicht nichts oder etwas ganz anderes machen, die aber gerade jetzt – Tagelöhner einer ganz neuen Art – diesen Job erledigen wollen oder müssen. Das fortgeschrittenste dieser Modelle ist wohl Amazons Mechanical Turk, der digitale Tausch- und Marktplatz für »Human Intelligence Tasks«, also für technische Jobs aller Art. Hier gibt es nicht unbedingt viel zu verdienen (außer natürlich für Jeff Bezos selbst, den Herrn der Plattform). Eine Bildbeschreibung in zehn Wörtern bringt acht Cent, ein Multiple-Choice-Fragebogen zehn Cent, eine Produktkritik bereits 2,50 Dollar. Man kann sich bei diesen Kleinarbeiten nebenbei ein Taschengeld verdienen, wie bei vielen Plattformjobs, nur zum Leben reicht es nicht.

Für die Konsumenten muss es nicht unbedingt unangenehm sein, wenn das Smartphone die meisten Dienstleistungen sanft herbeizaubert. Das Smartphone hat die Funktion des »Concierge« oder deutsch des Hausbesorgers übernommen, der früher den Weg auch zu allerlei Services bereitete. Instacart etwa geht für uns in einem Geschäft unserer Wahl einkaufen und liefert die Waren binnen einer Stunde. Alkohol kommt über Drizly oder Klink ins Haus, Swifto erledigt den Hundeausgang (»mit GPS-Tracking«). Soothe sorgt für die Massage im Haus, und Magic liefert dir alles (solange es legal ist), wonach du in einer SMS fragst. Das sind die giftigen Früchte der digitalen Ökonomie, die man sich vielleicht lieber vom Leibe hält. Man sollte deshalb nicht blind werden für die Vorteile, die solche Dienste dem offerieren, der nicht nur aus Bequemlichkeit, sondern infolge einer akuten Überlastung auf sie zugreift. »Meine Tage fühlten sich länger an. Meine Arbeit fiel mir leichter. Mein Leben fühlte sich einfacher und angenehmer an«, schreibt Anne Lowrey nach ihrem Selbstversuch mit der neuen Concierge-Ökonomie. Eltern etwa könnten davon profitieren, vor allem Frauen, oder, so fügt sie ahnungsvoll hinzu, »die privilegierten Frauen, die über genug Einkommen verfügen, um solche Apps zu benutzen«.[59] Wie früher die Wasch- und Geschirrspülmaschinen entlasteten sie berufstätige Frauen von Haushaltspflichten. Man sieht, bei Anne Lowrey ist der intersektionale Feminismus noch nicht angekommen.

Mit Macht hat sich diese neue Wirtschaftsweise nun auch in Deutschland durchgesetzt und scheint im Begriff, die Ökonomie der einfachen Dienstleistungen zu transformieren. »Am Donnerstag hat Susanne Meyer volles Programm«, hat die *Frankfurter Allgemeine* beobachtet. »Um acht Uhr morgens bricht sie auf zu ihrer Tour durch die Hamburger Stadtteile Eppendorf und Winterhude: In sechs Wohnungen wischt sie die Böden, putzt Fenster, bezieht Betten, bügelt und hängt Gardinen auf. Zwei Stunden braucht sie für kleinere Haushalte, drei bis vier für größere Altbauten. Zwischendurch mal eine kleine Pause, erst wenn es längst dunkel ist, gegen 21 Uhr am Abend, kommt sie nach Hause. Unterwegs ist sie im Dienste von Helpling, einer Plattform, die ihr viele ihrer Aufträge vermittelt. 12,90 Euro bekommt sie in der Stunde, davon gehen 2,58 Euro als Provision an Helpling. Abzüglich Krankenversicherungsbeiträgen und Steuern bleiben ihr etwa neun Euro in der Stunde, Fahrtzeiten und Pausen werden nicht bezahlt, fürs Alter sorgt sie privat vor. Ein typischer Donnerstag bringt ihr so etwas mehr als 100 Euro ein, im Monat kommt sie auf rund 1500 Euro netto. ›Ich arbeite, wann ich will‹, sagt die vierfache Mutter, die mit einem Teil ihres Einkommens das Studium ihrer Tochter finanziert.«[60]

Warum genau möchte man einen fester angestellten Job haben als diesen? Und wo: im Krankenhaus vielleicht oder einer Pflegeeinrichtung, in einem Supermarkt oder im mittleren Dienst einer Behörde? Dann vielleicht doch lieber seine eigene Herrin sein, wie es Susanne Meyer ist. Aus ihrer Warte sieht die überlieferte Festanstellungsgesellschaft nicht aus wie das Gelobte Land. Viel eher orientieren sich Kontraktorinnen wie sie am neuen Arbeitsideal des risikofrohen Freelancers. Arbeitslosigkeit, die alte Geißel der Angestellten- und Arbeitergesellschaft, betrifft den Freelancer anders: Er oder sie muss zwar das Risiko der Erwerbsunfähigkeit absichern, aber nicht den Rausschmiss fürchten. Plattformökonomie fängt an, wo dieser flexible, positiv oder negativ entwurzelte, superliberale Arbeitsgeist mit dem Smartphone dirigiert werden kann.

Weder muss man sich die straffe, gewerkschaftlich zementierte Verfassung der alten Arbeitswelt herbeiträumen und noch weniger den Plattformkapitalismus als Aufbruch der Menschheit in befreite Arbeitsverhältnisse bejubeln. Gäbe es ausreichend gut bezahlte und feste Jobs, würden sich weniger Menschen als Servicekontraktoren verdingen. Betrachtet man die Lage positiv, dann sind Kontraktverhältnisse ein erster Schritt heraus aus der Schwarzarbeit. Betrachtet man die Lage negativ, dann richten sich immer mehr Arbeitende, unqualifizierte und zunehmend auch qualifizierte, dauerhaft in instabilen Arbeitsverhältnissen ein, die ihnen den größeren Teil hergebrachter Arbeitnehmerrechte vorenthalten. Der gesamte Sektor plattformgetriebener Dienstleistungen steht unter dem Verdacht der Scheinselbständigkeit. Kontraktoren sind, nur weil sie nicht angestellt sind, deshalb noch lange nicht im vollen Wortsinn unternehmerisch tätig. Oft arbeiten sie ausschließlich für eine Plattform und sind in Bezug auf Arbeitszeiten und Aufträge ähnlich weisungsgebunden, wie sie es als Angestellte wären. Manchmal tragen Kontraktoren auch Uniformen im Dienst, oder sie haben, wie bis vor kurzem die Fahrer des in San Francisco ansässigen Fahrdienstes Lyft, vorne an ihren Autos das Firmenlogo in Gestalt eines Riesen-Rosa-Schnurrbarts anzubringen. Es kann manchmal so aussehen, als seien Vertragsdienstleisterinnen vor allem darin frei, absurde und demütigende Dinge zu tun, die von der Mehrzahl fest Angestellter als entwürdigend angesehen würden.

Auch deshalb regen sich Kritik und Protest am bestehenden Plattformkapitalismus, verbunden mit Lösungswegen hin zu demokratischeren Plattformen. Wie immer kommt es dabei auf die Konsumenten an. Wollen sie den Handy-Putz für 19 Dollar, auch wenn der Putzmann tatsächlich im Obdachlosenheim lebt, oder sind sie bereit, für Dienstleistungen im Bequemlichkeitssektor faire Preise zu bezahlen? Es gibt auch in Deutschland Ansätze zu einer Wende in der Dienstleistungsindustrie, etwa bei dem alternativen Onlinevertrieb Fairmondo oder bei dem Putzdienst My Clean. Früher vermittelte man dort freiberufliche Reinigungskräfte. »Inzwischen ist My Clean dazu übergegangen, seine Reinigungskräfte fest anzustellen. Das hat zwar die Personalkosten deutlich erhöht, aber auch die Zufriedenheit der Kunden und damit die Umsätze. Das Start-up Alfred, auf dem man kleinere Aufträge wie Wäsche bügeln oder den Kühlschrank auffüllen einstellen kann, geht einen ähnlichen Weg: Wer mehr als 20 Stunden arbeitet, wird fest angestellt – mit den entsprechenden Vorzügen.«[61]

Hinter dem wohlklingenden Begriff der »Sharing Economy« kann sich vieles verbergen, was aber hinreichend sichtbar wird, ist die Herrschaft der digitalen Quasimonopole mit einer radikal ungleichen Verteilung des erzeugten Wohlstands. Gegen die oligarchisch-monopolistische Version digitalen Unternehmertums ist eine andere, natürlich ebenfalls plattformbasierte Ökonomie in Stellung zu bringen, die Ökonomie geteilter Eignerschaft. Wenn Besitz und Betrieb von Dienstleistungsplattformen in der Hand der Arbeitenden selbst wären, finge damit eine ganz andere Tauschökonomie an. Die Rede ist vom Plattformkooperativismus, einer aus den USA kommenden netzdemokratischen Bewegung zur Revolutionierung des Internets im Sinne von Ownership, Kontrolle und Governance der Nutzerkooperativen und -commons selbst. Gearbeitet wird an der fairen App, etwa für Pflegedienste oder Haushaltshilfen. Es geht hier um neue digitale Commons, auf denen sich DienstleisterInnen selbst organisieren können. Dass es ein Zurück zur angestellten Vollbeschäftigung geben kann, glauben auch die Plattformkooperativisten nicht. Derzeit gibt es in den USA bereits 53 Millionen freier Kontraktoren, und am Ende des Jahrzehnts werden es etwa 60 Millionen sein. Sie haben aus der Not am ersten Arbeitsmarkt die Tugend flexibler Verfügbarkeit am zweiten Arbeitsmarkt gemacht. »Plattform Co-Ops«, so etwa die New Yorker Aktivisten Trebor Scholz und Nathan Schneider, »könnten einen neuen Standard für Fairness und Demokratie in der Wirtschaft setzen. Statt einen Abwärtswettlauf zu entfachen, kann das Internet ein Mittel zur Einführung von Standards und Schutzregeln am Arbeitsplatz werden, wie wir sie noch nicht gesehen haben. Um das zu erreichen, müssen wir erkennen, dass die Menschen, mit denen wir über Algorithmen interagieren, tatsächlich Menschen sind, die einen Anspruch auf Würde, Lebensunterhalt und Mitsprache über ihre Lebensumstände besitzen. Kooperative Plattformen können den Cloud-Arbeitern ein Gesicht geben, die bis jetzt anonym, isoliert und ignoriert geblieben sind.«[62] Das wäre wohl die angemessene linke und gewerkschaftliche Strategie für das Internetzeitalter; eine Strategie, die sich von alten Vorstellungen von angestellter Erwerbsarbeit gelöst hat und nun, mit den Betroffenen selbst, nach neuen rechtlichen Bezugsrahmen und Optionen für Mitbestimmung sucht. Die Chancen einer solchen postoligarchischen Wiederaneignung der digitalen Produktionsmittel ist deshalb höher als im Maschinenzeitalter, weil es weniger Maschinen gibt, sondern vielmehr Algorithmen. Andererseits kann die Markteinführung einer App genauso Milliarden verschlingen wie Forschung und Entwicklung in konventionellen Industrien.

Eine Vielzahl neuer Ideen zu kooperativen Marktplätzen, zu kommunal oder gewerkschaftlich unterhaltenen Plattformen und ganz neue Verschmelzungen von Produzenten und Usern zu sogenannten »Produsern« verschafft sich jetzt Gehör, all dies in der Absicht, die Situation der neuen, prekären Freelancer zu verändern und die Eigentumsverhältnisse in der »Sharing Economy« umzustürzen. Es geht dabei um Eigentumsrechte und um Sicherheit, um faire Bezahlung und Transparenz, um Anerkennung, um Mitbestimmung, Rechte und Schutz, also um klassische gewerkschaftliche Forderungen, die im Internet weithin auf taube Ohren stoßen. Wer trotzdem der Arbeitswelt im Internet nicht traut, wofür es weiter gute Gründe gibt, dem stehen auch in der realen Welt Kooperativen zur Verfügung. In Deutschland sind solche Dienstleistungskollektive noch nicht weit verbreitet, in den USA dagegen finden sich, zumindest in den großen Städten, durchaus Alternativen zu Handy und Co. Mexikanische und andere Migrantinnen in Brooklyn haben im privat betriebenen »Family Life Center« eine Kochkooperative namens »Emigré Gourmet« ins Leben gerufen. Für den Hundeausführdienst gibt es dort die »Trusty Amigos«, für Kinderbetreuung das Team von »Beyond Care«, für Reinigungsdienste die Frauenkooperative »We Can Do It« und anderes mehr. Noch klappen die Bestellung und das Catering noch nicht so reibungslos wie bei Seamless; alles wird darauf ankommen, dass solche Dienste app-fähig werden. Fieberhaft wird hier am Code gearbeitet, der den Abstand zu den großen kommerziellen Diensten verringern könnte. Das sind ausnahmsweise gute Nachrichten aus einem Bezirk der Arbeitswelt, in dem Goldgräberstimmung herrscht, nicht bei den Leuten, die den Putz machen, aber bei denen, die ihn über die App vermitteln.

Bei alledem stellt sich weiterhin die Frage, wie gerne und weit wir unsere Türen öffnen für Dienstleisterinnen und Dienstleister, die wir nicht persönlich kennen und von denen wir nur wissen, dass ihre Plattform sie einem Fernverhör unterzogen hat. Groß ist zwar das Heer flexibler Arbeitskräfte, die gern die ungenutzten Kapazitäten ihres Autos in die Dienste von Uber oder Lyft stellen wollen, und wir trauen den Fahrern ohne weiteres zu, dass sie ihren Job so gut können wie ein zünftiger Taxifahrer (wobei der immerhin mal eine Ausbildung genossen hat). Wie aber sieht es aus bei sensibleren Diensten im eigenen Haus? Wie gerne öffnen wir unsere Wohnung für einen Handyman und putzenden Kontraktor, den wir vielleicht nicht einmal selbst zu Gesicht bekommen? Dass die neue Haushaltshilfe weder unser noch überhaupt ein Angestellter ist, dass wir über ihre Qualifikationen und ihren persönlichen Hintergrund nichts wissen, dass kurz die ganze Transaktion gänzlich außerhalb unserer Zuständigkeit und unserer Mitspracherechte erfolgt und dass die Kontraktoren von ihren Plattformen überdies kurzgehalten werden, macht die Sache nicht erfreulicher.

Plattformen fällt es schwer, jenes Vertrauen herzustellen, wie es früher über Gespräche zwischen Kunden und Dienstleistern zustande kam oder nicht. Handy liefert seinen Kunden eine Kompetenz- und Ehrlichkeitsgarantie für seine Mitarbeiter. Der Gründer Oisin Hanrahan erklärt, bei Handy hätten sich bereits 400 000 Menschen um einen Job beworben, aber nur drei Prozent das Auswahlverfahren überstanden. Die Kräfte, denen wir die Tür öffnen, sind demnach die Besten der Besten. Wenn aber der günstige Preis die Hauptattraktion des Angebots ist, fragt man sich, womit die Arbeitsqualität und Vertrauenswürdigkeit erzeugt wird, die Kunden dauerhaft zufriedenstellt. Der für fest Angestellte übliche Aufwand von Aus- und Fortbildung, Leistungskontrolle und Qualitätsmanagement treibt die Arbeitskosten in die Höhe, erzeugt aber andererseits bei den Kunden erst das Vertrauen, das höhere Preise durchsetzbar macht. Ein Dienstleistungssystem hat Schwächen, wenn es zwar für beide Parteien die Reibungslosigkeit des »Workflow« von der Vermittlung bis zur Bezahlung sichert, gleichzeitig aber bei den Arbeitern Loyalitätsprobleme und bei den Kunden Vertrauensprobleme erzeugt. Die On-Demand-Ökonomie leidet an der Unzufriedenheit von Mitarbeitern, die sie wie Angestellte dirigiert und managt, aber wie Kontraktoren bezahlt. Schon sehen sich die neuen Plattformen einer Vielzahl von staatlichen und privaten Klagen und Einsprüchen ausgesetzt, die an der Klassifikation der Arbeitskräfte als Kontraktoren Anstoß nehmen. Die alten Dienstleistungsindustrien, exemplarisch die Taxiinnungen, überlassen den digitalen Angreifern ebenso wenig kampflos das Feld, wie es die Gewerkschaften tun. Der super-aggressive Fahrdienst Uber verkörpert in diesem Konflikt alles, was an »big, bad Tech« hassenswert ist. Noch ist nicht entschieden, dass im Feld der einfachen Dienstleistungen der Plattformkapitalismus auf breiter Front den Sieg davontragen wird. Dafür sind wir als Kunden vielleicht doch nicht faul und passiv genug, dafür ist zudem die Attraktion, dauerhaft für Handy und ähnliche Anbieter zu arbeiten, nicht groß genug, dafür verfügen wir in unserer Alltagswelt noch immer über genug Kontakte und Ideen, um uns anders zu behelfen. Vielleicht macht es uns sogar Spaß, zu improvisieren und Probleme auf herkömmliche Art zu lösen, statt uns auf die bequemste und einfallsloseste Art Service einzukaufen. Unwahrscheinlich, dass Dienstleistungsplattformen, deren Angebote bekanntlich in realer, »offline« Arbeit bestehen, je eine ähnliche Monopolstellung erobern werden, wie es Facebook in der reinen Onlinewelt gelungen ist. Ohnehin sollte man sich fragen, ob sich die neue Wissensökonomie nicht endlich wichtigeren Menschheitsfragen zuwenden sollte als der besten Art der Pizzabestellung.

In der »Wissensgesellschaft« dürfte es eigentlich keine zwölf (oder mehr) Prozent Arbeitnehmer in einfachen Dienstleistungsberufen geben. Die Existenz eines derart breiten und festzementierten Dienstleistungsproletariats ist Ausdruck einer Misere, die freilich selten beim Namen genannt wird. Man hat sich offenbar daran gewöhnt, dass am unteren Ende der Gesellschaft eine Kaste von Billighandlangern entstanden ist, die mit ihren einstweilen noch nicht an Maschinen delegierbaren Verrichtungen dem Rest der Gesellschaft das Leben erleichtert. Wer einfache Dienste, und besonders die häuslichen, aus der proletarischen Ecke herausholen will, hat wie stets die Wahl zwischen Aufwertung oder Abschaffung. Die Aufwertung würde darin bestehen, dass man Hausarbeit, zumindest in Teilen, als »Wissensarbeit« rehabilitiert und anders entlohnt. Einfache Dienstleistungsberufe heißen »einfach«, weil man bei ihnen keine Wissensarbeit vermutet. Tatsächlich finden sich aber im Haushalt vielerlei Facetten von Wissensarbeit, angefangen beim traditionellen Hauswissen von Butlern, Knechten und Mägden über die technischen und organisatorischen »Skills« von Haushälterinnen bis hin zu den medizinischen und pflegerischen Fähigkeiten von häuslichen Pflegekräften. Werthaltige Haus-Wissens-Arbeit ist dann gegeben, wenn die Arbeit nicht ebenso gut von Maschinen gemacht werden kann und wenn die Arbeitsqualität erkennbar über dem angenommenen Niveau des Auftraggebers liegt. Es ist nicht dasselbe, ob wir aus Zeitmangel oder Bequemlichkeit eine Platzhalterin engagieren, die an unserer Stelle häusliche Aufgaben übernimmt, oder ob wir auf eine uns überlegene Professionalität zugreifen. Gerade die pflegenden und sorgenden Tätigkeiten müssten als Praktiken der Ermöglichung verstanden werden, einer positiven, nicht rein bequemlichkeitsorientierten Lebenserleichterung für die Kunden, als eine komplexe und deshalb niemals billige Leistung, die mit dem Wohl des entlasteten Kunden auch das Gemeinwohl fördert.

Es ist merkwürdig, dass in der lebhaften Diskussion um Wissensarbeit, also um Berufe, in denen man im weitesten Sinne »vom Denken lebt«, kaum je auf die häusliche Sphäre eingegangen wird, und wenn, dann höchstens im Blick auf das eigene Heim als Arbeitsplatz für Selbständige und Telearbeiter. Man findet diese ein wenig sorglose Perspektive auch bei führenden Theoretikern der Arbeitsgesellschaft wie Franco Berardi, einem der Pioniere des sogenannten »Kognitariats«, wenn er schreibt: »Digitale Technologien eröffnen einen völlig neuen Blick auf die Arbeit. In erster Linie verändern sie die Beziehung zwischen Konzeption und Ausführung, dann die Beziehung zwischen dem intellektuellen Inhalt der Arbeit und ihrer manuellen Ausführung. Ehemals manuelle Arbeiten tendieren dazu, von automatisch kontrollierten Werkzeugmaschinen ausgeführt zu werden, während die innovative Arbeit, die den größeren Wertertrag liefert, in kognitiver Tätigkeit gefunden wird.«[63] Was ist mit den Gebieten des Wissens, die zwar kognitiv, aber nicht digital sind, etwa Pflege- und Helferwissen, auch Psychologen-, Ärzte- und Lehrerwissen, grundsätzlich zwischenmenschliches Erfahrungswissen? Und wo ist dann die Arbeit der scheinbar einfachen Handgriffe und Handreichungen zu situieren? Sie ist weder kognitiv in Berardis Sinne noch derart manuell, dass sie in maschinelle

Serienfertigung überführt werden könnte. Aber sie ist, zumindest in Teilen, sensible oder Affektarbeit, die diesseits der digitalen Technologien und jenseits industrieller Prozesssteuerung angesiedelt ist. Am einfachen Ende der einfachen Dienstleistungsberufe, bei Lieferanten etwa oder bei Parkhauswächtern, fehlt der affektive Bezug. Ihre Jobs lassen sich kaum als Beiträge zur Wissensarbeit redefinieren. Bei den affektiv-helfenden Aufgaben dagegen finden sich viele Übergänge zu den Formen neuer Wissensarbeit. Wer sonst wäre etwa mehr »controller«, wer »helper, learner, linker«, wer »sharer, solver, and tracker«, wenn nicht jemand, der früher einmal als »Faktotum«, also Allesmacher klassifiziert wurde? Aufwertung muss nicht notwendig in Spezialisierung bestehen, sie kann auch erzeugt werden durch eine selbstbewusste Deklaration als Generalistin für affektive Arbeit. Die häusliche Sorge muss im Kanon gesellschaftlich notwendiger und nützlicher Arbeit als innovative, »nachhaltige« und produktive Wissens-als-Affektarbeit neu verankert und bewertet werden.

Das Projekt einer Emanzipation der haushaltsnahen Dienstleistern von ausbeuterischen und asymmetrischen Lebensumständen wird durch solche, teils nur begrifflichen, Prozeduren nicht zu vollbringen sein. Sie wird nur gelingen, wenn weniger Männern und Frauen nichts anderes übrigbleibt, als Hausarbeiter zu werden. Solange bezahlte Hausarbeit so günstig zu haben ist wie jetzt und solange die relativ niedrige Entlohnung nicht dazu führt, dass die Gruppe von Arbeitnehmern sich andere Beschäftigungen sucht, wird sich nicht viel ändern. Die Vergewerkschaftlichung der bezahlten Hausarbeit durch Graswurzelinitiativen der Beschäftigten selbst weist ebenso in die richtige Richtung wie die Forderung und Durchsetzung von fairen Vermittlungsplattformen. Damit kann es aber nicht getan sein. Natürlich soll es niemandem verwehrt sein, in fremden Haushalten zu putzen und zu bügeln, Kinder zu beaufsichtigen und Alte zu pflegen. Niemand soll aber in fremden Haushalten putzen müssen, weil ihm der Weg in höherwertige Berufstätigkeiten strukturell verbaut ist. Eine emanzipatorische und solidarische Politik kann es bei diesem Status quo nicht bewenden lassen. Die Befähigung von Menschen, die sich in einfachen Dienstleistungsberufen verdingen, muss an ehrgeizigere Ziele geknüpft sein als die Durchsetzung von Mindestlohn und Arbeitnehmerrechten oder Plattformen im Arbeiterbesitz. Es kann auch nicht damit getan sein, dem Problem allein durch Akte individueller Ethik zu Leibe zu rücken, so wichtig es ist, im eigenen Gesichtskreis um Fairness bemüht zu sein. Zu lange schon verstellen kulturalistische Fragen rund um Geschlecht und Ethnizität den Blick auf tiefer liegende Klassenprobleme. Einer ernsthaft politischen Auseinandersetzung mit dem Problem bezahlter Hausarbeit und Ansätzen zur Lösung müsste an der langfristigen Abschaffung von bezahlter Hausarbeit gelegen sein. Niemandem soll verwehrt sein, eine fremde Wohnung zu putzen, es muss aber ein Ende haben mit der Ausbeutung von Arbeitskräften, denen zum Lebensunterhalt nichts Besseres zu tun bleibt als eben dies. Wenn sich weiße, akademisch gebildete Frauen zur Erleichterung ihres Alltags von farbigen Männern den Einkauf ins Haus tragen lassen, ist das nicht weniger Ausbeutung, als wenn sich weiße, akademisch gebildete Männer von farbigen Frauen den Haushalt in Schuss bringen lassen. Klassenfragen gehen hier unzweifelhaft vor Genderfragen, und wer meint, Genderfragen innerhalb des bürgerlichen Mittelstands seien bereits Klassenfragen, irrt.

Das neue Dienstleistungswesen dieser Jahrzehnte ist, mit steigender Tendenz seit der großen Krise von 2008, geprägt von Verarmung und Flexibilisierung. »Richtige« Jobs, ob im öffentlichen oder privaten Bereich, sind knapp geworden, dafür gibt es immer mehr prekäre Verdienstmöglichkeiten und Verträge, bei denen oft weniger die Beschäftigung vereinbart wird, sondern die »Beschäftigbarkeit« – eine Vereinbarung über eine Beschäftigung »on demand« oder »stand-by«. Der durch Migration ebenso wie durch den Rückgang fester Arbeitsverhältnisse in vielen Ländern bestehende Überschuss an jobsuchenden Arbeitskräften, die in der Regel mit dem Lohn direkt ihren Lebensunterhalt finanzieren, da keine Ersparnisse vorhanden sind, macht es für Arbeitgeber relativ einfach, die Arbeitsbedingungen zu diktieren. Man kann die Mitarbeiter »tayloristisch« dauerüberwachen, wie das bei Amazon der Fall ist, oder man kann, wie in der neoliberalen Supermacht Großbritannien, sogenannte »Zero-hours«-Verträge zur Regel machen, Verträge, bei denen Arbeitskräfte je nach Bedarf zwischen null und x Stunden beschäftigt werden (immerhin werden sie beschäftigt, wie Optimisten hinzufügen würden). Das ist die zunehmend schäbige Seite von Beschäftigung, der eine ebenso miserable Welt der Arbeitslosigkeit gegenübersteht. Die neue Serviceunterschicht, biegsam, folgsam und billig, wie es der Arbeitsmarkt verlangt, hat sich in die erbärmliche Lage weithin gefügt und weiß schon mangels klarer Verantwortlichkeits- und Zuständigkeitsverhältnisse nicht, an wen sie ihren Unmut gegebenenfalls adressieren sollte.

Nick Srnicek und Alex Williams sehen in ihrem fulminanten, linksradikal-technophilen Plädoyer für eine Welt ohne Arbeit für das untere Ende des Arbeitsmarktes in den nächsten Jahren die folgenden Tendenzen voraus: 1.) Die Prekarität der arbeitenden Klassen in entwickelten Ländern wird wegen des steigenden globalen Arbeitskräfteangebots weiter steigen, 2.) Wirtschaftliche Erholung ohne neue Jobs wird sich vertiefen und verlängern, vor allem, was Jobs angeht, die automatisiert werden können, 3.) Mehr Menschen werden in Slums wohnen, weil mehr einfache Arbeit automatisiert wird, verschärft durch überstürzte Deindustrialisierung, 4.) Die Marginalisierung von städtischen Bevölkerungsgruppen wird voranschreiten, weil einfache, schlecht bezahlte Arbeit automatisiert wird, 5.) Höhere Bildung wird sich immer weiter in Richtung Jobtraining entwickeln, 6.) Das Wachstum wird langsam bleiben und die Rückkehr verschwundener Jobs unwahrscheinlich machen.[64] Das mag alles auf das Vereinigte Königreich noch viel stärker zutreffen als auf das sozialstaatlich intaktere Deutschland, doch die Tendenz gilt für die ganze entwickelte Welt. Mit reformistischen Strategien allein wird man mit dem sich verschärfenden Problem niedriger, unsicherer und billiger Arbeit nicht fertig, zumal bei so geringer Neigung der Arbeitenden zu Solidarität und Klassenbewusstsein. Was wäre der Anfang vom Ende des domestisch-kapitalistischen Komplexes? In Srniceks und Williams' Worten sind das: volle Automation, Reduktion der Arbeitszeit, Einführung eines bedingungslosen Grundeinkommens und, die Summe von allem, ein kultureller Bruch in unserem Verständnis von Arbeit.

Aber gehen dann die prekären Arbeitsplätze der billigen helfenden Hände nicht zuerst verloren? Genau das ist das Ziel. Gewiss wird Automation an Grenzen stoßen, wenn es um soziale und Affektarbeit geht. Aber die Robotisierung aller Dienstleistungen ist auf dem Vormarsch, vor allem die »routinierter« Dienste, nicht nur der einfachsten – und ist haushaltsnahe Arbeit, bei der jeder Griff zu sitzen hat, nicht ein Herzland der Routinen? Schaut man sich an, was bereits grundsätzlich automatisierbar ist, vom Datensammeln über robotergestützte Produktion von Lebensmitteln hin zu Logistik, Verkehr, Vertrieb und schließlich zu von künstlicher Intelligenz unterstützten Diensten, auch und gerade im »Care«-Sektor, dann fragt man sich, wie Automation und Robotik die aktuelle haushaltsnahe Dienstleistungswelt nicht in Zukunft komplett umstürzen sollen. Noch weniger weiß man, warum das keine gute Idee sein sollte. Die Automation wird kognitive Jobs in ähnlicher Weise in Frage stellen wie industrielle und kommunikativ-soziale. Warum aber sollen sich die Unternehmen in Sachen Automation besonders beeilen, solange schlecht bezahlte Arbeitskräfte den Job für weniger Geld erledigen, als Investitionen in Maschinen es erfordern würden – und solange sie trotz schlechter Bezahlung den sozialen Frieden wahren? Die Automation, sagen Srnicek und Williams, wird nicht aus ökonomischer Notwendigkeit erfolgen, sondern aufgrund politischer Forderungen. Radikal wäre, nicht nur für bessere Löhne für uninteressante Arbeit zu kämpfen, sondern gleich auch noch für deren Abschaffung. Stellen wir uns dazu zwei Typen emanzipatorischer und feministischer Forderungen nach einer Reform oder Revolution im Hause vor: Die eine zielt auf die Aufwertung und Anerkennung (vorwiegend) weiblicher Pflegeleistungen als qualifizierte, affektive Facharbeit mit besserer Bezahlung und legalem Schutz. Die andere zielt auf den künftigen Auszug von Frauen aus solchen traditionell mit Weiblichkeit und Emotion assoziierten Erwerbswelten und für eine so weit wie möglich gehende Automation solcher Leistungen (wie sie technisch bereits in Teilen möglich ist). Die erste Forderung zielt auf eine Aufwertung des Status quo: Frauen in häuslichen Pflegeberufen wollen bleiben, was sie sind, nur künftig besser kompensiert und geschützt. Die Frauen im zweiten Szenario wollen nicht bleiben, was sie sind, sie wollen ihre Begabung zum Affekt nicht länger auf den Markt tragen, sondern sie vielleicht in Zukunft anderen, nichtgewerblichen Zwecken widmen. Was genau kann an häuslicher Arbeit automatisiert werden? Srnicek und Williams schreiben dazu: »Traditionell war der Haushalt ein Raum, der wenig technologische Veränderungen aufwies: Die weitgehende Unbezahltheit und der Mangel an Produktivität boten dem Kapitalismus wenig Anreize, in die Reduktion von haushaltsnaher Arbeit zu investieren. Zunehmend aber können häusliche Aufgaben wie Reinigung oder das Falten von Kleidung an Maschinen delegiert werden. Assistierende Technologien und affektives Computing sind ebenfalls vorangekommen bei der Automatisierung von Teilen der höchstpersönlichen und oft auch unangenehmen Fürsorgearbeit, die für unpersönliche Roboter besser geeignet sein könnte.«[65] Hier tun sich dann rasch ganz futuristische Delegations- und Automatisierungswelten auf, bei denen die Menschheit vielleicht auch von Schmerz, Gestank und anderen starken Affekten ganz erlöst sein könnte. Warum nicht Bequemlichkeit auch einmal als Menschheitsziel formulieren, statt bloß die Bequemlichkeit des einen in die Unbequemlichkeit des anderen umzumünzen? Wenn schon Bequemlichkeit und die Chance auf Delegation, dann für alle, und nicht nur für die besitzenden Klassen.

Volle Automatisierung wird die Produktivität steigern, den Umfang menschlicher Subsistenzarbeit verringern und damit die Prämie einer solchen Entlastung in die Mitte der gesellschaftlichen Debatte rücken. Vielleicht liegt darin das Problem: Die Disziplinierung einer auf Arbeit gebauten Gesellschaft fällt leichter als die politische Organisation des Freiheitsgewinns. Viel Sprengstoff steckt in der Idee einer grundsätzlich auf Freiwilligkeit beruhenden Arbeit. Wir meinen nicht die Freiwilligkeit des Nicht-mehr-Sklaven, sondern die derer, die nicht länger von ihrer (schlecht bezahlten) Arbeit zu leben gezwungen sind. Die uralte, immer neu diskutierte und immer wieder verworfene und ins Utopische abgedrängte Idee des bedingungslosen und universalen Grundeinkommens gewinnt im Umkreis der Automationsfrage an neuer Aktualität. Um die breite Diskussion hier auf unsere Frage nach einer Revolution im Haus zu beschränken: Durch das bedingungslose Grundeinkommen wird Arbeit zur Entscheidung. Sie ist freiwillig statt notwendig. Sie wird teurer und kostbarer, was das Risiko von Ausbeutung mindert und zugleich den Anreiz steigert, nach Wegen der Automation zu suchen. Arbeitslosigkeit verliert an Schrecken, unattraktive Jobs werden weniger begehrt und fallen künftig leichter weg. Das wäre nicht nur das Ende der Dienstleistungsgesellschaft, die wir kennen, sondern gleich auch das Ende der Leistungsgesellschaft, insofern wir Leistung an Vergütung zu koppeln gewohnt sind. Die Basisvergütung für alle würde zu einer tiefgreifenden Umwertung von Arbeit führen, vor allem zu einer Neubewertung der – nunmehr freiwilligen – Reproduktionsarbeit, der Arbeit oder Tätigkeit also, mit der wir unser Leben einmal nicht »bestreiten«, sondern es tatsächlich »führen«. Arbeit an sich und an der Gesellschaft, zwanglose Nützlichkeit ohne Tätigkeitspflicht, Verteidigung und Pflege des Rechts auf grundversorgte Faulheit – solche Gedankenspiele haben mehr für sich als die bloße soziale Besserstellung von Menschen in undankbaren Berufen. »Auch wenn das universale Grundeinkommen ökonomisch als Reformismus erscheinen mag«, schreiben Srnicek und Williams, »sind die politischen Implikationen dennoch bedeutend. Es transformiert

Prekarität, es erkennt soziale Arbeit an, es macht Klassenmacht schneller mobilisierbar, und es dehnt den Raum für Experimente über die Organisationen unserer sozialen Umgebungen und unserer Familien aus. Es ist ein ökonomischer Mechanismus, der die Produktionsverhältnisse verändert.«[66]

Wir könnten heute nicht weiter entfernt sein von der Erfüllung solch radikaler Forderungen, als wir es tatsächlich sind. Man muss die vielen kleinen, aktivistischen Schritte zur Selbstorganisation von Menschen in einfachen Berufen begrüßen und weiß doch, dass sich ihre Situation im besten Fall für sie individuell verbessern wird, kaum aber für ihre Klasse als Ganze. Das Problem, zu Zeiten des klassischen Proletariats noch ein nationales, berufsspezifisches, ständisches und homogenes, hat sich unabsehbar differenziert, heterogenisiert und globalisiert. Die Arbeitskraft aus dem globalen Süden, die dort selbst oder im reicheren Norden die einfache (und oft die Drecks-) Arbeit tut, wird sich politisch schwer organisieren (lassen). Und wenn sie es täte, wäre sie vom Ausblick auf ein Zeitalter der Automation und Robotik eher bestürzt als erfreut. Zu tief sitzt die Furcht davor, »keine Arbeit zu finden«, als dass der Eintritt in die Welt grundversorgter Arbeitslosigkeit schöne Aussichten böte. Die lautlose Misere einer zum Dienen verurteilten Klasse mitten in den westlichen Wohlfahrtsstaaten dauert an. Wie lange, und mit welchen Folgen, wird sich an zwei Faktoren entscheiden: Demographie und Automation.

4

Abschied von den Dienern. Transhumane Perspektiven

Das Dienerproblem. Aus der Geschichte des Haushaltsgeräts

Globale Wanderungsbewegungen und demographische Entwicklungen haben die erneute Ausbreitung haushaltsnaher Dienstleistungen eine Zeitlang unterstützt. Westeuropa kam nach 1989 in den Genuss von Arbeitsmigranten aus Ost- und Südosteuropa, die USA profitierten vom (Aus-)Wanderungsdruck aus den angrenzenden Ländern des globalen Südens beziehungsweise aus Mexiko und Lateinamerika, und die boomenden Staaten am Golf und in Ostasien konnten auf billige Arbeitskraft etwa von den Philippinen zählen. Wachsende Freizügigkeit beflügelte die Rekrutierung von Menschen, die bereit waren, für geringen Lohn und wenig Sicherheit schlecht bezahlte häusliche Wartungs- und Pflegedienste zu verrichten. Die Arbeitgeber haben sich an den Arbeitskräfteüberschuss infolge des positiven Migrationssaldos gewöhnt. Warum sollte man auf häusliche Hilfe verzichten, wenn sie einfach und so günstig zu haben ist?

Diese Zeiten werden bald vorbei sein, jedenfalls in Europa, es sei denn, es tun sich rasch ganz neue häusliche Personalreserven auf. »Nirgends auf der Welt verläuft der demographische Wandel so dramatisch wie in Osteuropa.«[1] Die Bevölkerungen

Polens, Ungarns oder Kroatiens werden in den nächsten Jahrzehnten noch schneller schrumpfen und altern als die Deutschlands. Fallende Geburtenraten und die weitere Abwanderung junger, mobiler Berufstätiger nach Westeuropa werden dazu führen, dass die sprichwörtliche polnische Putzfrau in Zukunft nicht mehr so einfach zu finden sein wird, so wenig wie die polnische Saisonpflegekraft oder die osteuropäischen Erntehelfer. Der notorische Fachkräftemangel in Deutschland wird sich durch die Anwerbung von Personal aus demographisch noch stärker kriselnden Nachbarländern nicht beheben lassen.

In den letzten Jahren boten sich aufgrund der tiefen Wirtschaftskrise in Südeuropa Länder wie Spanien und Portugal als Rekrutierungsreserve für Dienstleistungspersonal an. Besonders Portugal hat sich dabei als ergiebiger Herkunftsmarkt für Pflegekräfte etabliert. Auf den Seiten der comsense gmbh, einer Beratungsagentur für Pflege und Gesundheitswesen, findet man Länderinfos etwa zu Rumänien, Spanien, Portugal und Kroatien. Pflegekräfte aus Krisenländern, das liest sich in der Länderinfo dann so: »Das Nachwuchspotential wird in Portugal konstant hoch bleiben, trotz des durch die demographische Entwicklung steigenden Pflegebedarfes auch dort, der aber durch die verbreitete Großfamilienstruktur weitgehend abgefedert wird. Die Nachfrage nach Pflegekräften wird durch mangelnde Finanzmittel im Gesundheitswesen auf absehbare Zeit nicht steigen, im Gegenteil, sie wird durch Einsparmaßnahmen sinken.«[2] Anders formuliert: Die Lage in Portugal ist miserabel und wird es einstweilen auch bleiben. Anders als in Deutschland funktionieren hier noch familiäre Selbsthilfestrukturen, was den Fachkräftemangel lindert. Pflegekräfte werden zwar auch in Portugal zunehmend gebraucht, sie finden dort aber keine Beschäftigung. Deshalb richten sich junge Portugiesinnen auf einen längeren Verbleib in Deutschland ein. Man nennt es »Know-how-Transfer«: »In Deutschland tätige Pflegekräfte aus Portugal werden in den nächsten Jahren mangels Perspektiven nicht wieder in die Heimat zurückkehren.« Fehlende Sprachkenntnisse werden erworben, wenn die Not es gebietet. »Der überwiegende Teil der portugiesischen Pflegekräfte muss Deutsch von Grund auf lernen. Die Bereitschaft dazu steigt mit Fortschreiten der Krise.« Als integrationsfördernd erweist sich die Aussichtslosigkeit der Lage im Heimatland. Die höchste »Nachhaltigkeit der Integration« ist derzeit aus Rumänien zu erwarten: »Der Migrationsdruck in Ländern wie Spanien, Griechenland oder Italien ist eher konjunkturell bedingt und daher voraussichtlich und hoffentlich von begrenzter Dauer. Dies spricht für eine hohe Rückkehrquote zum Zeitpunkt einer wirtschaftlichen Konsolidierung dieser Länder. In Rumänien hingegen ist der Migrationsdruck politisch-strukturell bedingt und wird aller Wahrscheinlichkeit nach auch weiterhin auf hohem Niveau bestehen bleiben. Ein Ende von Korruption, Löhnen unterhalb der Armutsgrenze und politischer wie wirtschaftlicher Stagnation ist nicht abzusehen.« Europäische Freizügigkeit auf dem Arbeitsmarkt erweist sich vor diesem Hintergrund als ein Kampf um die knappe Ressource schlecht bezahlter Arbeitskraft, wobei sich das Elend des »Geberlandes« als Chance des »Nehmerlandes« darstellt und am Ende ein europäisches Nullsummenspiel herauskommt. Aber auch Rumänien schrumpft, noch dramatischer als etwa Polen. »Im Osten und Süden erstrecken sich die Weiten der Kinderarmut«, schreibt das Berlin-Institut für Bevölkerung und Entwicklung in seiner jüngsten Studie »Die demografische Zukunft von Europa«.[3] Bis 2030 wird die Bevölkerung Rumäniens, ähnlich wie die Ostdeutschlands, um mindestens 18 Prozent abnehmen, in Polen und anderen Ländern Ost- und Südeuropas um bis zu zwölf Prozent. Es wird nicht genug Bevölkerung vorhanden sein, weder zum Dableiben noch zum Abwandern. Man fragt sich bei diesem Szenario, welche Konsequenzen die Masseneinwanderung von Flüchtlingen aus Syrien und anderen Ländern für die europäische Demographie und insbesondere für das untere Ende des Arbeitsmarkts haben wird. Hat Deutschland mit den syrischen Flüchtlingen womöglich die Pflegekräfte von morgen willkommen geheißen? Das europäische Alters- und Pflegeheim ist für jeden Neuankömmling dankbar, der die lichter werdenden Reihen der einfachen Dienstleister schließt. Es lässt sich schwer vorhersagen, woher die haushaltsnahen Dienstleisterinnen in Zukunft kommen werden. Von überallher, vereinfacht gesagt, wo mit Bevölkerungsüberschüssen auch Arbeitskräfteüberschüsse erzeugt werden, also nicht aus Island oder Irland, sondern aus den außereuropäischen Quellgebieten billiger Arbeitskraft, also aus Afrika und Teilen Asiens. Die Migration muss dafür vielleicht gar nicht erst stattfinden, sie hat bereits stattgefunden. Die Menschen sind schon da, nun muss nur noch der Know-how-Transfer passieren, die Einwanderung in die On-Demand-Dienste und -Plattformen. Die Nachfrage nach allgemeinen Annehmlichkeits- und spezifischen Pflegediensten wird in Deutschland in Zukunft schneller steigen als die verfügbare Arbeitskraft.

Unsere Haushalte werden trotzdem nicht zu Serviceeinöden verkommen, weil gleichzeitig die Rationalisierung haushaltsnaher Leistungen unaufhaltsam voranschreitet. Sie werden zwar verwaisen, aber die Arbeit wird dennoch getan werden. Das helferlose Haus der Zukunft ist womöglich unbemannt, bleibt aber deshalb nicht gänzlich unversorgt. Das hat zu tun mit Maschinen und smarten Technologien, die zunehmend die eingespielte Mensch-Mensch-Relation zwischen häuslichen Kunden und Dienstleistern ersetzen werden. Heimische Roboter und kundige »Knowbots« werden Arbeit übernehmen, die bisher von Menschen, wenn auch schlecht bezahlt und on demand, erledigt wurde, mit allem was daran für die Beteiligten schön und schrecklich war. Ziemlich haushaltsnah, ja schon im Landeanflug auf unsere Haushalte ist bereits die Logistikdrohne, also der Typ »unbemannte[r] Luftfahrzeuge, die zum Transport von Waren eingesetzt werden«.[4] Amazon und andere perfektionieren sie derzeit zur Serienreife und setzen sie ein, sobald die Luftaufsichtsbehörden ihre Zustimmung erteilen. Man muss Logistikdrohnen nicht mögen, sie können zum Beispiel auch Drogenpäckchen über Schul- oder Gefängnishöfen abwerfen. Aber welche Entlastung bedeuten sie für den Leichtlohnkurier, der bisher im Akkord Päckchen ausgefahren und abgeliefert hat. Andererseits droht die Drohne seinen Arbeitsplatz zu vernichten. Die Drohne macht, wie im Kriegseinsatz, die Arbeit (oder manche Arbeiten) besser, sie hat keine Familie, will keine Rente und leidet unter keinem nennenswerten Verschleiß. Die Drohne ist die Zukunft, wenn Bequemlichkeit der gesellschaftliche Imperativ nicht nur für manche bevorzugten Bevölkerungsgruppen, sondern auch für die dienstleistenden Klassen werden soll. Man darf in solchen technologisch-futuristischen Szenarien nicht gleich das Unheil erblicken, sondern muss sie immer auch auf ihre Chancen hin befragen. Sie enthalten Angebote zur Freistellung von stumpfsinniger Arbeit, die endlich auch dem Teil der Bevölkerung zugutekommen, der sich zur eigenen Entlastung bisher nicht auf die Arbeit anderer Menschen stützen konnte.

Maschinen und Geräte sind nicht erst heute oder in Zukunft der Dritte im Bunde, wenn es um häusliche Arbeit geht.

Vor 100 Jahren gab es in Großbritannien, dem Mutterland der Dienerkultur, ein »Servant Problem«. Gemeint war der Umstand, dass brauchbares Dienstpersonal zunehmend schwer zu finden und noch schwerer zu halten war. Weitsichtige Hausherrinnen und -herren sollten deshalb auf technischen Ersatz sinnen. Dienerinnen und Diener, zumal tüchtige und treue, sind immer knapp, werden aber nach dem Ersten Weltkrieg noch knapper. Ständig leben die Herrschaften in der Sorge, die Diener könnten das Weite suchen. Gut beraten ist deshalb, wer sich rechtzeitig aufs Leben und Überleben im dienerlosen Haus einrichtet. R. Randall Philips legte bereits 1920 eine populäre Selbsthilfefibel für die dienerlos gewordene Mittelklasse vor.[5] »Dieses Buch hätte man schon in jenen fernen Tagen schreiben können, die wir jetzt ›vor dem Krieg‹ nennen«, heißt es darin, »aber jetzt kann es dafür einen noch stärkeren Grund geben, wo nicht nur die Aufgabe, ein Dienstmädchen zu finden und, wenn es gefunden ist, es zu halten, für die Mittelklasse hoffnungslos geworden ist, sondern wo auch die gestiegenen Lebenshaltungskosten und Löhne viele, die einmal Diener hatten, zwingen, die Idee aufzugeben.« Es sieht finster aus, nicht so sehr für den Adel wie für die neuen professionellen Klassen, denen die Diener abhandengekommen sind, weshalb sie, oder jedenfalls die Hausfrauen, jetzt selbst Hand anlegen und sich in Esszimmer, Wohnzimmer, Treppenhaus und Badezimmer mit »arbeitssparenden Geräten und Arrangements« vertraut zu machen haben.

Die Statistik bestätigt diese Klagen nur bedingt. Vielleicht sind sie in Teilen nur der Ausdruck einer Angst der Bourgeoisie vor ihrem Untergang. Zwar haben durch Krieg und Kriegsdienste viele junge Hausangestellte ihre Jobs in Herrenhäusern und bürgerlichen Familien quittiert. Aber schon 1921 ist in Großbritannien die Zahl der Dienerinnen und Diener wieder auf dem Vorkriegsstand.[6] Der Niedergang des Dienertums, oder anders die Demokratisierung und Defeudalisierung der britischen Haushalte, vollzieht sich langsam, aber stetig zwischen 1890 und 1940. Die Oberschicht, zahlenmäßig klein, aber einflussreich und stilbildend, hat sich von ihrem Dienstpersonal erst viel später oder gar nicht getrennt. Das dienerlose Haus ist nicht über Nacht zur Realität geworden. Wo es aber Wirklichkeit wird, leitet es die Geburt einer neuen Sozialfigur aus der Asche der alten Klassengesellschaft ein: der bürgerlichen Hausfrau. Die Rede ist von der aktiven, geschickten Frau im Haus, die mit ihren neuen mechanischen und elektrischen Helfern nicht nur den dienerlosen Haushalt bewältigt, sondern ihn auch gleich auf eine neue Qualitätsstufe hebt. Neue Haushaltsgeräte helfen der neuen Hausfrau, das alte Dienerproblem zu lösen oder wenigstens zu mildern. So zumindest sieht das von Haushaltsgeräteherstellern und Frauenzeitschriften der 20er Jahre aktiv unterstützte Wunschbild aus. Ohne Elektrifizierung hätte die Emanzipation der Hausherrin zur Hausfrau nicht erfolgen können. In frühen Werbebroschüren wird häuslicher Strom als die große Hoffnung des neuen Zeitalters angepriesen. So verbreitet die britische »Electric Development Association« in den 1920er Jahren die folgende Frohbotschaft: »Welcher Zaubertrick hat in den letzten Jahren Hausarbeit, die früher mal mühsam war, in tägliche Routine verwandelt, die gut gelaunt von Hausherrin oder Mädchen erledigt wird? Achten Sie einmal bei Ausstellungen und Messen auf das starke Interesse von Frauen an Haushaltsgeräten. Sie werden entdecken, dass der kleine elektrische Motor großenteils für diesen hochwillkommenen Wandel verantwortlich ist. Tatsächlich ist Elektrizität die zeitgemäße Lösung für das Dienerproblem und andere Probleme, die den mächtigsten

Faktor unserer Zivilisation bedrohten: DAS HEIM. Elektrizität versorgt die moderne Hausfrau mit einem perfekten Diener – sauber, schweigsam, wirtschaftlich. Was einmal stundenlange harte Arbeit war, ist jetzt in ein paar Minuten mühelos erledigt.«[7] Unerwähnt bleibt, dass die Geräte ihren Preis kosten. Wer sie sich in jenen Jahren leisten konnte, hätte sich auch menschliches Hauspersonal leisten können. Das aber wurde knapper, und überdies vertrug sich das Dienertum nicht mehr mit dem neuen bürgerlichen Lebensgefühl.

Was lässt sich diesem Werbetext entnehmen? Erstens: Es gibt zwar ein Dienerproblem, doch Strom im Haus hilft es beheben. Zweitens: Frauen im Haus werden jetzt Hausfrauen und haben auch noch Spaß daran. Drittens: Die Dienstmädchen sind nicht unbedingt weg, die neuen Geräte sind vielmehr dazu da, von ihnen benutzt zu werden. Viertens: Die Hausarbeit wird weniger, wenn Elektrogeräte zum Einsatz kommen. Die neuen Haushaltsgeräte, um die es in den 1920er Jahren geht, sind halbautomatische Waschmaschinen, Staubsauger, Elektroherde, später auch Kühlschränke sowie eine ganze Reihe neuer Kleingeräte, etwa Toaster und Küchenmixer. Die Revolution wird unterstützt durch neue chemische Reinigungsmittel, die ebenfalls – »wisch und weg« – gesteigerte Mühelosigkeit in Aussicht stellen. Bis zur Ankunft der Mikrowelle und Geschirrspülmaschine wird es bekanntlich noch einiger Jahrzehnte und eines weiteren Weltkriegs bedürfen. Die neuen Geräte eignen sich zum sozialen Distinktionsgewinn, sie lösen Besitzerfreude aus und den frühen Spaß am Ausprobieren neuer Technik.

Zwei einschneidende, ja »disruptive« kulturelle Ereignisse bedingen um 1920 einander gegenseitig: die Verwandlung der Frau im Haus als Herrin und Gebieterin in die Hausfrau als Küchen- und Haushaltsmanagerin sowie der technisch-industrielle Fortschritt, der einige Erfindungen des späten 19. Jahrhunderts zur Serienreife führt und für Teile der Mittelklasse erschwinglich macht. Der Anbruch der Hauswirtschaftslehre als neuer Disziplin zur Förderung hausfraulicher Professionalität unterstützt diesen Trend. Die Entdeckung und Eroberung des eigenen Haushalts durch die Hausfrau selbst (die Haushaltshilfe durch den Ehemann wird noch lange ein Randphänomen bleiben) vollziehen sich zwar mit Hilfe von Elektrogeräten, aber keineswegs im Sinne einer plötzlichen Wachablösung vom Diener durch das Gerät. Das freilich will die Werbung jener Jahre die Hausfrau glauben machen, damit sie die neuen Geräte kauft. Fortan gehören solche Geräte zum professionellen Wunschbild der »modernen Hausfrau«, ohne dass sie ihr in nennenswertem Umfang Arbeit abnähmen – die sie vielleicht auch gar nicht schon wieder abgenommen haben will. Die neuen Geräte bringen etwas Glanz in den Haushalt und lenken von den unbefriedigenden Aspekten der Hausarbeit ab.

Der Emanzipation der Hausfrau ist somit eine Emanzipation *zur* Hausfrau vorausgegangen. Von 1920 bis in die 60er Jahre ist Hausfrausein ein bestimmendes Lebensmodell für Frauen in der westlichen Welt. Haushaltsgeräte haben diese Tendenz flankiert, sie aber nicht ermöglicht. Will man die Geschichte des Hauses in den letzten 200 Jahren in wenigen Sätzen erzählen, dann verläuft sie etwa so: Erst war das Haus belebt und bewohnt von Familien und ihrem Dienstpersonal. Dann verließen die Diener zunehmend das Haus, um selbst ein Haus zu haben, während die ehemaligen Hausherren Teil der »professionellen Klassen« wurden und sich tagsüber in Büros und Geschäften aufhielten. Die Hausherrinnen blieben zurück und wurden Hausfrauen, bis auch sie zu arbeiten begannen und den Haushalt, nun mit vermehrtem Engagement ihrer Männer und unter Einsatz von neuem Dienstpersonal, nebenbei bewältigten.

Fast darf sich die moderne Hausfrau mit ihrem wachsenden Gerätepark nun wie eine Ingenieurin im eigenen Haus fühlen, die, vielfach belehrt von neuen Handbüchern und Magazinen zur Haushaltslehre, ihre Arbeit im Geist des wissenschaftlichen Managements ausführt. Zum technischen Fortschritt und zur Selbstermächtigung als alleiniger Hüterin des Hauses kommt eine neuartige Beteiligung des Herzens hinzu. Die neue Hausarbeit will verstanden sein als kommunikative, solidarische und emotionale Aufgabe, bei der Hausfrauen untereinander Tipps und Tricks austauschen und freundschaftlich-nachbarschaftlich den Wettbewerb um das sauberste Haus und die glücklichste Familie führen. Die Industrie tut alles, um die entlastende Wirkung von neuen Haushaltsgeräten in den neuen, zunehmend dienerlosen Haushalten anzupreisen. Derart unterstützt kann sich die neue Hausfrau noch immer wie eine Herrin fühlen, nun aber nicht mehr über menschliche, sondern elektromechanische Diener. Wem so viel Entlastung zuteil wird, der sollte keinen Grund zur Klage haben, solange das Haushaltseinkommen anderweitig erwirtschaftet wird. Ein halbes Jahrhundert lang hat sich das Selbstbild der glücklichen Hausfrau erhalten, und wäre es nach der Elektrogeräteindustrie gegangen, hätte sich die von ihr propagierte Idee des mechanischen Hausdieners auch ins Zeitalter der berufstätigen Frau hinein verlängert. Noch 1957 legt ein führender Manager des Geräteherstellers General Electric der

Kundschaft den Nutzen des Haushaltsgeräts mit den folgenden Worten nahe: »Heute wird mehr Wert auf das Zuhause und das Familienleben gelegt, [...] größere Familien und das Fehlen von Hauspersonal haben dazu geführt, dass wir mehr denn je im Haus auf automatische Helfer angewiesen sind. Wer in mechanische Diener investiert, der kann zeigen, wie er sich um seine Familie sorgt. [...] Die Rolle der Frau in unserer Gesellschaft ist zunehmend komplex geworden, mit der dreifachen Verantwortung für Kindererziehung und Haushalt, mit einem eigenen Job und mit vielen Aktivitäten darüber hinaus. Sie ist aktiver denn je in sozialen, bürgerlichen und politischen Angelegenheiten. Sie ist in einem Mahlstrom gefangen und braucht all die technologische Hilfe, die eine technologische Gesellschaft ihr geben kann. Und doch möchte sie, trotz aller Kräfte, die an ihr ziehen, ihre Rolle als kreative Hausfrau gewahrt sehen – aber ohne unnötige Plackerei.«[8]

Die amerikanische Hausfrau im Jahre 1957 kannte schon vor ihren deutschen Kolleginnen den Stress, der aus der Vereinbarkeitspflicht von Beruf und Familie entsteht. Mit avancierter Technologie sollte sie das Problem beherrschbar halten. Für noch revolutionärere Strategien, etwa die egalitäre Beteiligung des Ehemannes oder gar für eine Streikdrohung nach Art von »Wages Against Housework« war es noch ein oder zwei Jahrzehnte zu früh. Technologie sorgt dafür, dass der Stress eingehegt bleibt und die Hausfrau über ihren Pflichten nicht kollabiert. Wir befinden uns in einer Welt kurz vor Anbruch des Feminismus. Noch ist keine Rede von Gebärstreik oder einem Honorar für Affektarbeit oder, noch radikaler, vom Exodus der Frauen aus allem, was nach bürgerlicher Familie aussah. Wer in Deutschland oder anderswo der »Babyboomer«-Generation angehört, hat meistens noch das Bild der eigenen Mutter als präemanzipierter, supertüchtiger, aber chronisch überforderter Familienmanagerin vor Augen. Haushaltstechnologie kam ihnen zu Hilfe, die Tiefkühltruhe etwa oder dann die Geschirrspülmaschine, aber jedes neue Gerät im Hause erhöhte die eigene und die fremde Erwartung an die hausfrauliche Professionalität. Mit jeder neuen Anschaffung musste nicht nur das Alte erleichtert, sondern auch das Neue ermöglicht werden, mit der neuen Eismaschine musste Eis, mit der neuen Fritteuse mussten Pommes Frites produziert werden und so fort – ein Wettrennen, das schwer zu gewinnen war.

Das ist die dem Haushaltsgerät innewohnende Ironie, der die amerikanische Wissenschaftshistorikerin Ruth Schwartz Cowan ein lehrreiches Buch gewidmet hat.[9] Sein Titel *More Work for Mother* gibt zu erkennen, dass das werbliche Entlastungsversprechen der goldenen Hausfrauenjahre nach anfänglicher Gläubigkeit vor allem tiefe Erschöpfung zurückgelassen hat. Es gibt in Wahrheit keine Entlastung, weder durch humanes Hauspersonal noch durch technische Geräte. Es gibt in der häuslichen Angewiesenheit auf Helfer keine Entlastung, die nicht zugleich eine neue Last bedeutet. Schwartz Cowans Buch ist geschrieben in einem historischen Moment (1983), als das halbe Jahrhundert der zur Hausarbeit emanzipierten Frau schon zu Ende geht, in dem aber die neue Dienstleistungswelt mit Globalisierung, Internet und neuen Lebensordnungen für dienende wie für bediente Frauen noch nicht absehbar ist. Schwartz Cohen erzählt davon, wie die Amerikanerinnen zu Hausfrauen wurden – in einem Land, das zwar Sklaverei und Hausarbeit von Immigrantinnen als Abzahlung der Überfahrtskosten kannte, aber viel weniger Haushälterinnen und Dienstmädchen als in der Alten Welt – und wie sie aufhörten, es zu sein. Auch in Amerika verschwanden zwischen 1890 und 1920 die weiblichen Hausangestellten zunehmend aus den bürgerlichen Haushalten, schneller als in Europa, und die neuen Hausfrauen lernten, mit Unterstützung der Geräteindustrie, sich selbst zu helfen. Auch hier gab es ein Dienerproblem, und zwar verschärft. Ab etwa 1920 war es sehr unattraktiv, in Privathaushalten zu arbeiten, weil sich außerhalb des Hauses genug Chancen bezahlter, angestellter Beschäftigung boten. Die Einwanderung ließ nach, der Arbeitsmarkt bot neue, bessere Optionen, und immer weniger junge Leute hatten Lust, die eigene Haushalts- und Familiengründung wegen häuslicher Dienstpflichten auf die lange Bank zu schieben. Es gab, damals und über Jahrzehnte, keine Dienst- und Dienerklasse. Zu tief war in der amerikanischen Gesellschaft das Versprechen von Gleichheit und Lebenschancen verankert. »Bezahlte Hausarbeit«, schreibt Schwartz Cowan, »wurde und wird noch als erniedrigende Arbeit für Amerikanerinnen angesehen. [...] Das große Versprechen des amerikanischen politischen Lebens, das Versprechen, dass alle Menschen gleich behandelt werden sollten, wurde von den Dienern so verstanden, dass die Arbeitgeber nicht jeden Aspekt ihres Lebens kontrollieren durften.«[10]

In der Großen Depression der 1930er Jahre blieb vielen ungeschulten Arbeitskräften nichts übrig, als doch wieder in Haushalten anzuheuern, doch hatte zu dieser Zeit auch schon der »Do It Yourself«-Gedanke in amerikanischen Haushalten Fuß gefasst. Hinzu kam, dass nicht viele Haushalte das Geld hatten, Haushaltshilfen zu beschäftigen. Not und Tugend gehen im Profil der neuen Hausfrau ineinander. Was einmal als unwürdig angesehen worden war – Dinge selbst zu tun, statt sie tun zu lassen –, erfuhr im Zeitalter der neuen Sachlichkeit eine Umwertung im Sinne von »patent« und »praktisch«. »In den Jahren nach dem Ersten Weltkrieg ersetzten Werbeanzeigen für Kühlschränke, Waschmaschinen und Staubsauger die für Eiskästen, Waschzuber und Besen, und Diener verschwanden aus den Anzeigen – um von Hausfrauen ersetzt zu werden, ordentlich zurechtgemacht und elegant frisiert, aber trotzdem Hausfrauen. In denselben Jahren durchlief auch die Sprache der Frauenmagazine einen subtilen Wandel, indem sie nämlich zu erkennen gab, dass Hausarbeit nicht länger als Pflicht zu gelten hatte, sondern eher als Ausdruck der Persönlichkeit der Hausfrau und ihrer liebevollen Einstellung zur Familie.«[11] Bei dieser sozialen Neuerfindung der Hausfrau ließ sich wenig an Helfer, weder an Maschinen noch an Menschen, delegieren. Der Mensch selbst stand ja im Mittelpunkt. »Der dienerlose Haushalt«, so Schwartz Cowan, »mag in den 1920er und 1930er Jahren für manche eine ökonomische Notwendigkeit gewesen sein, aber zum ersten Mal wurde die Notwendigkeit, jedenfalls in den Medien, als potentielle Tugend verstanden.«[12] »Do It Yourself« war ein klares Bekenntnis für mehr und nicht etwa weniger Arbeit, nun aber, im modernen Sinn, als identitäre, ja als biopolitische Arbeit, die sich sowieso nicht an Arbeitszeiten und Tarifschemata hält.

Nach dem Zweiten Weltkrieg sorgt die große Zeit der elektrischen Haushaltsgeräte für einen weiteren Exodus der Diener, die ihrerseits dienerlose Haushalte gründen. Es ist die Zeit des langen sozialdemokratisch-wohlfahrtsstaatlichen Zwischenakts zwischen zwei konservativ gestimmten Gesellschaftsformationen. Es ist auch das Zeitalter der maximalen Beanspruchung der glücklich-erschöpften Hausfrau, für deren Zustand der Befund »Stress« noch nicht gefunden war. Noch 1983, schon gegen Ende der hausfraulichen Ära, beschreibt Schwartz Cowan die Lage des amerikanischen Haushalts und der in ihr arbeitenden Frau wie folgt: »Heute führt die generelle Expansion der Wirtschaft und des Wohlfahrtsstaats weniger Menschen auf den Arbeitsmarkt für bezahlte Hausarbeit denn je. Die Verbreitung von technischen Geräten in Haushalten und die Ausbreitung von Haushalten in die Vorstädte haben das Verschwinden verschiedener gewerblicher Dienste gefördert. Das Ergebnis ist, dass Hausfrauen, selbst in auch komfortabel lebenden Schichten, [...] ihre Hausarbeit selbst erledigen. Zusätzlich hat die Ausdehnung des schulischen Unterrichts, die Vervielfältigung schulischer Aktivitäten und die Verfügbarkeit von Jobs für Schulabgänger zum Verschwinden auch solcher Helfer geführt, auf die sich die in Armut lebende Hausfrau früher stützen konnte. So kommt es, dass in fast allen Einkommensgruppen Hausarbeit zu manueller Arbeit geworden ist: Die Frau des Rechtsanwalts wird genauso auf Händen und Knien den Küchenboden putzen wie die Frau des Dachdeckers oder des Müllmanns.«[13] Was lernt man aus dieser Haushaltsdiagnose im Jahre 1983? Vom Ehemann ist immer noch nicht viel zu erwarten und nun auch nichts mehr von den Kindern. Dienstpersonal ist am Arbeitsmarkt nur in geringer Zahl vorhanden. Haushaltsnahe Dienstleistungen, die Lieferung durch Boten etwa, die einem Milch und Brötchen vor die Tür brachten, gehen zurück. Die Hausfrau, auch die wohlhabende, bearbeitet nun im Schweiße ihres Angesichts ihren Küchenboden selbst. Während große Teile der traditionellen Männerarbeit im Haus mechanisiert sind (Bohrmaschinen, Rasenmäher und anderes), bleibt der Hausfrau der meistens mühselige, schmutzige und nicht wirklich von Maschinen zu erledigende Rest. Es ist auffällig, dass richtiges, gründliches Putzen weiterhin eine weibliche Domäne bleibt, eine anstrengende, belastende Handarbeit, für die der

Geräteindustrie seit dem Wischmopp keine wirkliche Lösung mehr eingefallen ist.

30 Jahre später arbeiten Männer im Haushalt insgesamt etwas mehr mit, aber nach wissenschaftlichen Erkenntnissen nicht so viel, wie sie selbst gerne glauben.[14] Die Kinder im Schulalter sind jetzt durchweg zu beschäftigt, um wie früher im Haushalt helfen zu können. Der Küchenfußboden wird jetzt sehr wahrscheinlich nicht mehr von der Frau im Haus, die keine Hausfrau mehr ist, geputzt, sondern von einer Dienstleisterin mit Migrationshintergrund. Das Zeitalter des *More Work for Mother* ist deshalb noch nicht überwunden. Der häusliche Erwartungs- und Wettbewerbsdruck hat bloß dem neuen Vereinbarungsdruck Platz gemacht. Vielleicht waren die elektromechanischen Helfer im Haushalt auch nur trojanische Pferde der konservativen Männermacht, die der Hausfrau den Verbleib im Haushalt schmackhaft machen und ihr massives Erscheinen auf dem Arbeitsmarkt verhindern sollten. »Die Waschmaschine, die Spülmaschine und das Tiefkühlgericht«, so meint Schwartz Cowan, waren nicht die Ursachen für den Eintritt von Frauen in die Erwerbsbevölkerung, »sondern sie waren Katalysatoren dieser Beteiligung. [...] Die meisten amerikanischen Hausfrauen suchten nicht nach einem Job, weil sie über enorm viel freie Zeit verfügten. [...] Eher entdeckten sie, aus dem einen oder anderen Grund, dass sie mit Hilfe einer Spülmaschine, einer Waschmaschine und ab und zu einer Tiefkühlmahlzeit den Job antreten konnten, ohne den Lebensstandard ihrer Familie in Gefahr zu bringen.«[15] Eine wirkliche Befreiung von der Hausarbeit durch Haushaltsgeräte hat nicht stattgefunden, allenfalls kleine Geländegewinne, bei denen eingesparte Zeit umgehend in Erwerbsarbeitszeit umgewandelt wurde.

Später findet auch in der Bundesrepublik Deutschland in den frühen 50er Jahren die ursprünglich amerikanische Idee der Konsumgesellschaft und namentlich die Vorstellung von der Hausfrau als Konsumentin Gehör. Das Wirtschaftswunder fußt nicht unbedingt auf Frauen in Erwerbsarbeit, wohl aber auf zahlungskräftigen Familien, die in der Lage sind, langlebige Konsum- und Investitionsgüter anzuschaffen, zuallererst einen Kühlschrank. 1953 wird von der Bundesregierung zum »Jahr der Konsumenten« erklärt und von Wirtschaftsminister Erhard mit einer »Kühlschrankaktion« flankiert.[16] Frühere Versuche, analog zum Volkswagen einen »Volkskühlschrank« zu lancieren, etwa im Rahmen der NS-Kampagne »Kampf dem Verderb«, waren vor allem an den Kosten gescheitert. Der Kühlschrank blieb ein Luxusgut, und es gab kriegsbedingt immer weniger Lebensmittel, mit denen man ihn hätte füllen können. Anders die Situation in der Nachkriegszeit mit ihrer »Fresswelle«. Dennoch schlug die große Werbekampagne von Regierung, Verbänden und Industrie im Jahre 1953 erst einmal fehl. Auch eine verordnete Preissenkung half zunächst nicht weiter. Zuerst mussten die Deutschen wohl einer »Re-Education« im Haushalt unterzogen werden. In Wanderausstellungen wie »Wir bauen ein besseres Leben« wird die deutsche Familie in die Konsumgesellschaft amerikanischen Stils eingewiesen. Ein Zwischenbericht konstatiert Ende 1953 zufrieden, dass immerhin der »Gedanke der Kühlung im Haushalt in die breite Öffentlichkeit gebracht worden« sei.[17] Die mäßig erfolgreiche Kühlschrankaktion wird zwei Jahre später mit erweiterter Zielsetzung wieder aufgenommen. Erhard und sein wirtschaftspolitischer Vordenker Adolf Müller-Armack dehnen nun die Konsumgüterinitiative auf die gesamte Küche aus. Die neue Kampagne namens »Erhard hilft der Hausfrau« verfolgt mehrere und durchaus umstrittene Ziele. Das Leben der Hausfrau soll durch Geräte erleichtert werden, woraus »auch der Ehemann einen Nutzen ziehe«. Das häusliche Leben soll schöner und angenehmer werden; »Gemütlichkeit« ist ein Stichwort der Stunde. Überdies soll die Hausfrau »mit dem vorhandenen Geld [...] mehr anfangen« können.[18] Weniger Arbeitszeit im Haushalt bedeutet mehr Zeit für Konsum, was wiederum der Konsumgüterindustrie zugutekommt und Arbeitsplätze schafft. Diese Arbeitsplätze könnten nun mit häuslich entlasteten Frauen besetzt werden, das jedenfalls ist Erhards Plan, der in der eigenen Regierung nicht unwidersprochen bleibt. Erhard möchte Halbtagsbeschäftigungen für Frauen schaffen, FDP-Vizekanzler Franz Blücher ist dagegen.[19] Erhards entschiedene Modernisierungspolitik stößt im eigenen Lager auf konservative Widersacher. Der Siegeszug des Kühlschranks in Deutschland ist langsam, nicht nur langsamer als in den USA, sondern langsam auch im Vergleich mit den westeuropäischen Nachbarländern. Erst um 1960 kommt, als Folge weiterer Rabattschlachten und neuartiger Ratenzahlungsangebote, der Kühlschrank im bundesdeutschen Haushalt wirklich an; dann steht bereits in 40 Prozent aller Küchen ein solches Gerät, während es ein Jahrzehnt zuvor erst vier Prozent waren.[20]

Dass der westdeutsche Weg in die amerikanisch inspirierte Haushaltsmoderne so weit und mühsam war, hat seine Ursachen auch in der »arbeiterlichen« und speziell auch hausarbeiterlichen Mentalität des Nationalsozialismus. Weit davon entfernt, eine Konsumgesellschaft amerikanischen Stils zu sein oder sein zu wollen, wurde hier ein überkommenes weibliches Dienst- und Entbehrungsideal politisch radikalisiert. Auf der politischen Agenda stand nicht die Entlastung der Frau, sondern ihre politische und ökonomische Nutzung als

Mutter und meist untergeordnete Arbeitskraft. Traditionelle weibliche Rollenbilder wurden je nach ihrem Nutzen für die Volksgemeinschaft gefördert oder bekämpft. So war einerseits kein Platz für spätfeudale, »herrschaftliche« Dienstverhältnisse (außer für das NS-Establishment selbst), andererseits aber viel Platz für einen neuen Typus von Hausgehilfinnen, die der deutschen Mutter zur Hand gehen und möglichst bald, bei entsprechender Eignung, selbst deutsche Mütter werden sollten. »Deutsche Hausgehilfinnen!«, beginnt ein Aufruf in der Zeitschrift *Der deutsche Haushalt* im Jahre 1937: »Die hauswirtschaftliche Arbeit ist von größter Bedeutung für die Volksgemeinschaft. Die deutschen Hausgehilfinnen als Helferinnen der Hausfrau sind mitverantwortlich für die Lösung derjenigen Aufgaben, die dem deutschen Haushalt und der deutschen Familie beim Wiederaufbau unserer Nation zufallen.«[21] Hauswirtschaft ist nach NS-Verständnis eine politische Aufgabe. Sie setzt junge Mädchen aus proletarischen Verhältnissen in Lohn und Brot, sie hilft bürgerlichen Frauen, ihrer Hauptaufgabe als Gebärerin nachzukommen, und sie hält die jungen Mädchen unter ideologischer Kontrolle und erzieht sie im rechten Volksgeist. Das konservative Familienideal und Frauenbild der Nationalsozialisten verband sich mit einem demographischen und arbeitsmarktpolitischen Kalkül. Nach dem Siegeszug der »neuen Frau« in der Weimarer Republik mit der stark wachsenden Zahl weiblicher Angestellter leiteten die Nationalsozialisten rasch einen kompletten Rollback ein, der zu einer kurzzeitigen Verfünffachung der Zahl der Hausangestellten in Deutschland nach 1933 führte.

Der Herd der deutschen Frau und Mutter sollte nach Möglichkeit ein Gas- oder Elektroherd sein. Anfangs wird im Nationalsozialismus noch stark für den Erwerb von Haushaltsgeräten geworben, auch um Arbeitsplätze in der Industrie zu sichern. Solche Bemühungen ließen bald nach, als die Rüstungsindustrie der zivilen Produktion den Rang ablief. Politisches Frauenbild und die häusliche Assistenz durch Personal und Technik stehen in einem ständigen Spannungsverhältnis. Die NS-Ideologie transportiert parallel Motive der internationalen Elektrifizierungsmoderne und gegenläufige Ideen von rassischer Exzellenz und Unverwöhntheit. Erst ist der Platz der Frau das Haus: Dabei soll Technik sie unterstützen. Als dann aber kriegsbedingt weibliche Arbeitskraft benötigt wird, schwenkt die industrielle Produktion auf kriegswichtige Güter um und überlässt die Hausfrau sich selbst. Die heimischen Hausgehilfinnen wechseln in die Produktion, wo sie auf Zwangsarbeiterinnen und andere Dienstverpflichtete treffen. Der deutsche Haushalt ist in Kriegszeiten zum Nebenschauplatz geworden. Entsprechend dürftig fällt im internationalen Vergleich der häusliche Gerätepark aus.

Die europäischen Totalitarismen des 20. Jahrhunderts hatten, anders als die kapitalistisch-demokratische Gesellschaftslehre der USA, ein gestörtes Verhältnis zur Bequemlichkeit. Der Neue Mensch des Sowjetkommunismus und des Nationalsozialismus wittert, wo Entlastung angeboten wird, bloß eine Einladung zu Dekadenz und Verweichlichung. Der »Arbeiter«, dessen »Herrschaft und Gestalt« Ernst Jünger 1932 seine epochale Studie widmet, ist kein Konsument.[22] Seine Herrschaft beruht auf eigener heroischer Arbeit, wenn nicht im Krieg, dann in der Industrie. Weder ist der Arbeiter ein Diener noch einer, der sich bedienen lässt. Deutschlands Aufbruch in die Nachkriegskonsumgesellschaft geht langsam vonstatten, weil solche Ideen noch eine Weile nachwirken. Sie sind nicht notwendig nationalsozialistischen Ursprungs; sie speisen sich ebenso aus einem preußisch-protestantischen Ethos. Nie war Deutschland, im Vergleich etwa mit Großbritannien oder den romanischen Ländern Europas, eine Hochburg des häuslichen Dienertums. Gerne hat sich die deutsche Hausfrau zwar in den 50er Jahren von neuen Haushaltsgeräten das Leben erleichtern lassen. Den Weg in die von Ludwig Erhard anvisierte (Halbtags-)Berufstätigkeit hat sie dennoch zögernder angetreten als ihre Kolleginnen in anderen Ländern Europas. Als sich die Frau im DDR-Sozialismus schon längst zur vollen Berufstätigkeit mit Regelkinderkrippe emanzipiert hatte, hütete die westdeutsche Frau und Mutter noch immer sehr häufig das Haus. Auch wenn laut Statistischem Bundesamt 2012 bereits 71,2 Prozent aller deutschen Frauen zwischen 20 und 64 Jahren erwerbstätig waren (2002 waren es erst 61,8 Prozent),[23] gibt es die deutsche Hausfrau immer noch. Schon deshalb ist die Nachfrage nach bezahlter häuslicher Dienstleistung hierzulande niedriger als in anderen Ländern. Noch gibt es hier nämlich eine Alternative zum komplett hüterlosen und von Dienstleistern teilbetreuten Haus, nämlich die Anwesenheit einer nicht erwerbstätigen Person (die mit einiger Wahrscheinlichkeit eine Frau ist) im eigenen Haus. »Toll, dass du zu Hause bist«, der Satz, den jeder kennt, der Kinder hat, mag für diejenigen ein schwacher Trost sein, die ansonsten vom sozialpolitischen Diskurs gerne außer Acht gelassen werden. Nicht nur verbleiben ja die häuslichen Dienstleisterinnen im Schatten der gesellschaftlichen Wahrnehmung. Man sieht auch die verbliebenen Vollzeithausfrauen nicht richtig, und wenn, dann wird ihnen kaum einmal Anerkennung zuteil. Oft sind ja die Dienstleisterinnen in unseren Mittelschichtshaushalten selbst (Teilzeit-)Hausfrauen. Zur Aufbesserung des Haushaltseinkommens nehmen sie Minijobs an. »Der Bundesagentur für Arbeit zufolge sind 42 Prozent der

Minijobber Hausfrauen. Und die machen in ihren schlecht bezahlten Teilzeitjobs wenig anderes als vorher. Häufigste geringfügige Beschäftigung von Hausfrauen: Putzen im Betrieb.«[24] Soll man nun dankbar sein für den vielen Schmutz, der solche Arbeitsplätze einstweilen unentbehrlich macht, oder sollte man nicht eher aufrufen zu einer Automatisierungsoffensive, die mit dem Schmutz gleich auch solchen Arbeitsplätzen ein dauerhaftes Ende bereitet?

Fernbedienungen. Im Internet der falschen Dinge

Die industrielle Revolution wird den Umfang und Charakter häuslicher Servicearbeit verändern. So viel steht fest, auch wenn noch nicht absehbar ist, wo genau die Trennlinie zwischen verbleibender menschlicher Arbeitskraft und neuer maschineller Dienstleistung verlaufen wird. Die Hausarbeit, bezahlte wie unbezahlte, wird nicht einfach aufhören. Vermeintliche technische Entlastungen werden auch in Zukunft verlässlich zu neuen Belastungen führen. Solange menschliche Servicearbeit so billig und so leicht zu haben ist wie jetzt, fehlt es an gesellschaftlicher Notwendigkeit für eine umfassende Substitution durch intelligente Technik. Vieles von dem, was uns derzeit als Durchbruch an der Bequemlichkeitsfront verkauft wird, kommt über den Spielzeugstatus nicht hinaus. So wird uns menschengemachte häusliche Servicearbeit wohl oder übel noch eine Weile erhalten bleiben, auch und gerade dann, wenn unsere Haushalte sich in ungeahntem Maß auf Errungenschaften der »Infosphäre« stützen werden. Solange einfache Dienstleisterinnen ihre häuslichen Jobs zur Sicherung des Lebensunterhalts benötigen und ihre Arbeitskraft zum gewohnten Niedriglohn verkaufen, wird auch die Nachfrage nicht nachlassen. Erst wenn solche Arbeitskraft knapp wird, wie es in Teilen der Welt schon jetzt der Fall ist, werden technoide Dienstleister, auch solche mit affektiven Aufgaben, zur vorherrschenden Realität.

Vieles soll in Zukunft von intelligenten »Dingen« erledigt werden können. Das betrifft beileibe nicht nur einfache Dienstleistungen, und noch weniger allein die Arbeiten, die wir als besonders einfach anzusehen gewohnt sind. Wachdienste lassen sich beispielsweise eher an Automaten delegieren als Aufgaben, die etwas mit Reinigung zu tun haben. Gäbe es tatsächlich technisches Gerät, das gründlich reinigen kann, das etwa den Schimmel aus den Fugen einer verfliesten Duschkabine entfernt, hätten wir davon sicher schon gehört. Vielleicht sind Maschinen, ganz nach dem Motto »Ich bin doch nicht blöd«, auch einfach zu intelligent, um uns die Aufgaben abzunehmen, die wir als wirklich lästig empfinden. Manchmal sind häusliche Dienstleistungen intellektuell einfach, aber körperlich schwer – monoton, anstrengend, schmutzig. Man soll mit ihnen erst aufhören, wenn man fertig ist. Das sind nicht die Aufgaben, die Sensoren und Roboter lieben. Man sollte deshalb von intelligenten Maschinen im Haushalt nicht zu viel erwarten, schon gar nicht Entlastung. Dass sie intelligent sind, sollte uns warnen. Die Arbeiten, bei denen Hartnäckigkeit mehr zählt als Intelligenz, werden sie den Menschen vermutlich nicht so schnell abnehmen.

Ohne Personalnot fehlt der Automatisierung noch die große Dringlichkeit. Wir sind im Haushalt noch weit entfernt von der gern berufenen digitalen Zukunft. Wenn aber das Personal knapp wird, das derzeit noch in großer Zahl und bei niedriger Bezahlung für häusliche Dienstleistungen bereitsteht, sind maschinelle Alternativen dringend gefragt. Die Nachfrage nach solchen Diensten wird nicht abnehmen, sie wird vielmehr in alternden Gesellschaften mit Tendenz zum Ein-Personen-Haushalt weiter steigen. So viel (insbesondere weibliche) Einwanderung, wie sie die kommende Nachfrage nach Pflegekräften in Deutschland erfordern würde, kann es auch bei optimistischster Berechnung nicht geben. Wir werden lernen müssen, uns zu behelfen, aber wie? Wenn wir im Alter nicht ganz ohne Hilfe dastehen wollen, wenn wir andererseits auch nicht auf die Entvölkerung ganzer Landstriche setzen wollen, nur damit uns jemand betreut, dann scheint es ratsam, dem Gedanken an digitale Dienstleister entschieden näherzutreten.

Das Internet der Dinge wird, wie zu hören ist, vieles revolutionieren, auch in unseren Haushalten. Noch ist dort vieles vorrevolutionär, geprägt von älteren Technologien. Die Werkzeuge, gerade für die hässlichen, schmutzigen Arbeiten, um die sich jeder drückt und die wir deshalb unseren Dienstleistern überlassen, sind fast noch dieselben wie vor 100 und mehr Jahren. Viele der mühsameren Hausarbeiten, Fensterputzen etwa oder Teppichklopfen, tauchen selten auf der Agenda der Reinigungskräfte auf. Sie haben es, verständlicherweise, selbst gerne bequem. Der Besen etwa ist eine jener Technologien erster Ordnung, die, wie etwa auch die Klobürste oder das Kehrblech, in jedem Haus Verwendung finden und bis heute nur selten durch fortschrittlichere Technologien ersetzt wurden. Der Besen bedarf wie alle Werkzeuge erster Ordnung der menschlichen Bedienung, es sei denn, es handelte sich um einen magischen Besen wie in Goethes »Zauberlehrling«, bei dessen Fernsteuerung durch Unbefugte dann erwartungsgemäß alles schiefgeht. Goethes Gedicht entfaltet die Vision einer Technologie erster Ordnung, die von Zauberhand wie eine Technologie dritter Ordnung eingesetzt, also (fern-)gesteuert statt nur bedient werden kann. Zur Steuerung gehört die Verfügung über die An- und Aus-Taste, über das Zauberwort. Wenn Zauberlehrlinge aber nicht wissen, wie korrekt zu steuern ist, kommt es unvermeidlich zu Eigenmächtigkeiten des Geräts, das von sich aus kein Dienstende kennt. Mit dem Staubsauger, der Waschmaschine, dem elektrischen Bügeleisen oder dem Kühlschrank treten wir ein in die Technologie zweiter Ordnung. Es sind klassische Instrumente der Moderne, »die zwischen den menschlichen Anwendern und den entsprechenden Auslösern arbeiten. Sie sind Vertreter einer Welt, die reif ist für einen Leistungssprung dritter Ordnung«, so Luciano Floridi.[25] In dieser neuen, dritten Phase, mit der die Menschheit in die »Infosphäre« eintritt, seien wir, »die wir die Anwender waren, nicht länger Teil der Schleife, allenfalls noch am Rande: Piloten fliegen Drohnen immerhin noch aktiv mit Steuerknüppel und Gaspedal, Bediener aber kontrollieren sie nur noch per Maus und Tastatur. Womöglich sind wir auch gar nicht mehr nennenswert anwesend, das heißt, ganz außerhalb der Schleife, und genießen oder verlassen uns einfach auf solche Technologien als (möglicherweise unwissende) Nutznießer oder Konsumenten.«

Wie weit kommen wir mit Maus und Smartphone durch unsere gegenwärtigen Haushalte? Zunehmend verwandeln sich Einrichtungsgegenstände in Technologien dritter Ordnung, Betten etwa, die uns Erlebnisse weit über die Nachtruhe hinaus gewähren, oder Toiletten, die neben manch anderem Komfort sich selbst reinigen. Ein Produkt namens »Numi« etwa, für knapp über 6000 Dollar erhältlich, kommt ganz ohne Reinigung durch Menschen aus, denn es ist »ein selbst-reinigendes Bidet mit adjustierbaren Kontrollen für Temperatur und Wasserdruck; Heizelemente, die Ihre Füße und Ihren Po warm halten« und so weiter.[26] Das Gerät hat wenig Ähnlichkeit mit Artgenossen, die regelrecht gescheuert werden mussten. Die neuen Konzepte für den digital selbstpflegenden Haushalt erweitern das ältere analoge Spektrum der Pflegeleichtigkeit. Schon immer gab es Versprechungen von Selbstreinigung und Pflegefreiheit, etwa beim Küchenherd oder bei Bügelwäsche. Das technische Gerät ist besser und wir sind in der Folge bequemer geworden. Technologischer Fortschritt ging Hand in Hand mit der Absenkung der Qualitätsansprüche an das eigene häusliche Handeln. Als Kinder hatten wir einmal in der Woche die Fransen des Wohnzimmerteppichs mit einem Kamm zu frisieren. Silberbesteck war in regelmäßigen Abständen zu polieren und das Parkett mit einem schweren »Blocker« und viel Bohnerwachs auf Hochglanz zu bringen. Damit ist schon lange Schluss, es gibt diese Aufgaben und die für sie benötigten Gerätschaften kaum noch. Schwer vorstellbar, dass wir unsere Putzfrau mit derlei Dingen behelligen würden; die Dienstleister sind, wie wir selbst, schon anderweitig ausgelastet.

Wir sind gespannt, zu welcher Pflegetiefe die neuen automatisierten Hausdienste vordringen werden. Werden sie bloß die häusliche Ordnung diesseits des Chaos aufrechterhalten helfen, oder werden sie die schönen alten Verrichtungen neu zum Leben erwecken, für die man früher auf personalintensive Technologien erster Ordnung zurückgriff? Auch wenn es ein Internet »der Dinge« gibt, wird es kaum ein Internet eines Einzeldings namens Teppichklopfer, Wischlappen oder Schuhbürste sein. Es wird wohl überhaupt kein Internet der groben

Dinge geben, keines zum Beispiel gegen Ungeziefer. Internetgetriebene, vernetzte Haushalte werden dann am besten funktionieren, wenn es in ihnen schon zu Beginn aller Verrichtungen keinen Schmutz gibt. Wie etwa wird eine Technologie dritter Ordnung mit einem Kochtopf umgehen, in dem sich eine dicke Kruste angebrannter Tomatensauce gebildet hat?

Die realitätsnahe Antwort darauf kann nur heißen, dass sie damit gar nicht umgehen kann und auch nicht umgehen muss, weil in einem neuen technologienahen Haushalt sowieso nicht gekocht wird. Bei wirklich lästigen Aufgaben im Haushalt gilt auch weiterhin das Verursacherprinzip. Helfer, menschliche wie technoide, helfen am liebsten bei Aufgaben, die nicht allzu schwer und schmutzig sind.

Solchen alten Einsichten zum Trotz hat sich um das Internet der Dinge als künftigen Treiber unserer haushaltlichen Ordnung ein mächtiger Hype entwickelt. In der »Wissensgesellschaft«, dem Zeitalter der »Industrie 4.0«, werden unsere Haushalte, so hört man immerfort, endlich intelligent werden. Wir, die Insassen mit unserer beschränkten Intelligenz, können uns dann ganz der Betrachtung des technologischen Theaters im eigenen Heim hingeben. Wir sind dann zwar noch Bediener, aber nicht mehr der Waschmaschine selbst, sondern der Funktion, die den Befehl zum Füllen der Waschmaschine erteilt. Wie genau kommt aber die Schmutzwäsche aus dem Wäschekorb in die Maschine, und wer nimmt mir komplexe Entscheidungen in Bezug auf Waschmittel, Temperatur und Programm ab? Ein Sensor, der mich daran erinnert, dass es wieder mal Zeit wäre für einen Waschgang, weil etwa der Unterwäschevorrat einen kritischen Pegelstand unterschritten hat, ist für diesen Arbeitsablauf in keiner Weise substantiell. Die Waschmaschine wird tun, was wir ihr sagen, aber sie sucht sich ihren Job nicht selbst. Interessanterweise hält sich das Internet der Dinge gerne an häuslichen Nebenschauplätzen fest, dort, wo es unter Umständen gerade Vergnügen bereiten könnte, ein Quantum Selbsttätigkeit an den Tag zu legen: »Ihr neuer smarter Kühlschrank von Samsung kennt seinen Inhalt und kann Rezeptvorschläge machen (gestützt auf den sogenannten epicurious service) und Sie zudem an vorrätige frische Lebensmittel und Artikel erinnern, bei denen das Haltbarkeitsdatum abläuft. Er gleicht sich mit Evernote zur gemeinsamen Benutzung von Einkaufslisten ab. Er gibt auch Gutscheine aus. Leicht vorstellbar, dass er lernt, was Sie mögen, und weiß, was Sie vermissen, und von seinem Vorgänger Ihre geschmacklichen Vorlieben und Wünsche ererbt, genauso wie Ihr neuer Laptop von seinem Vorgänger Ihre geschmacklichen Vorlieben und Wünsche übernehmen kann.«[27] Man wäre kaum auf die Idee gekommen, an dieser Front nach Entlastung zu verlangen. Gern stellt man sich den eigenen Kühlschrank als Bestandteil einer Privatsphäre vor, in die weder Menschen noch Maschinen unbefugt Einblick haben sollten. Es könnte sein, dass der Sensor den festgestellten Bierumsatz unserer Krankenversicherung meldet, was wiederum ungünstige Auswirkungen auf den Tarif hätte. Kaum haben wir bisher die Wartung und Füllung unseres Kühlschranks als Aufgabe wahrgenommen. Es hat die Aufgabe, zu deren Lösung mir der intelligente Kühlschrank Angebote macht, vor seinem Dienstantritt nicht gegeben. Die neuen smarten Produkte offerieren an Stellen Bequemlichkeit, an denen sie nicht helfen, während sie dort, wo Hilfe gebraucht würde, kaum Angebote machen. Eine smarte Technologie etwa, die zuverlässig und unaufgefordert Staub, Rost und Schmier von allen Geräten und aus allen Schubladen und Schränken beseitigen könnte, wäre eine große Hilfe, die es aber leider nicht gibt.

Offenbar geht das Internet der Dinge noch nicht adäquat auf unsere Haushaltsbedürfnisse ein. Ein paar leistungsstarke, langlebige Geräte aus der klassischen Moderne, ein wirklich guter Staubsauger etwa, scheinen diesen Bedürfnissen eher gerecht zu werden als der mit Sicherheit intelligentere Kühlschrank. Intelligenz im Haus wird derzeit überschätzt; man wäre schon mit treuen, bewährten Helfern zufrieden. Ganz bestimmt bedarf unsere schwache Intelligenz der technischen Unterstützung, aber die wahre Hilfe besteht gar nicht in der zusätzlichen Intelligenz, sondern oft viel eher in der umsichtigen elektromechanischen Begleitung und Verstärkung unserer Anstrengungen. Schon über ein mechanisches Gerät, das wirkungsvoll mein Besteck poliert, würde ich mich freuen, erst recht über ein elektromechanisches, und wie erst über eine von mir nur noch fernzusteuernde, nach Bedarf intelligent ans Werk gehende Robotik. Allein, es gibt schon das schlichte Gerät nicht, sondern bloß ein übelriechendes, aber wirkungsvolles Silberputzmittel. Eben das bedeutet Hausarbeit im Kern: schmutzige, mühsame, nicht bloß routinemäßige Arbeit ausdauernd und sorgfältig tun, bis sich die angestrebten Ergebnisse zeigen. Dazu gehört auch die traditionelle hausfrauliche Tugend, die Arbeit dort aufzuspüren, wo sie »weh tut«. Hausarbeit ist, anders als die Verkäufer von mechanischem, elektrischem oder digitalem Gerät suggerieren, niemals einfach, sondern, sobald man den Dingen auf ihren schmutzigen, kaputten Grund geht, ziemlich schwer. Wer sie vermeiden will, sollte am besten das Leben im Haus gleich mit vermeiden.

Folgt man den Verheißungen des früheren Google-Vorstands Eric Schmidt und seine Ko-Autors Jared Cohen in ihrer vielgelesenen Programmschrift »The New Digital Age« aus dem

Jahre 2013 (deutsch: »Die Vernetzung der Welt«), dann sieht die Zukunft unserer Wohnungen mitsamt der Insassen ziemlich strahlend aus. Unter hochkonnektiven häuslichen Bedingungen werden uns die gebratenen Tauben buchstäblich in den Mund fliegen. »Stellen Sie sich vor«, schreiben die beiden Autoren, »Sie seien eine junge Führungskraft in einer westlichen Großstadt. So könnte ein ganz normaler Morgen aussehen. Es klingelt kein Wecker, zumindest keiner, wie Sie ihn heute kennen. Stattdessen weckt Sie der Duft von frisch gebrühtem Kaffee, das Licht, das zwischen den automatisch geöffneten Vorhängen ins Zimmer strömt, und eine sanfte Rückenmassage ihres Hightech-Betts. Sie wachen erfrischt auf, denn in Ihrer Matratze befindet sich ein Sensor, der Ihren Schlafrhythmus überwacht, so dass Sie nicht aus einer Tiefschlafphase gerissen werden.«[28] So geht es dahin an diesem durchschnittlich idealen Morgen, an dem sich die Wohnung der jungen Führungskraft als »ein elektronisches Orchester« präsentiert und sie selbst »ihr Dirigent« ist.[29] Sehr viele, mehr oder minder mühsame Routinen werden mir fortan erspart; knappe Körperbewegungen und Sprachbefehle sorgen dafür, dass die Geräte anspringen. Frisch gebügelte Hemden gleiten aus automatisierten Kleiderschränken, weil ihnen der Kalender ein wichtiges Businessereignis angekündigt hat. »Ihr zentraler Computer schlägt eine Reihe von Hausarbeiten vor, die Ihre Dienstroboter heute erledigen sollten, und Sie stimmen allen Vorschlägen zu.«[30] Der Computer rät auch zur Aufstockung des Kaffeevorrats und empfiehlt Sonderangebote und ein paar Lieblingssorten von Freunden. Gleichzeitig haben Sie, junge(r) Professionelle(r) der nicht zu fernen Zukunft, schon mit der Arbeit angefangen oder mit dem, was man in Ihren Verhältnissen üblicherweise Arbeit nennt. Die häuslichen Verrichtungen und die Erfordernisse des Jobs greifen glatt ineinander. Eine Präsentation für »wichtige neue Kunden im Ausland« steht an. Die Daten dafür sind auf allen Endgeräten und natürlich in der Cloud gespeichert. »Sie trinken noch einen Schluck Kaffee und sind zuversichtlich, was das Treffen mit Ihren Kunden angeht.«[31] Ihre Kunden haben Sie noch nicht persönlich gesehen, aber Sie kennen sie auch so gut genug. Sie haben sich oft auf einem »virtual-reality interface« getroffen, bei dem Avatare Ihre Kunden samt aller ihrer Eigenarten repräsentieren. Verständigungsprobleme gibt es nicht, dafür sorgt eine autonome Sprachübersetzungssoftware. Alles läuft superglatt wie immer, dann aber, »autsch«, stoßen Sie sich heftig den Zeh am Eck eines Küchenmöbels. Das ist nun der Test der Robustheit des konnektiven Systems: Kann es nur Routine oder kann es auch Krise? Sie »nehmen Ihr mobiles Gerät und öffnen die Diagnose-App. In Ihrem Apparat befindet sich ein winziger Chip, der Ihren Körper mit Mikrowellen scannt. Ein kurzer Check ergibt, dass Ihre Zehe lediglich verstaucht ist und Sie sich nichts gebrochen haben. Ihr Gerät schlägt Ihnen vor, einen Termin bei einem Arzt in der Nähe zu machen, doch Sie lehnen ab.«[32]

Dann kann der Arbeitstag wie geplant weitergehen. Ehe Sie mit dem fahrerlosen Auto ins Büro gleiten, erinnert Sie Ihr Smartphone noch daran, ein Geschenk für den bevorstehenden Geburtstag Ihres Neffen zu kaufen. Im System sind Geschenkideen hinterlegt, die auf dem gesammelten Weltwissen über die Geschenkwünsche neunjähriger Jungen basieren. Dann fällt Ihnen aber selbst noch etwas ein: ein Roboterhund. Der Neffe hatte die amerikanische Redensart »Der Hund hat meine Hausaufgaben gefressen« nicht verstanden. Wie kann denn ein Hund meine Hausaufgaben essen, wenn sie doch gar nicht auf Papier geschrieben sind, sondern gespeichert sind in einer Cloud? Das Geschenk, versehen mit einem kleinen Gruß, wird von einem Lieferdienst mit einer garantierten Maximalabweichung von fünf Minuten zum Plantermin zugestellt werden. Dann aber ermahnt Sie eine »Device« im Schuh mit einem sanften Kniff, dass es nun wirklich Zeit ist, zur Arbeit zu fahren. »Vielleicht nehmen Sie sich auf dem Weg nach draußen noch einen Apfel mit, den Sie auf dem Rücksitz Ihres Autos essen, während es Sie zur Arbeit chauffiert.«[33]

So oder ähnlich wird das Leben des »Upper Band«, der Gutverdienenden und technologisch Gebildeten also, in den hochentwickelten Ländern der Welt in Zukunft aussehen, stellen sich Schmidt und Cohen vor. So sieht es zum Teil auch schon jetzt aus. Es ist die Welt etwa von *Monocle*, dem britischen Lifestyle-Magazin und -Konzern, eine Welt der vollendeten Reibungslosigkeit, in der jüngere Leute mit Business- und Kreativberufen, ausgestattet mit genug Geld und versehen mit den neuesten Gadgets und Technologien, ihr vernetztes, globales, unabhängiges Vielfliegerleben führen, ohne erkennbar Rücksicht nehmen zu müssen auf eigene soziale und affektive Bedürfnisse oder auf solche, die von Angehörigen und anderen Menschen an sie herangetragen werden. Der junge Mensch in Schmidt/Cohens Beispielerzählung, stellen wir ihn uns hier einmal als Frau vor, lebt allein. Sie ist deshalb nicht notwendig Single, aber sie teilt die häusliche Sphäre offenbar nur mit ihren Geräten. Sie hat allem Anschein nach auch keine menschliche Haushaltshilfe mehr, sondern beschäftigt stattdessen einen Roboter. Der Roboter nimmt ihr eine Menge Arbeit ab, vor allem, wie es aussieht, im Bereich von Erledigungen. Ob und inwieweit der Roboter auch zu den unangenehmeren Teilen der Hausarbeit willens und in der Lage ist, wird nicht erzählt. Kommt es zur Komplettentlastung in Sachen Schmutz und Unordnung oder entstehen in solchen führerlosen Haushalten Schmutz und Unordnung erst gar nicht? Die junge Frau hat weder Kinder im Haus, noch muss sie sich um andere Familienmitglieder im Haus oder außerhalb kümmern. Sie hat einen Job, den sie offenbar mag und der gut bezahlt ist. Sie bereitet, wie viele andere junge Führungskräfte, von Berufs wegen »Präsentationen« für »Kunden« vor. Ist nicht das vielleicht genau der Typ von Arbeit, der künftigen Rationalisierungen und Automatisierungen zum Opfer fallen könnte, während es die ungeliebten, schmutzigen Jobs der häuslichen Dienstleistungsindustrie noch eine ganze Weile geben wird?

»Bullshit jobs« hat der Anthropologe David Graeber solche Berufe genannt.[34] Es sind nicht die »Scheiß«- und Minijobs des haushaltsnahen Dienstleistungssektors, sondern stark computerisierte, abstrakte Jobs in Banken, Firmen, Verwaltungen oder Versicherungen, Jobs mit geringer individueller Schwankungsbreite, die man in Zukunft womöglich auch einem hochintelligenten Büroroboter anvertrauen kann. Dies ist die tonangebende Klasse der »Workaholics«, deren gewerkschaftlich ungezügelter Arbeitshunger die Nachfrage nach schlecht bezahlten Dienstleistungen rund um die Uhr stärker erhitzt als irgendeine andere soziale Gruppe. Weil sie nicht zum Einkaufen, Kochen oder Putzen kommen und weil sie gewohnt sind, solche Dienste mit der App im Nu herbeizurufen, produzieren die Inhaber der »bullshit jobs« die »Scheißjobs« der häuslichen Dienstleisterinnen und Dienstleister. Dass die Automatisierung den Angehörigen der höheren »Bullshit«-Sphäre nach Graeber eher an den Kragen gehen wird als den einfachen Dienstleistern, ist für diese kaum ein Trost, denn ihre Arbeitsplätze hängen von der Zahlungskraft und manischen Überbeschäftigtheit im höheren Administrationssektor unmittelbar ab.

Es sind solche nichteinfachen Dienstleistungsjobs, die sich, schneller noch als die einfachen, in den letzten Jahrzehnten vermehrt haben, Jobs, die zwar spezielle Anforderungen verlangen, aber dabei weder besonders »kreativ« noch gar »unternehmerisch« sind. Es ist wohl auch der Erwerbssektor, in dem die junge Frau arbeitet, die man bei Schmidt/Cohen durchs Schlüsselloch beobachten darf, ohne dabei auf Spuren von Privatem oder gar Intimem zu stoßen. Fast scheint es, als hätte sich die junge Frau in ihrem hochvernetzten Beispielhaushalt selbst schon vorsorglich in einen Roboter verwandelt. Es ist eine überaus blutleere, lebensarme Wohnwelt, die uns hier vor Augen gestellt wird, aber wir sollten uns trotzdem nicht zu sicher sein, dass sie nicht morgen auch schon unsere sein könnte.

Viel Arbeit wird in diesem Szenario von vernetzten Geräten erledigt, aber man weiß nicht genau, wie tief ihr Durchgriff reicht. Das nette Geburtstagsgeschenk für den Neffen etwa wird nicht ohne menschliche Billigarbeit hergestellt, aus dem Lager geholt, verpackt und zugestellt. Auch der reibungslose Wohnkomfort ruht auf den Schultern richtiger Menschen, die Häuser wie dieses bauen, möblieren und pflegen, wenn der Dienstroboter ein Zeichen gibt. Nur scheinbar kommt Schmidt/Cohens komfortable Lebenswelt ohne Handlanger aus. Der ganze häusliche Systemaufwand stellt darauf ab, die Gesundheit und Bequemlichkeit der Nutzerin zu gewährleisten, die natürlich kein Fast Food isst, sondern höchstens einmal en passant nach einem Apfel greift. Man fragt sich, ob uns Schmidt/Cohen ihr Szenario als ein gesellschaftlich wünschenswertes oder nur technisch machbares vor Augen stellen, beziehungsweise ob sie zwischen beidem einen Unterschied anerkennen würden. Wer will so leben, so menschenfern, geräteabhängig und dauerüberwacht?

Einsamkeit ist weder die notwendige Voraussetzung noch die Folge der Totalvernetzung im Haushalt. Man kann es sich auch zu zweit oder als Familie im Internet der Dinge gemütlich einrichten. Man kann zu den vernetzten Geräten ein ähnlich pragmatisches Verhältnis unterhalten wie zu Haushaltsgeräten früherer Generationen. Mehr als früher sollte einen freilich der Umstand beunruhigen, dass viele Alltagsentscheidungen und Einschätzungen, zu denen man bisher qua »gesundem Menschenverstand« befähigt war, nun mehr in der Hand von Datenaggregaten liegen. Die Wahl des Geburtstagsgeschenks für den Neffen wäre früher ebenso in die Zuständigkeit meiner Alltagsvernunft gefallen wie die Abwägung, ob ich meinen frisch angestoßenen Zeh einem Arzt zeigen soll oder nicht. Mental kommt es zwangsläufig zu einer gewissen Verarmung und zu einem Erfahrungsverlust, wenn zu viele einfache Entscheidungen an konnektive Systeme abgegeben werden. Die Virtuosität der digitalen Helfer beim Lösen von Nichtproblemen lenkt ab von ihrer Unfähigkeit beim Lösen existierender Probleme. Man muss sich fürchten vor einer Zeit, in der die menschlichen Helfer ausbleiben und die technischen Helfer zu einer wirklichen Unterstützung noch nicht in der Lage sind.

Viel ist jetzt die Rede vom »Smart Home«, in dem Geräteintelligenz wirkungsvoll vor Arbeit schützt. Sensoren sollen es richten und die Wohnung in einen denkenden, fühlenden Bezirk verwandeln, in dem die Bedürfnisse der Bewohner von vernetzten Geräten laufend antizipiert, berechnet und in adäquate maschinelle Handreichungen umgewandelt werden. Man kann seine Wohnung mit überschaubarem technischen Aufwand in einen Hochsicherheitstrakt verwandeln. Überwachung, »Surveillance« ist gewiss das stärkste Argument für den Einsatz von Sensoren. Fortgeschrittene Anhänger des smarten Heims werden sich damit nicht zufriedengeben. »Am Boden neben dem Regal leuchtet grün die Lampe des Staubsaugerroboters, der einmal täglich surrend seine Runden durch die Wohnung zieht«, hat der *Spiegel* beim Besuch in Deutschlands vielleicht bestvernetzter Wohnung beobachtet.[35] Dabei können dann allerdings ungeplante Probleme entstehen. Die Wohnung hat dem Hausherrn aufs Handy gemeldet, dass Türöffnungssensor und Bewegungsmelder im Wohnzimmer angeschlagen haben. Er geht daraufhin auf die Polizeiwache und lässt sich in Begleitung zweier Polizisten vom Schlüsseldienst die Wohnungstür öffnen. »Mit der Hand an der Waffe gingen die Beamten hinein – aber niemand war zu Hause, auch kein Einbrecher. ›Vielleicht hatte jemand an der Tür gerüttelt und den Sensor ausgelöst‹, sagt Marco. Warum aber war der Bewegungsmelder im Wohnzimmer angesprungen? Vielleicht weil der Roboterstaubsauger sich bewegt hatte?« Man sieht, solche »Sensorenresidenzen« operieren unter der vielfach realistischen Annahme, dass Wohnungen tagsüber und oft auch länger unbewohnt sind. Lebenszeichen sind hier immer auch schon Alarmsignale. Gäbe es Kinder im Haus, sie würden die Sensoren wahrscheinlich in nervöse Dauerirritation versetzen, und gäbe es Alte, jedenfalls die gegenwärtige Generation von Alten, dann kämen sie mit den Sensoren und den von ihnen koordinierten Handlungsstafetten wohl nicht klar. Wieder stellt sich die Frage, ob der Roboterstaubsauger auch »gründlich« kann, so wie es Generationen von Hausfrauen und Bediensteten verstanden? Nein, der vollautomatisierte Staubsauger kennt nicht diese Art der Gründlichkeit, aber ebenso wenig wird er bei sich einstellender Unlust auf Nachlässigkeit oder Schlampigkeit umschalten. Seine Handlungen folgen einem Ordnungsmuster, das menschliche Fähigkeiten gleichzeitig unter- und überbietet.

Sensoren nehmen uns nur insofern Arbeit ab, als sie den Bedienungskomfort von Haushaltsgeräten erhöhen und bisher separate Funktionen bündeln und sequenzieren. Sie reagieren auf Reize, was prinzipiell zu begrüßen ist. Sie können sich etwa bei Fragen von Beleuchtung und Heizung als Vorteil erweisen oder Rauch und toxische Belastungen im Haus anzeigen. Solche Dienste erhöhen vielleicht unsere Sicherheit, verschaffen mir aber noch keine Entlastung auf der Seite der unangenehmen häuslichen Aufgaben. Smarte Dinge nehmen Arbeit ab, für die bislang kein menschlicher Diener zur Verfügung stand. Es gab ja niemanden, der uns etwa bei der nicht wirklich unangenehmen Handlungssequenz Aufwachen-Morgengymnastik-Kaffeetrinken-Hörnchenessen-Radiohören begleitet und beraten hätte. Allenfalls das Mitglied eines Herrenhauses darf Anspruch an einen Kammerdiener stellen, der ihm die Kleidung nicht nur wäscht und bügelt, sondern sie ihm auch noch anziehen hilft. Mit dem Internet der Dinge lebt man zwar auf gewisse Weise »feudal«, hat aber immer noch niemanden, der den Müllbeutel rausträgt und die Katzenhaare vom Sofa bürstet. Das Internet der Dinge lehrt unbeabsichtigt Demut und Respekt vor der komplexen Wirklichkeit einfacher Dienstleistungen im Haus. Die nie gänzlich standardisierbaren Abläufe und Erfordernisse eines Familien-, aber auch schon die eines Single-Haushalts können durch »Smart Things« allein nicht gewährleistet werden. Deshalb muss man skeptisch bleiben gegenüber Vorhersagen wie jener, dass künftig »Mother« den Haushalt kontrollieren werde. Nicht eine leibliche oder physische Mutter, sondern »Mother«, die Erfindung des französischen Unternehmers Rafi Haladijan, »ein System aus vernetzten Sensoren, die helfen sollen, den Alltag unter Kontrolle zu halten«.[36] Mother »warnt beispielsweise, wenn der Kühlschrank offen ist, die Katze das Haus verlässt oder jemand vergisst, seine Tabletten zu nehmen.« Mit einer matrjoschkaartigen Zentralmutter und einer Anzahl von drahtlosen Sensoren, sogenannten »Motion Cookies«, werden Bewegung und Temperatur von Gegenständen im Haus überwacht. »Mother soll unter anderem für einen besseren Schlaf sorgen und Nutzern helfen, fit zu bleiben und weniger zu naschen. Mother kann aber auch über ein vernetztes Thermostat die Heizung herunterregeln, wenn niemand daheim ist, oder mitteilen, wenn die Kinder sicher zu Hause angekommen sind. Kindern soll das System mit Spaß beibringen, wie man richtig Zähne putzt. Ältere kann Mother daran erinnern, ihre Medikamente zu nehmen. Es muss dazu nur jeweils ein Motion Cookie an der Zahnbürste oder der Tablettendose angebracht und die entsprechende App eingerichtet werden.«

Warnen, Mahnen, Erinnern sind sicher zentrale Aufgaben im Leben von Müttern, aber sehr oft ist es mit dem Warnen allein nicht getan. Und würden wir uns im sensiblen Bereich häuslicher Warnungen, etwa bei der Aufsicht über pflegebedürftige Angehörige, wirklich ganz auf Daten verlassen wollen, die uns vernetzte Sensoren melden? »Mother« ist wie viele der neuen Haushaltsdinge eher »nice to have« (jedenfalls für Menschen mit technischem Spieltrieb), als dass sie wirklich an der Stelle einschritte, an der sich im Haushalt, das heißt im Leben, Überforderung meldet, und zwar nicht mittels eines technischen Überforderungssensors, sondern traditionell und ganzkörperlich als Stress. Die vernetzten Dinge können Alarm schlagen, sofern wir ihn selbst noch nicht geschlagen haben, was im konkreten Stressfall möglicherweise nur bedeutet, dass es eine weitere Nachrichtenquelle gibt, die uns Probleme meldet, ohne sie gleich zu lösen. Man möchte dem Sensor in diesem Sinne zurufen, er solle sich erst wieder melden, wenn er auch zur Problem*lösung* etwas vorzuschlagen hat. Nicht auszuschließen, dass uns die Sensoren irgendwann auch mal das Leben retten. In jeder anderen Situation erhöhen sie durch ungefragte Warnungen den Druck und spielen sich zum technoiden Über-Ich auf, das uns an noch mehr vergessene Pflichten und abzuwendende Gefahren erinnert.

Man sieht, Erleichterungen sind nicht unbedingt auch Lösungen. Man muss die Erleichterungen nicht ablehnen, es genügt zu wissen, dass sie auf realistische Alltagsfragen keine Antwort wissen. Sicher gibt es Leute, die das anders sehen. Die Industrie der smarten Dinge erzählt gerne Geschichten von wirklichen Menschen und der Verbesserung, die intelligente Vernetzung in ihrem Leben bewirkt hat. Etwa von den Moffetts, die durch »SmartThings« zu besseren Eltern wurden, wie Bryan Moffett auf der »SmartThings«-Homepage begeistert berichtet.[37] Die Moffetts sind ein junges berufstätiges Ehepaar mit zwei kleinen Kindern. Sie kauften sich einen Sensorensatz von »SmartThings« zunächst nur, um die Beleuchtung zu automatisieren, Energie zu sparen und die Raumtemperatur von ferne zu kontrollieren. Der beste Teil kam dann aber erst, als die Moffetts die Chancen der smarten Dinge im Kinderzimmer entdeckten. Mit Hilfe einer ausgetüftelten Lichtregie und von Lautsprechern (»voice of the house«), aus denen zu den wechselnden Farbcodes der Kinderzimmerlampen Ansagen wie »Hey, ihr Affen! Jetzt ist es aber Zeit fürs Bett!« kommen, gelang es ihnen, die Schlafdisziplin im Kinderzimmer nachhaltig zu erhöhen. Den Kindern scheint das Farb- und Stimmregime sogar noch Spaß zu machen. Man kann ihnen auf diese Weise einen Morgen- oder Abendmodus antrainieren, bei dem, je nach Beleuchtung, die Ampel umspringt von »Aufstehen und Anziehen!« zu »Lesestunde und dann ab ins Bett!«. Die smarte Lichtzeichenanlage regelt den häuslichen Verkehr, ohne dass sich die Eltern bei der monotonen Wiederholung ihrer Ansagen aufreiben müssen. Ständig denkt sich Vater Bryan, ein »Geek«, wie er zugibt, etwas Neues aus, um den Einsatz seines »SmartThings«-Systems zu optimieren. Sollte es am Ende doch so sein, dass smarte Dinge uns im Haushalt Arbeit abnehmen und Stress reduzieren helfen? Vielleicht ist das letzte Wort über den Nutzen des Internets der Dinge in unseren Wohnungen noch nicht gesprochen. Es wird sich durchsetzen, wenn nicht mit uns, dann ohne uns. Luciano Floridi sieht es voraus: »Die Technologien dritter Ordnung (einschließlich des Internets der Dinge) sind im Grunde dabei, uns, die schwerfälligen menschlichen Zwischenwesen, aus der Schleife zu entfernen. In einer defragmentierten und vollintegrierten Infosphäre wird die unsichtbare Koordination der Geräte untereinander so reibungslos funktionieren wie das Zusammenspiel zwischen Ihrem Smartphone und Ihrem Laptop und zwischen diesem und dem Drucker.«[38] In einer solchen »Onlife«-Welt mutet bezahlte, körperliche Haushaltsarbeit anachronistisch an.[39] In der Welt aber, in der wir tatsächlich leben, wird »analoge« menschliche Hilfe umso dringender gebraucht werden, je knapper sie wird.

Künstliche Betreuer. Robotik der Pflege

Die Wege zum helfenden Personal werden in Zukunft dank Plattformen und Apps immer komfortabler werden, aber wir kennen nicht die Wege des Personals selbst. Wer wird da sein, um unsere vielfältigen häuslichen Wünsche und Notwendigkeiten zu bedienen? Menschliche Arbeitskraft müsste dafür weiterhin verfügbar und bezahlbar sein. Das aber setzt in den meisten Ländern den weiteren Zustrom von Arbeitsmigrantinnen und -migranten und, wenn das nicht reicht, deren planmäßige Anwerbung voraus. Es wird auch in Zukunft Menschenbewegungen geben, die in reicheren Zielländern den Bedarf an billiger und einfacher Arbeitskraft stillen helfen. Solche Bewegungen oder ihr Ausbleiben bestimmen über die Geschwindigkeit und Dringlichkeit technologischer Innovationen. Das Dienstbotenwesen unserer Tage könnte zum Erliegen kommen, wenn illegale Einwanderung mit drastischen Maßnahmen bekämpft würde. Wenn der häuslichen Wartung und Pflege das menschliche Personal ausgeht, rücken die intelligenten Lösungen der »Industrie 4.0« nach. Was gerade noch wie eine Spielerei für Nerds aussah, könnte sich bald als einzig verbleibender Ausweg aus der Helferkrise erweisen. Man tut sich noch schwer damit, in digitaler Automation die Antworten auf und Lösungen für Probleme der privaten sozialen Bedürftigkeit zu erkennen. Wir haben immer noch Mühe, uns vorzustellen, dass künstliche Intelligenz unsere Kinder hütet, unsere Wohnungen nach menschlichen Maßstäben pflegt und instand hält und sich zudem noch professionell-affektiv um pflegebedürftige alte Menschen kümmert. Die eine Frage ist, ob Automaten das alles können, die andere, ob wir uns diese Art der Delegation tatsächlich wünschen.

Die Überantwortung sozialer Aufgaben an Maschinen geht mit anderen ethischen Bedenken einher als die Beauftragung menschlichen Personals. Roboter kann man nicht ausbeuten, man kann sie nicht einmal schlecht bezahlen. Das Zwischenmenschliche mit allem, was es an Problemen birgt, scheidet im Umgang mit technoiden Assistenten aus. Den Preis dafür bezahlt der häusliche Auftraggeber an anderer Stelle, in der Beziehung zu den ihm anvertrauten Menschen, denen er statt bezahlter humaner Wärme ein kaltes Surrogat zur Seite stellt. Wer solchen Ambivalenzen entgehen will, hat weiterhin die Möglichkeit, Dinge selbst zu machen. Könnte man nicht auch dadurch wieder zum Herrn der eigenen sozialen Existenz werden, dass man sich der Helfer, der menschlichen und der künstlichen, entledigt und selber Hand anlegt? Aber das ist nicht realistisch. Die Geringschätzung der häuslichen Sphäre würde wohl auch dann nicht aufhören, wenn die dort geleistete Arbeit in ihrer sozialen, biopolitischen Relevanz ganz neu vermessen würde.

Die Antwort auf die Frage nach der Zukunft bezahlter humaner Hausarbeit gibt die Demographie. Es gibt Länder, in denen das Durchschnittsalter der Bevölkerung kaum steigt, vor allem aufgrund hoher (Ein-)Wanderungsquoten. Migrantinnen stehen mangels anderer Verdienstmöglichkeiten für gering bezahlte häusliche Jobs zur Verfügung. Es gibt (relativ) wenige Alte, aber ein stabiles und sich ständig erneuerndes Kontingent von häuslichen Servicearbeiterinnen. Der Rationalisierungs- und Automatisierungsdruck ist gering, weil menschliche Arbeitskraft reichlich bereitsteht und die Zahl der Pflegebedürftigen nur langsam steigt. Das ist etwa die Situation in den USA. Anders ist die Lage in Ländern, die stark von Alterungsprozessen betroffen sind. In Deutschland wird die Altenpflege, die institutionelle wie die häusliche, schon jetzt nicht mehr durch Inländer garantiert. Temporäre Gastarbeiterinnen aus Polen oder Portugal schließen die Lücke und fehlen nun in ihren ebenfalls von rapider Alterung betroffenen Heimatländern. Eine ausreichende Versorgung hilfsbedürftiger Alter kann nur gewährleistet werden, wenn die An- oder Abwerbung von Arbeitskräften aus dem Ausland weiter erfolgreich ist. Absehbar ist schon jetzt, mit Blick auf die demographische Entwicklung etwa in Polen, ein Ende des temporären, agenturvermittelten Live-In-Modells mit Pflegekräften aus Osteuropa. Die Pflegerinnen werden selbst alt, und für ihre wenigen, aber besser ausgebildeten Töchter werden sich andere Berufsperspektiven auftun als die der Pflegemigrantin.

Noch dramatischer und auch deshalb robotikfreundlicher stellt sich die Lage in Teilen Asiens dar, in Japan, dem Land mit der weltweit ältesten Bevölkerung (vor Deutschland), oder etwa in Singapur. Hier aggregieren sich verschiedene Faktoren – rapide Alterung, Ablehnung ausländischer Arbeitskräfte in überaus homogenen Bevölkerungen, Technophilie und Robotbegeisterung – zu einer Lage, in der künstliche Intelligenz den Weg aus dem Pflegenotstand weisen soll. Wie so etwas aussieht, kann man sich auf den Seiten von SHINEseniors der Singapore Management University ansehen.[40] SHINE steht für »Smart Homes and Intelligent Neighbours to Enable Seniors«. Es hat zum Ziel, »sensor-ausgestattete Wohnungen zur Unterstützung des Alterns-im-Haus [ageing-in-place] zu kreieren. Die Sensoren, die in den Wohnungen von Alten installiert werden, helfen Freiwilligen aus der Nachbarschaft, sie besser zu überwachen, zu unterstützen und zeitnah auf Hilferufe zu reagieren. Durch SHINEseniors sollen, so hofft man, die

Kosten von Pflegeleistungen durch den geringeren Einsatz menschlicher Arbeitskraft signifikant reduziert werden. Vor allem kann ein sensor-ausgerüstetes Heim die Umgebung (Luftqualität, Geräuschpegel, Raumtemperatur, Luftfeuchtigkeit etc.) und die täglichen Lebensabläufe der Alten überwachen (körperliche Tätigkeiten, Sturzerkennung, Einhaltung von Medikationen, Bewegungsmuster etc.), und zwar dank der beweglichen und mobilen Fühler in einer nicht zudringlichen Weise. Damit ist es in der Lage, Real-time-Daten zu interpretieren und an ein Netzwerk innerhalb der Community zu kommunizieren, das Anomalien und unübliche Ablaufmuster bei den Senioren meldet, damit eine umgehende Intervention erfolgen kann.«[41]

Ehe man sich erschreckt von dieser Technikphantasie abwendet, sollte man kurz innehalten. Jeder, der einmal in Sorge um alternde, allein lebende und gesundheitlich eingeschränkte Mütter und Väter gelebt hat, weiß, dass jede technische Hilfe in der elterlichen Wohnung die Sorge um Stürze, Schlaganfälle, verkehrte Tabletteneinnahme oder dergleichen verringert hätte. Statt unsere Eltern von Sensoren und Meldern bewachen zu lassen, haben wir uns bisher mit täglichen Anrufen begnügt, waren froh, dass Nachbarn und die Arbeiterwohlfahrt regelmäßig vorbeischauten und damit das Schlimmste verhindern halfen: dass nämlich der Vater oder die Mutter tot oder auch nur bewegungsunfähig und ohne Hilfe in der Wohnung lagen. Wer Ja sagt dazu, dass alte, kranke Leute allein in ihren Wohnungen leben, wer sich und ihnen das Heim ersparen will, in dem Überwachung garantiert ist, oder wer auch nur dem dringenden Wunsch der Alten entspricht, zu Hause zu bleiben, und sei es auch nur, um dort zu sterben, der muss eigentlich auch Ja zu Sensoren sagen. Was die Regierung in

Singapur mit diesem Programm verfolgt, öffnet indes noch eine größere Dimension des »Social Engineering«. Es geht um die Senkung von öffentlichen Pflegekosten, zunächst durch Förderung des »ageing-in-place« anstelle eines langen Lebensabends in Alten- und Pflegeheimen, und es geht sodann um die Reduktion teurer und knapper menschlicher Arbeitskraft in Pflegefunktionen. Angehörige spielen in diesem Szenario keine Rolle, sie halten sich aus den Pflegeaufgaben offenbar heraus, auch wenn sie sicher ab und zu die Alten in ihren unbemannten Haushalten besuchen kommen. Das Leben der technoid behüteten Alten in Singapur bildet die weniger spektakuläre biographische Fortschreibung des sensorenbeflügelten Alltags der jungen Professionellen in Schmidt/Cohens Zukunftsvision. So kann staatliche Wohlfahrtspolitik in alternden und zugleich technophilen und »solutionistischen«, also auf Lösungen getrimmten, Gesellschaften aussehen (Deutschland altert zwar auch, ist aber deutlich weniger solutionistisch gestimmt). Technologie muss das soziale Band erhalten oder simulieren, das mit menschlicher Arbeitskraft allein, bezahlter oder unbezahlter, nicht mehr zu erhalten ist. Warum behilft man sich in Singapur nicht, wie anderswo, mit der Billigarbeit von migrantischen Hausarbeiterinnen? Allein 220 000 Frauen, vor allem von den Philippinen und aus Indonesien, arbeiten dort (bei einer Gesamtbevölkerung von 4,5 Millionen) als Hausarbeiterinnen.[42] Der Durchschnittsverdienst pro Monat liegt bei ungefähr 300 Euro, das ist etwa fünf Mal mehr als in den Herkunftsländern. Sie finden Beschäftigung in privaten Haushalten, sind aber wahrscheinlich noch immer zu teuer für den Staat, der seine Sozialleistungen im Zaum halten will. Oder sind am Ende die Alten in ihrer technoiden Einsamkeit zufriedener, als sie es mit einem ausländischen Pflegeeindringling je wären? Zumindest scheint die

Schwelle für technologische Lösungen viel flacher, als sie es in Europa absehbar sein kann. Der technoid-paternalistische Wohlfahrtsstaat will seinen Bürgern nur Gutes, wenn er sie in ihren Wohnungen überwacht und ihnen, wenn schon nicht Zuneigung und Wärme, dann doch Sicherheit und Schutz gewährt, durch smarte Heime und intelligente Nachbarn.

Wie aber steht es um die emotionale Seite, um die affektive Arbeit, wie sie sowohl von Angehörigen wie von Pflegepersonal zu leisten ist? Können Roboter, neben manchem nützlichen Handgriff, auch richtige Pflege, und wenn ja, wird das die Adressaten einmal so befriedigen wie warmherzige menschliche Zuwendung? Ist künstliche Intelligenz befähigt zur Warmherzigkeit – was noch einmal etwas anderes ist als bloß die Frage nach »Emotionen«? Das sind Fragen, die schon mindestens seit Steven Spielbergs Film *A.I.* im Raum stehen. Roboter können vieles von dem übernehmen, was heute in einfachen Dienstleistungsberufen von Männern gemacht wird: Lagerarbeiter, Einparkhelfer, Fensterputzer. Sie taugen auch als Lieferdrohnen oder »humanoide[n] Maschinen wie Baxter, die in Fabrikbetrieben diverse Aufgaben übernehmen«.[43] Roboter werden vieles lernen, was Menschen entweder zum selben Preis nicht tun wollen oder tun können. Aber können Roboter auch die affektiven, »immersiven« Pflegeberufe, die bisher vor allem von Frauen erledigt wurden?

Wie posthumane Pflege aussieht, kann man nirgendwo besser studieren als in Japan. In Japan kommen verschiedene Faktoren zusammen, die in ihrer Summe Robotik als Lösung für die Probleme einer alternden Gesellschaft attraktiv machen. Der japanische Sonderweg erklärt sich aus einer Mischung aus Xenophobie und Robotophilie. Ein Viertel der japanischen

Bevölkerung ist bereits über 65 Jahre alt; 2050 wird der Anteil bei 40 Prozent liegen, während die Zahl der 18- bis 24-Jährigen in den letzten zwei Jahrzehnten um ein Drittel geschrumpft ist.[44] Die japanischen Häuser und Wohnungen sind notorisch klein, an Live-Ins für häusliche Dienste ist also kaum zu denken. Die Lohnkosten für die knappen inländischen Arbeitskräfte sind hoch, während gleichzeitig die Einwanderung stark beschränkt wird. Migranten, vor allem solche mit Bleibe- und Integrationsabsichten, sind in der Regel nicht willkommen. So kommt es, dass Japan einen der niedrigsten Anteile von bezahlten Hausarbeiterinnen im Verhältnis zur gesamten Workforce hat: Er liegt bei nicht mehr als 0,1 Prozent (zum Vergleich: In den USA sind es 0,5 und in Hongkong 7,7 Prozent).[45] Japan wehrt sich gegen Einwanderung und »Überfremdung«, es unternimmt daher wenig, um den Bevölkerungsschwund durch Zuwanderung zu kompensieren. Weil zu wenig häusliche Altenpflege und Kinderbetreuung zur Verfügung steht und die Care-Einrichtungen nicht für die langen Arbeitszeiten der berufstätigen Angehörigen ausgelegt sind, müssen berufstätige Frauen öfter als irgendwo sonst ihre gut bezahlten Jobs aufgeben und an die häusliche Front wechseln. Mit Erstaunen bemerken Japaner, die sich im benachbarten Ausland umschauen, dass etwa in Hongkong, Singapur oder neuerdings auch Taiwan in großer Zahl ausländische Haushaltshelferinnen zum Einsatz kommen. In Taiwan etwa ist es nun gestattet, dass Familien mit Alten im Haus oder drei und mehr Kindern eine Pflegehilfe aus Südostasien (in der Regel aus Indonesien oder von den Philippinen) beschäftigen dürfen.[46] Auch in Taiwan achtet die Regierung sorgsam darauf, dass die Zahl ausländischer Pflegekräfte unter Kontrolle bleibt. Europa oder Amerika stellen kein Vorbild dar für diese Gesellschaften, die ihre ethnische Homogenität bewahren wollen und zugleich die traditionelle Familie als Trägerin und Akteurin der Biopolitik in Schutz und Pflicht nehmen. In Japan ist die Reserve gegenüber häuslichen Pflegern, die nicht zur Familie gehören, noch größer als anderswo in Ostasien.

In einer technophilen, geräteversessenen Kultur wie der japanischen scheint es leichter, den kulturellen Schritt zur »Robotcare« zu tun, dem Einsatz von Robotik in der Altenpflege. 2013 hat die japanische Regierung ihr »Robotic Care Equipment Development and Introduction Project« gestartet, in der Absicht, wie vorsichtig formuliert wird, »die Bürde der Altenpfleger zu erleichtern«.[47] Schlüsselbereiche der Entwicklung sind, wie es heißt: Tragehilfen, Mobilitätshilfen im Hause und im Freien, Toiletten- und Badehilfen sowie Monitoring, also Sensoren, in Heimen und Privatwohnungen. Noch interessanter als solche Geräte sind aber die Roboter, die nicht mehr nur menschlichen Helferinnen assistieren, sondern sie ersetzen. Die Rede ist etwa von PARO. Viel ist geschrieben worden über Japans domestische Roboter, angefangen mit AIBO, dem Haustiersurrogat, und Android ASIMO, dem Haushaltsassistenten. Der erste wirkliche Roboter-als-»Caregiver« war dann der flauschige Therapieseehund PARO aus dem Jahre 2001.[48] PARO ist rundherum mit Sensoren ausgestattet und reagiert auf Berührungen mit künstlichen Emotionen. Der tröstliche Seehund hilft erwiesenermaßen, den Blutdruck seiner menschlichen Kontaktpartner zu senken. Er stimuliert Interaktion, und er vertreibt Langeweile und trübe Gedanken. PARO hält die alten Menschen beschäftigt und fordert sie heraus, ihn nett zu behandeln, woraufhin er ebenfalls nett reagiert. Kurz, PARO tut in vielen Fällen, was menschliche Helfer auch täten, nur tut er es klaglos, unermüdlich und unbezahlt wieder und wieder. Bei alten Menschen in Japan scheint der Widerwille gegen den offenkundigen Surrogatcharakter solcher Pflege weniger ausgeprägt. Auch die Vorstellung, permanent überwacht zu werden, die manchem deutschen Senior ernstes Unbehagen bereiten würde, wird kulturell eher akzeptiert als anderswo. Vielleicht sollte man sich Japan als Pionierland einer Entwicklung vorstellen, in der man anerkennt, dass Roboter besser sind als gar keine Helfer und dass es immer noch besser ist, wenn abwesende und unabkömmliche Angehörige von Schauspielern vertreten werden, als dass die Alten gar keinen Besuch bekommen. Schon vor einigen Jahren machte in der Presse die Geschichte über eine Firma namens Japan Efficiency Headquarters die Runde, die Schauspieler als Familienersatz in Altersheime und Privatwohnungen schickt: 385 Dollar kostete angeblich ein Fünfstundenbesuch seitens einer einzelnen Person, 769, wenn ein Paar zu Besuch kommt, und 1155 Dollar, wenn der Kunde sich dazu auch noch ein Kind als Besucher wünscht. »Beispielsweise schickte ein 35-jähriger Computerverkäufer aus Tokyo ein Paar zum Besuch seines 64-jährigen Vaters, der zehn Minuten entfernt von ihm lebt. ›Unser Ziel ist es, ein Loch im Herzen zu füllen‹, sagt der Firmenchef Satsuki Oiwa.«[49] Man weiß nicht, ob diese Variante der haushaltsnahen Dienstleistung nicht eher ins Reich der Fabel gehört, aber sie bringt immerhin einen pragmatischen Geist in emotionale Ressourcenfragen alternder und hochtechnisierter Gesellschaften: »Any contact is better than no contact at all«, wie die Kulturtheoretikerin Sherry Turkle schrieb.[50] PARO hat an weltweiter Bekanntheit und Anerkennung gewonnen, seit man ihn nach der Tsunami-, Erdbeben- und Fukushima-Katastrophe 2011 im Einsatz sah. Untersuchungen zufolge hat er geholfen, traumatischen Stress bei den betroffenen alten Menschen zu verringern.[51] Warum sollte nicht auch ein Roboter »Teil der Familie« und ein treuer

Begleiter in meiner häuslichen Sphäre werden können, so wie es nicht nur lebendige Haustiere sind, sondern auch Streicheltiere oder Puppen aus Stoff, Wolle oder Fell? Liebe, so formuliert es Roger Andre Søraa in seiner Studie über neue Alltagsrobotik in Japan, ist die »Summe des Domestikationsprozesses«[52], also der häuslichen Zähmung der Technologie durch ihre Nutzer. Diese Technologie tut gesundheitlich gut, und sie symbolisiert die Gestalt eines »caregivers«. Wenn man sein biologisches Haustier lieben kann, warum sollte man dann nicht auch den pflegeleichteren PARO lieben können? Natürlich ist PARO Ersatz für etwas, das wir einmal geliebt haben oder das wir vielleicht heute lieber lieben würden. Man sieht bloß nicht, woher Ersatz für diesen Ersatz kommen sollte. Affektive Versorgung durch Menschen wäre vielleicht schöner, am liebsten, jedenfalls in Japan, durch Inländerinnen, aber schon die Betreuung durch bezahlte Pfleger ist Ersatz, nämlich für die Pflege durch die Angehörigen selbst, die für diese Aufgabe wiederum oft weder qualifiziert sind noch die ökonomischen Voraussetzungen mitbringen. Robotik scheint vor diesem Hintergrund eine realistische Option, und sie wird uns in der Zukunft weniger als heute als Ersatz erscheinen – dann nämlich, wenn die menschlichen Helfer, als deren Surrogat sie uns heute erscheint, aus unserem Gedächtnis entschwunden sind.

Einige alternde und schrumpfende Populationen, wie etwa die deutsche, möchten sich durch menschliche Immigration verjüngen und stabilisieren. Andere, wie etwa die japanische, wollen das nicht, sondern setzen intensiv auf Robotik. Auch das ist eine Art der Einwanderung, die früher oder später die Frage nach staatsbürgerlichen Rechten und Pflichten auch für Roboter aufwerfen wird. Oder wird es sich bei ihnen dauerhaft trotz steigender Intelligenz um eine Klasse unterprivilegierter Maschinenmenschen wie in Fritz Langs »Metropolis« handeln? Das mag sich für den Moment noch absurd anhören, aber wir haben davon auszugehen, dass Roboter, die jetzt nach und nach für alle möglichen Dienste ausgerüstet werden, in Zukunft noch viel mehr können werden und am Ende sogar einmal eine Pause von der Arbeit machen wollen, ja ein Recht auf Freizeit, Faulheit, Privatleben und, warum nicht, auf Pflege und Betreuung geltend machen werden. Wir gehen immer nur davon aus, dass uns Roboter die Arbeit abnehmen oder gar stehlen, denken aber zu wenig daran, dass sie, je menschenähnlicher sie werden, umso weniger Lust darauf haben werden, die ganze Zeit zu arbeiten – beziehungsweise, dass sie sehr genau zwischen Arbeit mit identitärem Mehrwert und allen anderen Arbeiten unterscheiden werden.

Bezahlbare häusliche Robotik macht einerseits menschliche Hausarbeiterinnen arbeitslos, sorgt andererseits aber für Entlastung auch in Haushalten, die bisher selten oder nie in den Genuss von Haushaltshilfen gekommen sind – also etwa in den Haushalten der Haushaltshilfen selbst. Es wäre merkwürdig, wenn robotische Assistenz nicht auch zu gesellschaftlich positiven Ergebnissen führen würde. Weniger Zeit muss mit öden, repetitiven Hausaufgaben verbracht werden, mehr Zeit kann für häusliche und außerhäusliche Qualitätszeit eingesetzt werden. Man stelle sich etwa einen Roboter vor, der wirklich bügeln könnte. Vielleicht befreit uns die häusliche Robotik von den automatisierbaren Pflichten, um uns damit mehr Zeit zu geben für »Care«. Wenn wir uns, statt zu putzen, zu waschen, zu falten, zu legen und einzukaufen, wirklich mit unseren bedürftigen Angehörigen beschäftigen könnten, weil uns Hausroboter einen Teil der Routinearbeit vom Hals halten: Wäre damit nicht etwas gewonnen? Wir müssten uns, unterstützt von einem intelligenten Haushaltsassistenten, nicht mehr um alles Mögliche kümmern, sondern nur noch um die affektiven Kernaufgaben, um das Unverfügbare, den Liebesdienst.

So schön das vielleicht wäre, so unrealistisch ist es. Wir haben nicht die Zeit, weil der Beruf uns fordert, aber wir lassen uns vom Beruf auch deshalb so gerne fordern, weil uns die häusliche Affektarbeit bisweilen überfordert, weil sie uns zu einem intellektuellen Opfer zwingt, das von dankbarer Liebe nicht aufgewogen werden kann. Die Roboter werden also kommen, jedenfalls überall dort, wo menschliche Arbeitskraft versiegt. Sie werden uns Arbeit abnehmen, aber eher nur die lästige, nichtexistentielle, nichtaffektive. Sie werden uns vorerst nicht von der Sorge um Angehörige befreien. Wenn uns aber Roboter in der Altenpflege wirksam unterstützen können, wird uns auch dieses Mittel recht sein. Wenn unsere dementen Eltern uns nicht mehr erkennen, aber trotzdem nicht allein bleiben wollen, sind ihnen und uns technische Hilfsmittel gleich recht.

Wie viel Gefühlswärme darf man bei sozialen Robotern wie Wakamaru, dem sprech- und interaktionsfähigen Humanoiden, oder bei Jibo, dem Familienroboter, unterstellen? Natürlich können sie emotional nicht mithalten mit einer organischen, vielköpfigen, lebhaften Realfamilie, aber erstens sind solche Familien nur noch selten der Normalfall, und zweitens kann man sich gerade in solchen Familien die künstlichen Hausgesellen als »Teil der Familie« vorstellen. Solche technoiden Entwicklungen sind weniger der Ausdruck einer Not (weil menschliche Helfer nicht mehr zur Verfügung stehen), sondern Signale des »enhancements«, also einer technischen

Anreicherung der Schöpfung und einer Lebenserleichterung für viele. Das Zwischenmenschliche wird sich neue Wege suchen, so wie es die sozialen Medien schon längst demonstrieren. Nun waren häusliche Dienstverhältnisse auch in der Vergangenheit selten ein Quellgrund des schönen Zwischenmenschlichen, jedenfalls nicht, wenn man damit Wärme oder Nähe assoziiert. Im Gegenteil, die Nähe zwischen Personal und Herrschaft war wahrscheinlich nur auszuhalten, wenn im Innern eine große Kälte das Verhältnis regulierte und ein erprobter sozialer Umgangscode die wechselseitigen Aggressionen im Zaum hielt. Es war und ist ständig zu unterscheiden zwischen dem Affekthaushalt einer biologischen oder auch nichtbiologischen Familie und den affektiven Beziehungen, die zwischen Angehörigen einerseits und Bediensteten andererseits bestehen. Freundschaft ist, wie zu sehen war, nicht ausgeschlossen in den Sozialbeziehungen zwischen Dienern und Bedienten, so wenig wie intensive asymmetrische Abhängigkeiten. Freundschaft kann aber nicht vorausgesetzt und ins Anforderungsprofil aufgenommen werden. Man kann sich häusliche Dienstleistungen effizient, aber kalt vorstellen, und ebenso auch ineffizient und warm. An unsere Bediensteten, jedenfalls an die im Care-Sektor, legen wir beide Maßstäbe zugleich an. Wir möchten, dass sie wirksam sind, zugleich aber sollen sie nett sein, ja vielleicht sogar liebenswert. An Maschinen stellen wir diesen doppelten Anspruch nicht: Bei ihnen genügt es, wenn sie wirksam sind. Viele der häuslichen Aufgaben lassen sich auf Überwachung reduzieren. Warum müssen etwa bezahlte Babysitter am Kinderbett sitzen, wenn es mit einem »Babyfon« auch getan wäre? Technoid, bereit zum Einsatz von Prothesen und Instrumenten, in diesem Sinne sind wir immer schon gewesen. Statt unseren Kindern ein ums andere Mal dasselbe Lied vorzusingen, haben wir ihnen einen bunten Kassettenrecorder in die Hand gegeben, auf dem sie nach Belieben vor- und zurückspulen konnten. Und hat nicht der häusliche Fernseher seit jeher schon dieselbe entlastende Funktion, nämlich der Sedierung, Unterhaltung und Kontrolle, ohne dass ein pflegerischer Eigenbeitrag von uns gefordert wäre? Bezahlte Pflegekräfte bedienen sich natürlich ebenfalls solcher technischen Hilfsmittel. Wenn sie und wir sehen, dass zwischen dem handgeschöpften Zuwendungsakt und der Bespielung mit Geräten kein relevanter Abstand erkennbar wird, wären wir schlecht beraten, es nicht mit Geräten zu versuchen. Man will die Schutzbefohlenen glücklich und zufrieden sehen und kann unmöglich stets der Urheber, sondern bestenfalls der Manager ihres Glücks sein.

Man sollte sich von technoiden Haushaltshelfern nicht zu viel erwarten, sich andererseits aber auch nicht zu sehr vor ihnen fürchten. Für jede Pfleger- und Pflegegeneration wird die Mensch-Gerät-Beziehung neu konfiguriert. Wir werden im Alter völlig andere technische Bedürfnisse und Erwartungen an den Tag legen als noch unsere Eltern. Die Grenze, bis zu der hin wir uns selbst werden helfen können, wird zwar in weitere Ferne rücken. Aber die Grenze selbst, an der wir hilflos sind und hilfsbedürftig werden, bleibt einstweilen bestehen. Nach Überschreiten dieser Grenze ist Selbermachen, auch wenn man es wollte, keine Lösung mehr. Es wird die Hilfe zu akzeptieren sein, die zur Verfügung steht, menschliche oder maschinelle, bezahlte oder familiäre, oder am ehesten eine Mischung aus alledem und vor allem: die Hilfe, die wir uns werden leisten können, für die wir rechtzeitig vorgesorgt haben.

Epilog.
Askese, Maschinen, Solidarität

We do chores. You live life.
(Werbung von TaskRabbit.com,
New York 2016)

Sind haushaltsnahe Dienstleistungen – für die Kunden und für die Dienstleister selbst – unbedingt problematischer als andere einfache und vielleicht genauso undankbare Dienstleistungen, vielleicht die in der Tankstelle oder an der Kasse im Drogeriemarkt? Belastende, gleichförmige und identitär unergiebige Arbeitsverhältnisse sind so wenig auf die häusliche Sphäre beschränkt wie auf den Dienstleistungssektor insgesamt. Trotzdem ist das fremde Haus ein ganz besonderer Arbeitsplatz, oder, anders herum betrachtet, das eigene Haus die Bühne eines ganz besonderen Dramas. Hier halten uns die Dienstleisterinnen, während sie in unserem Auftrag »unsere Arbeit« tun, nebenbei den Spiegel unserer Bedürftigkeit vor. Ihre Arbeit präsentiert das unschöne Negativ einer Lebensform, die sich zugunsten des vermeintlich Wesentlichen von Lästigem entlasten will und dabei für bezahlte Helfer viel Arbeit übrig lässt.

Problematisch sind solche Dienstleistungsverhältnisse erstens natürlich für diejenigen, die sie erbringen, zweitens aber – im Unterschied zu den Dienstleistungen, die man an der Tankstelle oder an der Drogeriemarktkasse erfährt – für die Kunden selbst. Man erlebt sich in seiner Bedürftigkeit als schwach. Man entfremdet sich von der eigenen häuslichen Sphäre, die man ohne substantielle Eigenleistung nur noch als Konsument erfährt. Man erleidet, gleich ob einem Menschen oder Maschinen zur Hand gehen, eine existentielle Entmächtigung, die durch die Wohltaten der Helfer gar nicht aufgewogen werden kann. Bekanntlich verschafft sich die Menschheit nicht erst in diesem historischen Moment, sondern seit geraumer Zeit Entlastung durch Arbeitsteilung und technische Erfindungen. Man sieht aber, dass jetzt die Verfügbarkeit von Diensten aller Art derart explodiert, dass sich immer drängender Fragen von sozialer Gerechtigkeit und humaner Selbstbestimmung stellen. Die neue »Concierge«- oder »Büfett«-Ökonomie mit ihren digitalen Plattformen sowie der weiterhin natürlich analogen und realen Arbeit und mit ihren Arbeitskräften, die sich digital für »Gigs« buchen lassen, muss politisch bekämpft werden – nicht zuletzt im Interesse der eigenen Lebenssouveränität. Die Frage, was man sich alles ins Haus kommen oder dort erledigen lassen will, gewinnt vor diesem Hintergrund politische *und* ethische Brisanz.

Wer ständig Dienste und Lieferungen ordert, setzt natürlich eine Menge Servicekräfte in Lohn und Brot und trägt damit zur weiteren Expansion des Leichtlohnsektors für Geringqualifizierte bei. Das kann, wer will, für positiv halten. Analog könnte man sagen, dass häufiges Fleischessen die fleischverarbeitende Industrie samt Tierkörperverwertung in Schwung hält. Trotzdem entscheiden sich immer mehr Menschen, ihren Fleischkonsum einzuschränken oder ganz einzustellen. Man kann Vegetarier sein, aber überhaupt kein Problem mit der neuen Serviceökonomie haben. Man kann auch ein Problem mit der neuen Serviceökonomie haben, ohne deshalb Vegetarier zu sein. Man kann durchaus zwischen beiden Themen keinerlei Beziehung erblicken. Es gibt viele gute Gründe, Vegetarier zu sein, mindestens 49, wie sie etwa die fleischfeindlichen Aktivisten von »British Meat« auflisten.[1] Der wichtigste Grund ist vielleicht weniger ein Grund als ein Reflex: der Ekel. Manche Leute ekeln sich vor dem Fleischverzehr, umso heftiger, je mehr sie über Herstellung, Vertrieb oder Lagerung von Fleisch wissen. Der Vegetarianismus fußt oft weniger zunächst auf politischer Gesamtverantwortung als auf einem starken und negativen körperlichen Gefühl, das dann seinerseits politische Wirkung auslöst.

Genauso sollte man sich vielleicht vor Dienstleistungsplattformen wie TaskRabbit oder Handy ekeln. Nicht nur, weil sie Arbeitskräfte ausbeuten, sondern auch, weil sie die Konsumenten selbst dumm und hilflos machen, und außerdem, weil sie harte und schmutzige Arbeit hinter der Maske der digitalen Bequemlichkeit verstecken. Mit einer ethisch verantwortbaren Idee vom »guten Leben« sind solche Dienste gewiss nicht vereinbar: Es sei denn, man setzte das Gute mit dem Bequemen gleich. Der neue technoide Drang nach Optimierung und Benutzerfreundlichkeiten aller Art führt in der Regel nicht zu einem besseren, sondern allenfalls zu einem reibungsärmeren Leben. Man möchte angesichts solcher Utopien der Reibungslosigkeit ein Recht auf Mühe einklagen, nicht für die Dienerschaft, sondern für die Bedienten selbst. In Todesanzeigen alten Schlages liest man gelegentlich von einem nun zu Ende gegangenen Leben, das »von Arbeit und Mühe erfüllt« gewesen sei. Von der Mühe führt ein direkter Weg zur Erfüllung. Das volle Leben hat nach solcher Lehre nur geführt, wer sich im Lebensvollzug selbst verzehrt hat. Das alte Ethos sah vor, dass sein Leben am vollsten geführt hatte, wer sich am wenigsten hatte abnehmen lassen, wer sein Leben womöglich ganz in den Dienst des Dienens gestellt habe. Die volle Gratifikation im Jenseits war nur denen zugedacht, die sich im Erdendienst vollständig aufgeopfert hatten. Von solchen religiös geprägten Idealbildern der dienenden Hingabe und Aufopferung sind wir weiter entfernt denn je. Sie vertragen sich schlecht mit den heutigen Minimalanforderungen an »Lebensqualität«, Man muss aber aufpassen, dass man vor lauter Lebenserleichterung die Qualität des vollen Lebens nicht verfehlt. Schön und gut wäre eine Lebensführung, die nicht auf dem Rücken von Dienern ausgetragen würde, oder vorsichtiger formuliert, für deren Leistungsbilanz der Einsatz von Personal nicht strukturell erforderlich wäre. Erwünscht wäre ein neues ökologisches Bewusstsein rund um haushaltsnahe (und andere) Dienstleistungen, durch das sich bei jeder Servicetransaktion gleich der gesellschaftliche und natürliche Schaden bemessen ließe, den wir anrichten.

Wie soll das aber gehen? Eine politische Agenda zur Bekämpfung des Dienstleistungsübels, ob reformistisch (etwa im Sinne einer umfassenden »Vergewerkschaftlichung« der einfachen haushaltsnahen Arbeit) oder revolutionär gesinnt (die Überwindung der Arbeitsgesellschaft durch flächendeckenden Einsatz intelligenter Maschinen), findet wenig Resonanz im gegenwärtigen politischen Spektrum. Auch ohne politisches Momentum kann man sich aber jetzt schon Gedanken machen über die Zukunft der haushaltsnahen Dienstleistungen. Ohne individuelle und politische Solidarität mit den Dienstleistern wird eine politische Agenda so wenig Wirklichkeit werden wie mit erhöhter Militanz der Dienstleister selbst. Der Weg dahin ist weit, wie wäre es deshalb vorab – auch wenn solche individualethischen Maßnahmen heute gern als bloße »folk politics« belächelt werden[2] – schon mal mit Askese am Servicebüfett? Und mit einer gründlichen und unbequemen

Prüfung aller in Anspruch genommenen Dienstleistungen daraufhin, ob sie den Dienstleistern und uns in einem umfassenden Sinn guttun? Entlastung der Entlastung muss die Devise heißen, und wie anders als durch intelligente, das heißt wirklich intelligente Automaten. »Aber die Dienstleisterinnen haben doch oft gar keine Alternative zu ihren schlechten Jobs und wollen bleiben, was sie sind.« Genau, auch daran müssen wir arbeiten.

Anmerkungen

1 Domestic New York. Einblicke in die Servicewelt

1 Michael Snyder: »Goodbye Middle Class: 51 Percent Of All American Workers Make Less Than 30,000 Dollars A Year«. In: endoftheamerican-dream.com, 20.1.2016 [http://endoftheamericandream.com/archives/goodbye-middle-class-51-percent-of-all-american-workers-make-less-than-30000-dollars-a-year, 2.4.2016]

2 Thorstein Veblen: *Theorie der feinen Leute. Eine ökonomische Untersuchung der Institutionen*. Frankfurt a.M. 2007

3 craigslist.org [https://newyork.craigslist.org, die folgenden Annoncen wurden am 9.1.2015 abgerufen]

4 *New York Magazine*, 14.–27.12.2015, S. 37

5 pavillionagency.com [http://www.pavillionagency.com, 1.2.2015, Übers. C.B.]

6 N.N.: »What Does It Take to Be in the Top 1 Percent? Not As Much As You Think.« In: www.usfunds.com, 21.1.2014 [http://www.usfunds.com/investor-library/frank-talk/what-does-it-take-to-be-in-the-top-1-percent-not-as-much-as-you-think, 1.2.2015]

7 Adam Davidson: »The Best Nanny Money Can Buy«. In: NYTimes.com, 20.3.2012 [http://www.nytimes.com/2012/03/25/magazine/the-best-nanny-money-can-buy.html?, 1.2.2015]

8 Sheila Bapat: *Part of the Family. Nannies, Housekeepers, Caregivers and the Battle for Domestic Workers' Rights*. New York 2014

9 Siehe etwa Emma McLaughlin/Nicole Kraus: *Die Tagebücher einer Nanny*, Berlin 2003; Verfilmung *The Nanny Diaries* mit Scarlett Johansson u.a. 2007

10 Fulbright Hayes Act, Mutual Educational and Cultural Exchange Program (1961) [http://www2.ed.gov/about/offices/list/ope/iegps/fulbrighthaysact.pdf, 2.5.2015, Übers. C.B.]

11 culturalcareaupair.com [https://culturalcare.com, 2.5.2015, übers. C.B.]

12 Emily Frost: »Parents Squeeze Into Tight Space to Find Room for Live-In Au Pairs«. In: DNAInfo.com, New York, 12.2.2013 [https://www.dnainfo.com/new-york/20130212/upper-west-side/

parents-squeeze-into-tight-space-find-room-for-live-in-au-pairs, 2.5.2015]

13 N.N.: »Who is Devyani Khobragade, the Indian diplomat at the center of the firestorm?« In: washingtonpost.com, 20.12.2013 [www.washingtonpost.com/blogs/post-partisan/wp/2013/12/18/why-india-is-upset-about-devyani-khobragade-and-why-its-wrong/7.2.2015]

14 Siehe: Guy Standing: *The Precariat. The New Dangerous Class*. London/New York 2011 sowie ders.: *A Precariat Charter. From Denizens to Citizens*. London/New York 2014

15 Bapat, a.a.O., S.27–48

16 Ebd., S.28 [Übers. C.B.]

17 N.N.: »Many Employers still unaware of NY Nanny Law«. In: domesticworkers.united.org, 28.9.2012 [http://www.domesticworkersunited.org/index.php/en/pressroom/dwu-in-the-news/item/111-many-employers-still-unaware-of-ny-nanny-law, 8.2.2015]

18 Ebd.

19 Ebd. [Übers. C.B.]

20 William Finnegan: »Dignity. Fast-food workers and a new form of labor activism.« In: *The New Yorker*, 15.9.2015, S.70–79

21 wikipedia.org, *Deaths of Lucia and Leo Krim* [https://en.wikipedia.org/wiki/Deaths_of_Lucia_and_Leo_Krim, 8.2.2015]

22 www.wikipedia.org/wiki/Deaths of Lucia and Leo Krim [https://en.wikipedia.org/wiki/Deaths_of_Lucia_and_Leo_Krim, 23.1.2015]

23 littlemisslucia.livejournal.com [http://littlemisslucia.livejournal.com, 14.2.2015, Übers. C.B.]

24 Jacob A. Riis: *How The Other Half Lives. Studies Among the Tenements of New York* [1890]. London 1997

25 Ebd., S.176 [Übers. C.B.]

26 wikipedia.org, *Demographics of New York City* [https://en.wikipedia.org/wiki/Demographics_of_New_York_City, 10.1.2016]

27 Riis, a.a.O., S.181f. [Übers. C.B.]

28 Ebd., S.182

29 Bapat, a.a.O., S.178

30 Sam Roberts: »Gap Between Manhattan's Rich and Poor Is Greatest in U.S., Census Finds«. In: nytimes.com, 17.9.2014 [http://www.nytimes.com/ 2014/09/18/nyregion/gap-between-manhattans-rich-and-poor-is-greatest-in-us-census-finds, 15.2.2015]

31 Ebd.

32 Standing 2011, a.a.O., S.153ff.

33 Ebd., S.154 [Übers. C.B.]

34 www.wikipedia.org, *Illegal Immigration to the United States* [www.wikipedia.org/wiki/Illegal_immigration_to_the_United_States, 10.1.2016]

35 Standing 2011, a. a. O., S. 159
36 Standing (2014), a. a. O., S. 197–212 [Übers. C.B.]
37 Steven Greenhouse: »In Service Sector, No Rest for the Working«. In: *New York Times*, Sunday Business. 22. 2. 2015, S. 1 und 5 [www.nytimes.com/ 2015/ 02/22/business/late-to-bed-early-to-rise-and-working-tired.html, 10. 1. 2016]
38 Siehe Jonathan Crary: *24/7. Schlaflos im Spätkapitalismus*. Berlin 2014
39 Greenhouse, a. a. O., S. 5
40 Ebd.
41 www.wikipedia.org, *Schichtarbeit* [www.wikipedia.org/wiki/Schichtarbeit, 10. 1. 2016]
42 Julie Turkewitz: »Hasidic Williamsburg, as Seen by One Who Left Sect«. In: nytimes.com, 10. 7. 2014 [nyti.ms/VRsgag, 1. 5. 2015]
43 E. Tammy Kim: »A Brooklyn Corner. Day Laborers who clean for Ultra-Orthodox Jewish households are learning about their rights.« In: thenation.com, 12. 3. 2013 [www.thenation.com/article/173310/brooklyn-corner, 1. 5. 2015]
44 workersjustice.org [1. 5. 2015]
45 Sarah Stillman: »Where are the Children? For Extortionists, undocumented migrants have become big business«. In: *The New Yorker*, 27. 4. 2015, S. 40–53
46 Michel Houellebecq hat das früh verstanden; s. ders.: *Plattform*. Köln 2002
47 Michael J. De La Merced: »Handybook, a Housecleaning Start-Up, Raises Dollar 10 Million«. In: nytimes.com, 22. 10. 2013 [www.dealbook.nytimes.com/2013/10/22/handybook-a-housecleaning-start-up-raises-10-million, 26. 4. 2015, Übers. C.B.]

2 Delegationen. Selbstbefragung vor eigenem Haushalt

1 Barbara Ehrenreich: »Maid to Order«, in: B. E./Arlie R. Hochschild (Hg.): *Global Woman. Nannies, Maids and Sex Workers in the New Economy*. New York 2004, S. 85–103, hier: 85 [Übers. C.B.]
2 Jean-Claude Kaufmann: *Mit Leib und Seele. Theorie der Haushaltstätigkeit*. Konstanz 1999, S. 109–127
3 Ebd., S. 109
4 Ebd., S. 113
5 Ebd., S. 114
6 Ebd., S. 119
7 Ebd., S. 126 f.
8 N.N.: »Studie zu Putzgewohnheiten: Deutsche beschäftigen Haushaltshilfen meist schwarz«. In: *Spiegel online*, 24. 7. 2015 [www.spiegel.de/wirtschaft/soziales/putzhilfen-arbeiten-laut-studie-meist-schwarz, 17. 1. 2016]

9 wikipedia.org, *40-Stunden-Woche* [www.wikipedia.org/wiki/40-Stunden-Woche, 18.1.2016]

10 Craig Lambert: *Shadow Work. The Unpaid, Unseen Jobs that Fill Your Day*. Berkeley 2015

11 Lothar Seiwert/Werner Tiki Küstenmacher: *Simplify Your Life. Einfacher und glücklicher leben*. München 2008

12 Arlie R. Hochschild: *The Outsourced Self. What Happens When We Pay Others to Live Our Lives for Us*. New York 2012

13 Ebd., S. 11

14 Ebd.

15 Ebd., S. 12

16 Vgl. ebd., S. 13

17 Sarah Maslin Nir: »The Price of Nice Nails. Manicurists are routinely underpaid and exploited, and endure ethnic bias and other abuse, The New York Times has found«. In: nytimes.com., 7.5.2015 [http://www.nytimes.com/2015/05/10/nyregion/at-nail-salons-in-nyc-manicurists-are-under paid-and-unprotected.html, 1.8.2015]

18 verbraucherzentrale.nrw [www.vz-nrw.de/Haushaltshilfen, 1.8.2015]

19 losemann-haushaltshilfe.de [http://www.losemann-haushaltshilfe.de, 1.8.2015]

20 Ebd.

3 Vom Diener zum Dienstleister. Gestaltwandel des Hauspersonals

1 Zit. nach: Alison Wolf: *The XX Factor. How Working Women are Creating a New Society*. London 2013, S. 69

2 Ebd.

3 Alison Light: *Mrs. Woolf and the Servants. An Intimate History of Domestic Life in Bloomsbury*. New York 2008

4 Ebd. (Das Woolf-Zitat aus: V.W.: »Mr Bennett und Mrs Brown«. In: *Das Totenbett des Kapitäns. Essays. Gesammelte Werke*, hg. v Klaus Reichert. Frankfurt a. M. 2014, S. 115–140, hier: S. 117.

5 Light, a. a. O., S. 189. (Das Woolf-Zitat aus: *The Letters of Viriginia Woolf*, vol. IV, 1929–1931, hg. v. N. Nicolson/J. Trautmann. London 1981, S. 93 [Übers. C.B.]

6 Virginia Woolf: *Tagebücher Band 3, 1925–1930. Gesammelte Werke*, hg. v. Klaus Reichert. Frankfurt a. M., 1999, S. 355

7 Thomas Piketty: *Das Kapital im 21. Jahrhundert*. München 2014

8 destatis.de [https://www.destatis.de/DE/ZahlenFaktenIndikatoren/LangeReihen/Arbeitsmarkt/Irerw013.html, 26.9.2015]

9 Walter Siebel: »Dienstleistungsgesellschaft und Arbeitsmarkt«.

uni-oldenburg.de [http://www-a.ibit.uni-oldenburg.de/bisdoc_redirect/publikationen/bisverlag/unireden/ur89/kap4.pdf, 2.4.2016]

10 Ebd., S. 64 [Übers. C.B]

11 Ebd., S. 313 [Übers. C.B.]

12 International Labor Office: *Domestic Workers Across the World: Global and regional statistics and the extent of legal protection*. Genf 2013 (= ILO 2013)

13 Ebd., S. V [Übers. bis Anm. 22 C.B.]

14 Ebd., S. 8

15 Ebd.

16 Ebd., S. 23

17 Ebd.

18 Ebd., S. 37

19 Ebd., S. 39

20 Ebd., S. 57

21 Ebd., S. 68

22 Ebd., S. 95

23 DGB-Bundesvorstand (Hg.): *Hausangestellte – das Ende der Ausbeutung? Das neue Übereinkommen 189 der Internationalen Arbeitsorganisation*. Frankfurt a. M. 2012, S. 2

24 Ebd., S. 6

25 Ebd., S. 8

26 Ebd., S. 9

27 Ebd., S. 10

28 Ebd., S. 9

29 Ebd., S. 13

30 Ebd., S. 14

31 Andreas Platthaus: »Schriftsteller, ans Telefon! Fragen an Mosebachs neuen Roman«. In: FAZ.net, 30.1.2014 [http://www.faz.net/aktuell/feuilleton/buecher/buecher-der-woche/fragen-an-mosebachs-neuen-roman-schrift steller-ans-telefon, 30.1.2016]

32 Martin Mosebach: *Das Blutbuchenfest*. München 2014, S. 9

33 Ebd., S. 15

34 Ebd.

35 Ebd., S. 9

36 Bruno Gransche: »Service ist sexy. Philosophie des Dienens«. In: www.perspektive-blau.de [http://www.perspektive-blau.de/artikel/0807a, 30.1.2016]

37 Weitere neuere Film-Beispiele: Peter Stricklands *The Duke of Burgundy* oder Ingo Haebs' *Das Zimmermädchen Lynn* (beide 2014).

38 Siehe etwa das »learningdd.Forum« auf Twitter.

39 Octave Mirbeau: *Tagebuch einer Kammerzofe* [1900]. München 1967

40 »Dominique Strauss-Kahn: sex with maid was ›moral fault‹«, In:

guardian.com, 18.9.2011 [http://www.theguardian.com/world/2011/sep/18/dominique-strauss-kahn-maid-moral-failing, 4.10.2015, Übers. C.B.]

41 »Accuser in Strauss-Kahn case builds restaurant and a refuge«. In: nytimes.com, 3.2.2015 [http://www.nytimes.com/2015/02/04/nyregion/accuser-in-strauss-kahn-case-builds-restaurant-and-a-refuge, 4.10.2015]

42 N.N.: »Revealed: The moment, Arnold Schwarzenegger's wife ›confronted mistress over love child‹«. In: dailymail.co.uk, 2.9.2011 [http://www.dailymail.co.uk/tvshowbiz/article-1388674/Arnold-Schwarzeneggers-wife-Maria-Shriver-confronted-Mildred-Baena-love-child.html, 5.10. 2015]

43 Silvia Federici: »Wages Against Housework«. In: caringlabor.wordpress.com, 15.9.2010 [https://caringlabor.wordpress.com/2010/09/15/silvia-federici-wages-against-housework, 2.4.2016]

44 Michael Hardt/Antonio Negri: *Common Wealth. Das Ende des Eigentums*. Frankfurt a.M./New York 2010, S.147

45 Ebd., S.148

46 Ava Vidal: »›Intersectional feminism‹. What the hell is it? (And why you should care)«. In: thetelegraph.com, 20.1.2014 [http://www.telegraph.co.uk/women/womens-life/10572435/Intersectional-feminism.-What-the-hell-is-it-And-why-you-should-care.html, 8.4.2016]

47 Sheryl Sandberg: *Lean In: Frauen und der Wille zum Erfolg*. Berlin 2015; Anne-Marie Slaughter: *Was noch zu tun ist: Damit Männer und Frauen gleichberechtigt leben, arbeiten und Kinder erziehen können*. Köln 2016

48 Vgl. wikipedia.org, *Intersektionalität* [https://de.wikipedia.org/wiki/Intersektionalität, 2.4.2016]

49 Philipp Staab: *Macht und Herrschaft in der Servicewelt*. Hamburg 2015, S.152

50 Ebd., S.173

51 Ebd., S.178

52 Ebd., S.181

53 Ebd., S.182

54 Ebd., S.189

55 Ebd., S.363f.

56 Friederike Bahl: *Lebensmodelle in der Dienstleistungsgesellschaft*. Hamburg 2015, S.298–338

57 https://www.taskrabbit.com [2.4.2016]

58 Kevin Roose: »Does Silicon Valley have a Contract Worker Problem?« In: nymag.com, 18.9.2014 [http://nymag.com/daily/intelligencer/2014/09/silicon-valleys-contract-worker-problem.html, 2.4.2016]

59 Anne Lowrey: »Your Cell Phone is a Dishwasher. A non-brogrammer considers the concierge economy«. In: *New York Magazine*, 6./19.4.2015, S.13f.

60 Britta Beeger: »Ein Uber für alles«. In: faz.net, 21.2.2015.[http://www.faz.net/aktuell/wirtschaft/unternehmen/on-demand-economy-es-gibt-ein-uber-fuer-alles-13434440.html, 2.4.2016]

61 Ebd.

62 Trebor Scholz/Nathan Schneider: »The People's Uber: Why The Sharing Economy Must Share Ownership. Workers are often taken advantage of by the on-demand economy. What if they ran it instead? » In: fastcoexist.com, 10.7.2015 [http://www.fastcoexist.com/3051845/the-peoples-uber-why-the-sharing-economy-must-share-ownership, 2.4.2016, Übers. C.B.]

63 Franco Berardi: »What does Cognitariat mean? Work, Desire and Depression.« In: *Cultural Studies Review*, Vol. 11, Nr. 2, 9/2005 [https://epress.lib.uts.edu.au/journals/index.php/csrj/article/view/3656/3818, 2.4.2016, Übers. C.B.]

64 Nick Srnicek/Alex Williams: *Inventing the Future. Postcapitalism and a World without Work.* London 2015, S. 108 ff. [Übers. C.B.]

65 Ebd., S. 113 f. [Übers. C.B.]

66 Ebd., S. 123 [Übers. C.B.]

4 Abschied von den Dienern. Transhumane Perspektiven

1 Henrik Müller: »Zuwanderung: Osteuropas vertane Chance«. In: *Spiegel online*, 6.9.2015 [http://www.spiegel.de/wirtschaft/soziales/fluechtlinge-osteuropa-braucht-dringend-zuwanderer-a-1051598.html, 22.11.2015]

2 http://www.eu-pflegekräfte.de/info/li_portugal.pdf [22.11.2015]

3 http://www.berlin-institut.org/fileadmin/user_upload/Studien/Kurzfassung_Europa_d_sicher.pdf [22.11.2015]

4 www.wikipedia.org, *Logistikdrohne*, wikipedia.org/wiki/Logistikdrohne, [22.11.2015]

5 R. Randall Philips: *The Servantless House* [1920]. Neuaufl. o. O. 2012 [Übers. C.B.]

6 Vgl. Adrian Forty: *Objects of Desire. Design and Society since 1750.* London 1986, S. 212

7 Ebd., S. 207

8 Zit. ebd., S. 220 f.

9 Ruth Schwartz Cowan: *More Work for Mother. The Ironies of Household Technologies from the Open Hearth to the Microwave*. New York 1983

10 Ebd., S. 125

11 Ebd., S. 177

12 Ebd.

13 Ebd., S. 197

14 Claire Cain Miller: »Men Do More at Home, but Not as Much as They Think«. In: *New York Times*, 12.11.2015 [http://www.nytimes.om/2015/11/12/upshot/men-do-more-at-home-but-not-as-much-as-they-think-they-do, 20.2.2016]

15 Schwartz Cowan, a. a. O., S. 208

16 Sophie Gerber: *Küche, Kühlschrank, Kilowatt. Zur Geschichte des privaten Energiekonsums in Deutschland, 1945–1990*. Bielefeld 2014, S. 91 ff.

17 Zit. ebd., S. 94

18 Zit. ebd., S. 95

19 Ebd., S. 96

20 Ebd., S. 99

21 Zit. nach: Mareike Witkowski: »In untergeordneter Stellung. Hausgehilfinnen im Nationalsozialismus«. In: Nicole Krammer/Armin Nolzen (Hg.): *Ungleichheiten im »Dritten Reich«. Semantiken, Praktiken, Erfahrungen*. Göttingen 2012, S. 155–174, hier: 155

22 Ernst Jünger: *Der Arbeiter. Herrschaft und Gestalt*. Stuttgart 2013

23 Anke Schipp: »Toll, dass du zu Hause bist. Es gibt sie noch, die Hausfrau – auch wenn Politik, Wirtschaft und die ›working moms‹ sie mehr und mehr belächeln. Zu Unrecht!« In: *Frankfurter Allgemeine Zeitung*, 15. 5. 2015 [http://www.faz.net/aktuell/gesellschaft/menschen/hausfrauen-toll-dass-du-zu-hause-bist-13584508.html, 27. 11. 2015]

24 Verena Mayer: »Die Hausfrau ist vom Aussterben bedroht«. In: *Der Tagesspiegel*, 16. 7. 2012 [www.tagesspiegel.de/kultur/gesellschaft-vier-von-zehn-frauen-empfinden-bei-der-hausarbeit-freude-/6877596-2.html, 27. 11. 2015]

25 Luciano Floridi: *Die 4. Revolution. Wie die Infosphäre unser Leben verändert*. Berlin 2015, S. 50

26 www.engadget.com/2011/04/16/kohlers-numi-6-400-high-tech-toilet-does-most-of-the-dirty-work [27. 2. 2016]

27 Floridi, a. a. O., S. 70

28 Eric Schmidt/Jared Cohen: *Die Vernetzung der Welt. Ein Blick in unsere Zukunft*. Reinbek 2013, S. 48

29 Ebd.

30 Ebd.

31 Ebd., S. 49

32 Ebd., S. 49 f.

33 Ebd., S. 50 f.

34 David Graeber: »On the Phenomenon of Bullshit Jobs«. In: www.strikemag.org, 17. 8. 2013 [www.strikemag.org/bullshit-jobs, 27. 2. 2016]

35 Judith Horchert/Christian Stöcker: »Smart Home im Eigenbau: Die Sensorenresidenz«. In: *Spiegel online*, 12. 11. 2015 [http://www.spiegel.de/netzwelt/gadgets/smart-home-in-st-pauli-technik-in-jeder-ecke-a-1061903.html, 7. 12. 2015]

36 http://www.golem.de/news/vernetzte-sensoren-mother-kontrolliert-den-haushalt-1401-103715.html [7. 12. 2015]

37 http://blog.smartthings.com/stories/better-parenting-smartthings/ [7. 12. 2015]

38 Floridi, a. a. O., S. 52

39 Siehe hierzu die digitale Programmschrift der EU-Kommission: N.N.: »Das Onlife-Manifest. Menschsein im Zeitalter der Hypervernetzung«. In: www.ec.europa.eu/digital-agenda/en/onlife-manifesto [27. 2. 2016]

40 http://icity.smu.edu.sg/shinesenior [10. 12. 2015]

41 Ebd. [Übers. C.B.]

42 Rob O'Brien: »Singapore's domestic workers routinely exploited and often abused in the service of rich nationals«. In: *The Independent online*, 28. 7. 2015 [www.independent.co.uk/news/world/asia/singapores-domestic-workers-routinely-exploited-and-often-abused-in-the-service-of-rich-nationals-10422589.html, 10. 12. 2015]

43 Judith Horchert/Matthias Kremp/Christian Stöcker: »Digitale Revolution. Fünf Technologien, die unseren Alltag verändern werden«. In: *Spiegel online*, 14. 2. 2015 [http://www.spiegel.de/forum/netzwelt/digitale-revolution-fuenf-technologien-die-unseren-alltag-veraendern-werden-thread-238778-1.html, 10. 12. 2015]

44 Lisa Twaronite: »Immigration Dilemma. Japan reluctant to let in foreign domestic workers«. In: Interaksyon.com, 11. 12. 2013 [http://www.interaksyon.com/article/76623/immigration-dilemma-japan-reluctant-to-let-in-foreign-domestic-workers, 12. 12. 2015]

45 Ebd.

46 Motoshige Itoh: »Let foreign domestic workers ease strains for Japanese families«. In: *Nikkei Asian Review*, 27. 10. 2014 [www.interaksyon.com/article/76623/immigration-dilemma--japan-reluctant-to-let-in-foreign-domestic-workers, 12. 12. 2015]

47 http://robotcare.jp [12. 12. 2015]

48 Siehe hierzu auch Clemens Setz: »Das Lächeln der Trostrobbe«. In: *Die Zeit*, 29. 12. 2015 [www.zeit.de/2015/51/roboter-messe-tokio-schriftsteller-selbstversuch, 28. 2. 2016]

49 www.mothertalkers.com/2007/03/30/1462/renting-out-family-members/ [12. 12. 2015]

50 Sherry Turkle: *Alone Together. Why we Expect more from Technology and less from Each Other*. New York 2011, S. 123

51 Roger Andre Søraa: *Konnichiwa Robot, Sayonara Human? Construction and Domestication of Robots in Japan*. NTNU Trondheim 2014, S. 79 f. [www.ntnu.no/documents/10265/15853036/Masteroppgave+Søraa.pdf, 12. 12. 2014]

52 Ebd., S. 80

Epilog

1 www.britishmeat.com/49.htm [6. 3. 2016]

2 Siehe Snricek/Williams, a. a. O., S. 5–24

Literatur

Anderson, Bridget: *Doing the Dirty Work? The Global Politics of Domestic Labour*. London/New York 2000

Bahl, Friederike: *Lebensmodelle in der Dienstleistungsgesellschaft*. Hamburg 2014

Bapat, Sheila: *Part of the Family? Nannies, Housekeepers, Caregivers and the Battle for Domestic Worker's Rights*. New York 2014

Chomsky, Aviva: *How Immigration became Illegal*. Boston 2014

Cox, Rosie: *The Servant Problem. Domestic Employment in a Global Economy*. London/New York 2006

Crary, Jonathan: *24/7. Schlaflos im Spätkapitalismus*. Berlin 2014

Delap, Lucy: *Knowing Their Place: Domestic Service in Twentieth-Century Britain*. Oxford 2011

Flanders, Judith: *The Making of Home. The 500-Year Story of How Our Houses Became Our Homes*. New York 2014

Floridi, Luciano: *Die 4. Revolution. Wie die Infosphäre unser Leben verändert.* Berlin 2015

Folbre, Nancy: *The Invisible Heart. Economics and Family Values*. New York 2001

Ford, Martin: *Rise of the Robots. Technology and the Threat of a Jobless Future.* New York 2015

Forty, Adrian: *Objects of Desire. Design and Society since 1750*. New York 1992

Fourastié, Jean: *Die große Hoffnung des 20. Jahrhunderts* [1947]. Frankfurt a. M. 1969

Fox, Paula: *Luisa*. München 1997

Frederick, Christine: *The New Housekeeping. Efficiency Studies in Home Management* [1913]. London 2013

Gerber, Sophie: *Küche, Kühlschrank, Kilowatt. Zur Geschichte des privaten Energiekonsums in Deutschland, 1945–1990*. Bielefeld 2014

Hardt, Michael/Negri, Antonio: *Common Wealth. Das Ende des Eigentums.* Frankfurt a. M. 2010

Hochschild, Arlie R.: *The Managed Heart. Commercialization of Human Feeling* [1983]. Berkeley/Los Angeles 2003

– /Ehrenreich, Barbara (Hrsg.): *Global Woman. Nannies, Maids, and Sex Workers in the New Economy*. New York 2004

- *The Outsourced Self. What Happens When We Pay Others to Live Our Lives for Us*. New York 2012
- *So How's the Family? And other Essays*. Berkeley/Los Angeles 2013

Houellebecq, Michel: *Plattform*. Köln 2002

Jünger, Ernst: *Der Arbeiter. Herrschaft und Gestalt* [1932]. Stuttgart 2013

Kaufmann, Jean-Claude: *Mit Leib und Seele. Theorie der Haushaltstätigkeit.* Konstanz 1999

Krajewski, Markus: *Der Diener. Mediengeschichte einer Figur zwischen König und Klient.* Frankfurt a. M. 2010

Lambert, Craig: *Shadow Work. The Unpaid, Unseen Jobs, that Fill Our Day.* Berkeley 2015

Lenz, Hermann: *Die Augen eines Dieners*. Köln 1964

Lethbridge, Lucy: *Servants. A Downstairs History of Britain from the Nineteenth Century to Modern Times*. New York/London 2013

Light, Alison: *Mrs. Woolf and the Servants. An Intimate Story of Domestic Life in Bloomsbury*. New York 2008

Mason, Paul: *Postcapitalism. A Guide to Our Future*. New York 2015

Mau, Steffen/Schöneck, Nadine M. (Hrsg.): *(Un-)Gerechte (Un-)Gleichheiten.* Berlin 2015

McLaughlin, Emma/Kraus, Nicola: *Die Tagebücher einer Nanny*. Berlin 2004

Mirbeau, Octave: *Tagebuch einer Kammerzofe* [1900]. München 1967

Mosebach, Martin: *Das Blutbuchenfest*. München 2014

Philips, R. Randall: *The Servantless House* [1920]. London o. J.

Piketty, Thomas: *Das Kapital im 21. Jahrhundert*. München 2014

Powell, Margaret: *Below Stairs: The Classic Kitchen Maid's Memoir That Inspired Upstairs, Downstairs and Downton Abbey* [1968]. New York 2012

Riis, Jacob A.: *How the Other Half Lives* [1890]. London 1997

Rybczynski, Witold: *Home. A Short History of an Idea*. London 1986

Søraa, Roger Andre: *Konnichiwa Robot, Sayonara Human? Construction and Domestication of Robots in Japan*. NTNU Trondheim 2014

Sarti, Raffaela: *Europe at Home. Family and Material Culture 1500–1800*. New Haven/London 2002

Schmidt, Eric/Cohen, Jared: *Die Vernetzung der Welt. Ein Blick in unsere Zukunft*. Reinbek 2013

Scholz, Trebor: *Platform Cooperativism. Challenging the Corporate Sharing Economy.* Rosa Luxemburg Stiftung, New York Office. New York 2014

Schwartz Cowan, Ruth: *More Work for Mother. The Ironies of Household Technology form the Open Hearth to the Microwave.* New York 1983

Simon, Phil: *The Age of the Platform. How Amazon, Apple, Facebook and Google Have Redefined Business*. Henderson 2013

Smallshaw, Kay: *How to Run Your Home Without Help* [1949]. London 2005